中华典籍与国家文明研究丛书

刘涛 著

古代莊子思想批判研究

上海古籍出版社

目　录

绪　论

　　春秋战国时期，诸子蜂起，百家争鸣，《庄子》中对战国诸子的思想交锋多有记录与讨论，《齐物论》《天下》等重要篇目还深入介绍并剖析了儒家、墨家、名家等思想流派及其观点，并提出齐物论以超越百家的是非之争。《寓言》篇自述庄子行文"寓言十九，重言十七，卮言日出，和以天倪"，《天下》篇也称其书"以卮言为曼衍，以重言为真，以寓言为广"，在庄子创造的诸多恢恑憰怪的寓言中，就包含了不少以儒家学派创始人孔子为主角的故事，其中不乏对他的讥讽嘲弄，这也开启了后世持续千年的关于庄子尊孔抑或贬孔的长期争论。同时，《庄子》中也记录了庄子与名家学派的惠施富有深厚思想意蕴的多次辩论。《史记·老子韩非列传》云："（庄子）作《渔父》《盗跖》《胠箧》，以诋訾孔子之徒，以明老子之术。《畏累虚》《亢桑子》之属，皆空语无事实。然善属书离辞，指事类情，用剽剥儒、墨，虽当世宿学不能自解免也。"[①]司马迁认为庄子思想主旨就是批判儒家与墨家，并且特别点出庄子对孔子的

_____

① （汉）司马迁《史记》，北京：中华书局 1959 年，第 2143—2144 页。

激烈讥刺。《庄子·天下》纵论诸子，从儒家到墨家、道法家、道家、名家，既有精当的概括，又有鞭辟入里的批判，成就历史上第一篇学术史专论，意义重大。

通览《庄子》全书，汪洋恣肆，纵逸放旷，郭象称其"不经而为百家之冠"①，然而当时以及后世对庄子思想亦有相当多的批判。从庄子在世时，其好友惠施即已从名家角度对庄子思想展开批判，多番与之辩论。《逍遥游》篇就记载了惠施对庄子的当面批评："今子之言，大而无用，众所同去也。"②《德充符》篇也记载了惠施对庄子的"人故无情"说的质疑与诘问："人故无情乎？""人而无情，何以谓之人？"《秋水》篇则以庄、惠二人的濠梁之辩为结：惠施反对庄子的"跨物我之知"，并以"我非子，固不知子矣；子固非鱼也，子之不知鱼之乐，全矣"的逻辑驳斥庄子的鱼乐之知。此外，墨子后学也批判了庄子"齐是非""辩无胜"的思想，《墨子·小取》云："夫辩者，将以明是非之分，审治乱之纪，明同异之处，察名实之理，处利害，决嫌疑。"③认为是非不仅存在，而且能够通过辩论与逻辑推理分析明白，因此，辩论绝不像《庄子·天下》批评惠施时所说的，只是"服人之口而不能服人之心"，毫无意义，而是深关天下治乱之道。荀子虽然吸收了庄子诸多思想，并且像《天下》篇一样作《非十二子》及《解蔽》篇评骘诸子，但他也发出了"庄子蔽于天而不知人"的著名论断，短短一句，奠定了后世诸多儒家学者批判庄子的基调。

随着战国时代的结束，秦汉帝国的建立，政治上实现大一统，

---

① （晋）郭象《庄子序》，（清）郭庆藩撰，王孝鱼点校《庄子集释》，北京：中华书局2012年第3版，第3页。以下所有注释书籍，仅在首见时标注版本信息，后则只注出著者、书名、页码。

② 《庄子·逍遥游》。本文所引《庄子》原文均出自宋高宗时鄂州刻本《南华真经》，以下仅在文中标注篇名。

③ （清）孙诒让著，孙启治点校《墨子间诂》，北京：中华书局2001年，第415页。

文化也相应进入一统的状态，墨家中绝，法家潜隐，道家偏重养生，衍生出道教，名家几近衰微不见，儒家兼采百家之长而得独尊，大体上结束了百家争鸣的状态。在诸子之中，儒家与道家：一显一隐；一有为，一无为；一主张积极入世，一主张恬退出世；在理论和实践中均呈现出一种互补的关系。虽然其中儒家思想占据了统治地位，但道家思想亦作为补充，也能为进取之途不顺的士人提供一个安身修心之所，因而在其他思想流派逐渐退出中国思想史舞台时，道家思想流派依然能够屹立不倒，并与儒家及后来的佛家鼎足而三，成为中国文化思想的主干之一。

从魏晋玄学到宋明理学，再到晚清民国西学的引入，在儒释道思想的发展变化过程中，庄子思想始终扮演着非常重要的角色。同时，无论是儒释道的思想斗争，还是相互融合，对庄子思想的批判都是其中重要的一环。思想斗争涉及相互的批判，而思想融合的实质即为取精去粗，取异质思想之精，即已包含了对此思想的批判；所谓去粗，则意味着更直接而严厉的批判。

譬如，魏晋玄学的重要内涵就包括了名教与自然、儒与道的融合，其早期以《周易》《老子》为主要经典，后期则以《庄子》为主要经典。《庄子》中有不少内容是批判儒家，特别是孔子的，若想融合《庄子》与儒家思想，首先就需要重新解读《庄子》对儒家的批判。以《逍遥游》篇为例，尧让天下于许由，许由则以"予无所用天下为"拒绝了尧，《让王》篇中的诸多相关寓言也是由此而开启。庄子所推崇的这种恬退无为、淡泊名利的逍遥境界，在郭象《庄子注》中却呈现为另一番面貌：

> 夫能令天下治，不治天下者也。……今许由方明既治，则无所代之，而治实由尧，故有"子治"之言，宜忘言以寻其所况。而或者遂云："治之而治者，尧也；不治而尧得以治者，许由也。"斯失之远矣。夫治之由乎不治，为之出乎无为也。

取于尧而足，岂借之许由哉！若谓拱默乎山林之中而后得称无为者，此庄、老之谈所以见弃于当涂，当涂者自必于有为之域而不反者，斯之由也。

夫自任者对物，而顺物者与物无对。故尧无对于天下，而许由与稷契为匹矣。何以言其然邪？夫与物冥者，故群物之所不能离也。是以无心玄应，唯感之从，泛乎若不系之舟，东西之非己也，故无行而不与百姓共者，亦无往而不为天下之君矣。以此为君，若天下自高，实君之德也。若独兀然立乎高山之顶，非夫人有情于自守，守一家之偏尚，何得专此！此故俗中之一物，而为尧之外臣耳。若以外臣代乎内主，斯有为君之名而无任君之实也。

庖人尸祝，各安其所司；鸟兽万物，各足于所受；帝尧许由，各静其所遇；此乃天下之至实也。各得其实，又何所为乎哉？自得而已矣。故尧许之行虽异，其于逍遥一也。①

庄子本意，许由不用天下，亦不贪治天下之名，偃鼠饮河，取足而已，达到了无名逍遥的境界。由《逍遥游》文本来看，尧只是许由的陪衬，庄子并未讨论尧是否逍遥的问题，这给予后世注解者一定的阐释空间。郭象抓住这一点，将让天下的尧也阐释为逍遥者，而且较之许由的境界更胜一筹。郭象认为，逍遥无为并不是如同许由一般疏远人群退隐山林，尧才是真正实现了最高境界的逍遥无为。庄子以无待为逍遥，郭象则将无待解为无对，即与物无对，不与外在世界对立，而是顺从其发展变化，尧能治理好天下，显然是遵从了这一原则。与之相对，许由逃离天下，实际是因为将自己与天下对立了起来，且视自身高于天下万物，这其实是"守一家之偏尚"，

---

① （清）郭庆藩《庄子集释》，第27—29页。

故而其境界不如尧。如此一来，郭象创造性地批判继承了庄子的无为逍遥思想，并将之与儒家治国平天下的理想结合到一起，实现了儒道的融合。

回顾玄学发展史，在郭象之前，尚有何晏、王弼、嵇康、阮籍等名家，玄学也经历了"正始"和"竹林"两个阶段，在这两个阶段中，庄子地位非常崇高，玄学家对庄子及其思想以接受为主。何晏、王弼接受了老庄的贵无思想，其主要观点为名教出于自然，以无为本，以有为末，有与无、名教与自然在一定程度上实现了融合。嵇康、阮籍则更是推崇庄子，借助庄子的自然思想以批判儒家，"越名教而任自然"，儒道二家渐行渐远。直到郭象对庄子思想有所批判、选择，才找到儒道二家的调和之路。由此看来，对庄子思想的批判，意义尤为重要。

总体而言，庄子接受史深远周备，与思想史关联甚深，举足轻重；对庄子思想的批判则既属于庄子接受史的一部分，又与接受史之间存在着微妙对应的关系，彼此不可或缺，有如光影相映，足资参照。因而，本书在庄子接受史中选取历代对庄子思想的批判作为考察角度。

思想的发展，除了受到现实问题的激发，往往还需要不同思想间的相互切磋砥砺，在针锋相对中才能不断改进提高。先秦诸子思想之所以能成为中国思想史上的巅峰，正与这种自由争鸣、相互批判的风气不可分割。冯友兰将中国哲学史划分为两个时代，先秦是子学时代，西汉至清代是经学时代，他认为："春秋战国时期是诸子百家争鸣的时期。各家各派，尽量发表各自的见解，以平等的资格，同别家互相辩论。不承认有所谓'一尊'，也没有'一尊'。这在中国历史中是思想自由、言论自由、学术最高涨的时代。在经学时代，儒家已定为一尊。儒家的典籍，已变为'经'。这就为全国老百姓的思想，立了限制，树了标准，建了框框。在这个时代中，人们的思想都只能活动于'经'的范围之内。"① "所以，所谓'经学'就是思想僵化、停滞的代名词。思想僵化、停滞就是封建时代一切事物僵化、停滞的反映。'经学'和'子学'，两面对比，'经学'的特点是僵化、停滞，'子学'的特点是标新立异，生动活泼。"②在冯氏的描述中，经学和子学虽然在时间上前后相承，实际却是两相对立的，将二者进行比较：经学具有的全是负面价值，子学则全是正面价值。冯友兰的这个观点虽然带有"五四"的反传统精神，但大体是正确的，他对经学、子学的时代划分以及对二者特点的概括，今天来看依然是深刻的。根据这种划分，儒学在汉代以后成为经学，便基本失去活力。而后乃有玄风鼓荡，佛学大盛，直至北宋儒学发展到理学阶段才重新振作。玄学是非儒非道，调和儒道；佛学外来，自成一体，理学则借鉴佛道的形而上思维，建立儒家的形而上学本体论。可见儒学要保持新鲜活力，仍然需要像先秦诸子一样互相批判、自由争鸣。因此，从一定意义上来讲，后世对庄子思想的批判正是战国时期百家争鸣的延续，研究后世对庄子思想的批判，其意义也不仅在于庄子接受史内部研究的深入与细化，更关乎庄子在中国思想史发展过程中所起的重要作用。

学界对历代庄子思想批判的研究尚不充足，据笔者搜集统计，目前尚未有以此为主题的研究专著，论文也为数不多，在汗牛充栋的庄子研究论文中所占比例极小，一些庄子相关论著则偶有涉及。

相关论文从研究路径上可分为两类：一类是对于历史的梳理；一类是专题研究。前者如方勇《庄子批判的历史考察》、李延仓《"非〈庄〉"思想论述——从荀子到葛洪》、邓联合《中国思想史上的"难庄论"和"废庄论"》等，此类论文数量有限；后一类则

---

① 冯友兰《三松堂自序》，哈尔滨：北方文艺出版社2014年，第185—186页。
② 同上书，第186页。

相对较多，如林明照《诠庄与反庄：李桢〈广废庄论〉中的庄学诠释与批判》、邓联合《庄生非知道者——王船山庄学思想的另一面相》、日本蜂屋邦夫《王坦之的思想：东晋中期的庄子批判》等。以下分别予以评述，并穿插涉及相应问题的论著。

　　方勇《庄子批判的历史考察》一文写于2003年，是较早关注庄子批判史的文章。文章将庄子批判史分为四个阶段，即先秦、秦汉阶段、魏晋南北朝阶段、唐朝阶段以及宋元阶段。之所以不提明、清两个朝代，是因为作者认为"晋、唐、宋、元时期王坦之、李桢、叶适、黄震等对庄子的非难，更是提升了等级层次，从而把前人掀起的庄子批判浪潮推到了最高峰。此后对庄子的批判，如明代宋濂在《诸子辨》中对庄子的批评，则已属于尾声"①。关于先秦阶段，作者将对庄子的最早批判者定为惠施，可谓目光敏锐。惠施对庄子的批评主要保存在《庄子》记载的庄、惠辩论中，惠施批评庄子学说无用，缺乏实用价值，无法指导实践，只是大而无当。在论述完先秦的惠施、荀况和汉代扬雄、班固对庄子的批评后，作者云："要之，惠施、荀况对庄子的批评是属于学派之间的争鸣，而扬雄、班固对庄子的非难，则代表了作为官方哲学——儒学对庄子学说的极力排斥，从而使学派之间的批评变成了正统思想对'异端'力量的排拒。"②此后关于晋唐时期的庄子批判，作者主要围绕王坦之《废庄论》和李桢《广废庄论》二文展开分析研究。最后，作者总结了对庄子的批判的大致情况及特点："如果从思想内容上来看，历史上对庄子的批判是多方面的，但主要还是集中定向为对他那种'荡而不法'思想行为的非难，表达了批判者要求弘扬儒家礼义思想，以此来强化整个政治社会生活中的纲常名教，加强君臣上下之间的等级秩序的强烈愿望。"这都是极富见地的。总之，此

---

① 方勇《厄言录》，北京：中国社会科学出版社2004年，第176页。
② 同上书，第159页。

文是对庄子批判史最为详尽的梳理，对重要的文献以及主要的观点都进行了分析，对本书的写作也多有启发。

相较而言，李延仓《"非〈庄〉"思想述论——从荀子到葛洪》仅研究了庄子批判史的前面半段，涉时较短，而且并未全面论及所有批评庄子者，仅以荀子、扬雄、王坦之和葛洪四人为主要研究对象。文章指出，"荀子、扬雄和王坦之主要是从维护儒家世俗学术的立场出发去批评《庄子》，而葛洪则是一位道教神仙家"①，因而葛洪主要从神仙家的角度，批评庄子生死齐一的思想与神仙长生的思想自相龃龉。作者认为，虽然这两种批评角度不同，"但他们'非《庄》'的实质都是对《庄子》思想缺憾的纠偏，以及在新的时代和学术背景下对庄子思想作出的新诠释，而不是对《庄子》思想的全盘否定"。另外，作者还认识到荀子、扬雄、王坦之、葛洪四者在批评庄子的同时，对庄子思想也都有不同程度的吸收，这"体现了庄学对儒学思想僵化、异化的警醒及对其缺憾的补充，从而强化了儒学在中国文化中的主流地位，并从特定的层面彰显了儒道互济、互补的历程"。那么，"非庄"就不仅具有庄子接受史的意义，还具有中国思想史的意义。文章对庄子思想批判的意义认识比较深刻，不足之处在于所论稍失简略，作者虽然注意到对庄子的批判存在儒、道两条线索，但将葛洪看作道家内部对庄子的批判，而实际上葛洪对庄子的批判也有很大一部分是从儒家观点出发的。

邓联合《中国思想史上的"难庄论"和"废庄论"》一文，则分为三个部分展开论述：一、古代思想史中对庄子的非难；二、20世纪思想史对庄子思想的批判；三、对古今批判的总结与反思。在第一部分，作者认为庄子对儒家有大量的批判，与之相对，"在古代思想史上对庄子的非难相应地主要来自于素以人伦道德和社会政

---

① 李延仓《"非〈庄〉"思想述论——从荀子到葛洪》，《中华文化论坛》2004年第3期。

治为现实关切并以正统自居的儒家"，其后也基本以儒家学者对庄子的批判展开论述。在论述中作者不时会对批判者在庄子批判史中的地位以及贡献作出评价，比如相较于王坦之，李磎《广废庄论》"确显精详全面，但在义理上却终未能超出此前郭象等人的批评"①。对于王阳明的两层批判，作者则认为："如果说前一方面继承了自荀子以来儒家黜庄的一贯传统，那么后一方面则是对此传统的拓展、深化和发展。"第二部分，作者在研究范围上有了极大拓展。大部分的研究都止于近现代，但此文将 20 世纪的学者以新思想对庄子思想的批判纳入其中，从胡适、陈独秀、侯外庐直至建国后关锋、刘小枫、陶东风等，与古代学者对庄子的批判不同，这一时段虽仅百年，但理论之丰富纷繁实超过往两千年。文章第三部分对古今思想史对庄子的批判进行了反思，认为儒家与庄子在根本上有难以互相认同之处，因而互相的批判在所难免；而古今对庄子的批判也"大多犯有以偏概全、以陋遮美之失，亦即他们所看到并且诟病的只是庄子思想的消极方面及后世流弊，而并非其全部内容和本有面貌，更非其积极内容和正面的历史影响"。因而，粗率地主张废庄、葬庄（关锋）不仅有失严谨、公正，也并无多少实际意义。作者认为："允当之举，应是全面深入地检讨庄子思想和庄学精神传统的得失长短及其文化心理基础、社会历史因缘，以期塑造一种既达观乐天且不失人性的坚忍和韧度、既有内在的精神超越同时又具有良知意识和社会责任感的个体生命形态，从而不被其流弊所掩蔽。"纵观全文，其对庄子批判史的研究不仅在时间范围上涵盖最广，而且也极具理论深度，是不可多得的力作。

历史上专门批判庄子的文章，一为东晋王坦之《废庄论》，一为唐代李磎《广废庄论》，二文在整个庄子学史上有重要而独特的

---

① 邓联合《中国思想史上的"难庄论"与"废庄论"》，《哲学动态》2009 年第 7 期。

地位。日本蜂屋邦夫1978年即发表了对《废庄论》的研究：《王坦之的思想：东晋中期的庄子批判》①，全面详细地研究了王坦之的思想。文章首先追溯了王氏家族的务实作风，尤其王坦之其祖王承、其父王述，均不尚清谈，王坦之对此有所继承。接着考察王坦之实际生活中的儒家做派，重点围绕他对谢安浮华放荡生活的批评。然后对王坦之的《公谦论》和《废庄论》详尽注释、解说，分析其思想。据笔者所知，这是学界目前对《废庄论》唯一的注释，因而意义重大，弥足珍贵。蜂屋邦夫经过分析认为，王坦之对庄子的思想存在很大的误解，其对庄子的批评从理论上来说是薄弱的，难以服众，从实际来看，与其说针对庄子，毋宁说是针对当时以《庄子》为依崇尚超脱不问世事的世俗大众。台湾周大兴《王坦之〈废庄论〉的反庄思想：从玄学与反玄学、庄学与反庄学谈起》一文②，则追溯了整个玄学发展史，认为王坦之对庄子的批判是玄礼双修、儒道合一的时代思潮下的产物。《废庄论》在理论上多有欠缺，认为庄子之学有体无用，尚于一偏，由此也导致了荡肆越礼的时代风气，所以文章倡导回归"在儒非儒，非道有道"的孔老之学。文章通过对玄学史的分析指出，将放荡风气归于何晏、王弼会通孔老的正始玄学是无法成立的。

李磎认为王坦之的《废庄论》在理论上太浅薄，不足以驳倒庄子，因而要在理论上深入下去，从思维方法、思想内涵两个方面批判庄子。台湾林明照《诠庄与反庄：李磎〈广废庄论〉中的庄学诠释与批判》对李磎的思想进行了全面的分析。文章认为，李磎指出了庄子在思维方面的三个缺陷：一、论点不一致；二、论点自相矛

① ［日］蜂屋邦夫《王坦之的思想：东晋中期的庄子批判》，东京大学《东洋文化研究所纪要》第75册1978年3月，收入《道家思想与佛教》，隽雪艳、陈捷等译，沈阳：辽宁教育出版社2000年。
② 周大兴《王坦之〈废庄论〉的反庄思想：从玄学与反玄学、庄学与反庄学谈起》，《中国文哲研究集刊》第18期，台北："台湾中研院"中国文哲研究所2001年。

盾；三、混淆实然与应然。对李桢在思想内容方面的批判，林明照认为，李桢的批判与荀子、玄学对庄子的批判有一定的联系，也就是李桢对之前的思想家有所继承，创新独到处不够。文章最后总结了李桢的得失，认为李桢"对于庄子思维谬误的批判不尽成功"①。林光华《庄子真的反对儒家仁义吗？——兼驳李桢〈广废庄论〉》对林明照的文章有所回应，但与之不同，此文认为李桢对庄子在虚无、天命、性情三个方面思想的批判并没切中要害，在概念厘清上尚有欠缺。文章重点放在李桢对庄子因任思想的批评上，指出庄子并非反对儒家的仁义思想，而是反对当时流行的假仁假义之风，庄子反而"倡导以'真'来保证'仁义'的本质，对'仁义'被利用而变'伪'的现象进行纠偏"②，所谓"真"就是出于自然的真性情，要保真就要因任性情，李桢批评庄子的因任与仁义并不矛盾，因而作者认为，李桢批评庄子只知因任自然而不知仁义对于治理国家、调理性情的作用，是出于对庄子的误解，其批评并不能驳倒庄子。

此外比较多的是对庄子后学与庄子差异的研究，《庄子》外、杂篇思想与内篇多有不同，学界认为外、杂篇多为庄子后学所著，因而这些不同处均可视为庄子后学对庄子的批判。如刘笑敢《庄子及其后学者的基本思想的考察和分析》（《中国哲学（第9辑）》生活·读书·新知三联书店1983年版）、杨守戎《〈庄子〉外、杂篇中的黄老思想》（黄山文化书院编《庄子与中国文化》，安徽人民出版社1990年版）、晁福林《从〈盗跖〉篇看庄子后学的"无为"思想》（《山东社会科学》2002年第2期）、邓联合《论庄子与后学在

---

① 林明照《诠庄与反庄：李桢〈广废庄论〉中的庄学诠释与批判》，《中国学术年刊》2011年9月总第33期。

② 林光华《庄子真的反对儒家仁义吗？——兼驳李桢〈广废庄论〉》，《人文杂志》2012年第5期。

人生哲学上的根本分歧及症结》（《江海学刊》2003 年第 4 期）、陈博《试论〈庄子〉外、杂篇中的黄老思想特征》（《西安电子科技大学学报（社会科学版）》2003 年第 2 期）、张涅《〈庄子〉"外杂篇"对于〈应帝王〉篇的思想发展》（张涅《先秦诸子思想论集》，上海古籍出版社 2005 年版）、陈秋山《〈庄子〉外、杂篇对庄子"无治主义"思想的多元发展》（《浙江海洋学院学报》2006 年第 1 期）等。刘笑敢博士论文《庄子哲学及其演变》后编将庄子后学分为述庄派、无君派、黄老派，其中黄老派对庄子思想已经有所改变。可以看到，关于庄子后学与庄子差异的研究一直以来不绝如缕，且主要集中在政治社会方面。庄子主张无为而治，其后学则渐变为黄老派，主张无为而无不为，无为必须结合有为，也就是采取上无为而下有为的方式才能达到天下大治的目的，同时他们也不排斥儒家、法家的仁义礼智、刑名法术等，只是将之安排在比较低等的序列中，但也是维持社会秩序不可或缺的工具。

在黄老学派中，除了庄子后学，还有淮南子一支对庄子思想进行了修正，学界对此也有一些研究。如方勇《〈淮南子〉对庄子的积极阐释》（《漳州师范学院学报（哲学社会科学版）》2001 年第 2 期）、李秀华《〈淮南子〉对无为概念的新定义及理论贡献》（《海南大学学报（人文社会科学版）》2017 年第 5 期）、邓联合《〈淮南子〉对庄子"逍遥游"思想的改铸》（《人文杂志》2010 年第 1 期）等。前二文均对淮南子修正庄子无为思想做了研究。方勇认为淮南子超越庄子，其无为包含"私志不得入公道""循理而举事""曲故不得容"三层含义，把因任自然与发挥人的能动作用统一起来，并且在一定程度上肯定了仁、义、礼、乐在现实政治中的辅助作用。李秀华则从《淮南子》编撰者的学派属性来分析其对庄子无为思想的发展与修正，他认为《淮南子》编撰者可分为老庄派、黄老派和儒家派，三派均对无为有所定义，从而强化了无为由道化术、从道至事的特征，拓展了无为的实践性。邓联合则聚焦于"逍遥游"，认为《淮南子》将"逍遥游"的主体改造为世俗君王，因而逍遥就是拥有闲适安逸的生活，同时又能将治身之道转换成无为政术以平治天下，从而消解了庄子哲学中的超越性、批判性和非政治性。

郭象是庄子接受的重要人物，其《庄子注》是历史上最重要的《庄子》注本之一，其思想也达到了玄学的顶峰，因而学界对郭象及其《庄子注》研究已经相当成熟。汤一介《郭象与魏晋玄学》（北京大学出版社 2009 年版）、余敦康《魏晋玄学史》（北京大学出版社 2016 年版）、康中乾《从庄子到郭象》（人民出版社 2013 年版）、杨立华《郭象〈庄子注〉研究》（北京大学出版社 2010 年版）等著作均对郭象的思想有综合研究，郭象调和儒道的内圣外王思想、独化论、适性逍遥说都已成为学界常识，而这些思想均源自庄子思想却又有所修正。对郭象的这些思想也有专门的研究，比如适性逍遥，邓联合《"逍遥游"释论》（北京大学出版社 2010 年版）、叶蓓卿《庄子逍遥义演变研究》（学苑出版社 2011 年版）两部研究"逍遥游"的专著均有论及，前者研究了郭象适性逍遥的思想来源与后世影响，后者则批驳了郭象的适性逍遥说对于庄子无待逍遥本义的背离与消解。其余相关论文数量庞大，此处不予一一展开。

宋明理学借助老庄与佛学建立其形而上学，但同时又将佛、道视作异端加以排斥，庄子自然也在被批评之列。理学家对庄子的批评多为片言只语，不成系统，对其研究也很少，且多集中在朱熹对庄子的批评上，如张艳清《朱熹之学与老庄》（《中国哲学史》1999 年第 2 期）、方勇《朱熹论庄子》（《厄言录》，中国社会科学出版社 2004 年版）、江右瑜《朱熹对庄子之评论》（《中极学刊》2002 年第 2 期）、王志楣《朱熹理学与庄学》（《辅仁国文学报》2010 年总第 31 期）、曾春海《朱熹与庄学》（《哲学与文化》2011 年第 38 卷第 6 期）等。另外，崔大华《庄学研究》第九章第三节研究了理学家对庄子的批判，并将其概括为庄子人生追求、精神修养方法、处世态度三个方面，认为最主要的是"用将儒家传统的伦理道德原则升华了的理学伦理道德哲学来否定庄子的自然主义的人生哲学"①。方勇《庄子学史》第二册第十一章全面探讨了理学家对庄子的评论，包含了诸位理学家对庄子违背儒家仁义之道，败坏社会风气的批评；二程等对庄子"齐物"思想的批判；陆九渊对庄子割裂天人的指责；朱熹对庄子养生思想的否定等各个方面。陈少峰《宋明理学与道家哲学》一书专门讨论理学与老庄的关系，其中也涉及了理学家对庄子的批判。

在有关其他学者对庄子的批判方面，学界也有零星的研究，比如邓联合《庄生非知道者——王船山庄学思想的另一面相》（《文史哲》2014年第4期）、付小莉《儒家价值信念的彰显——论王畿哲学对老庄思想的批判性吸收》（《四川大学学报（哲学社会科学版）》2000年第1期）、陈碧强《试论杨慈湖对道家的批判：以本体论、工夫论和境界论为中心》（《理论界》2015年第10期）等。一些论著中也会涉及对庄子的批判，如胡适《中国哲学史大纲》、冯友兰《中国哲学史新编》都论及墨家后学对庄子"齐是非"思想的批判，发人之所未发；周黄琴《历史中的镜像——论晚明僧人视域中的〈庄子〉》（巴蜀书社2015年版）则研究了晚明时期部分僧人抬佛斥庄的现象，是对佛学批判庄子的为数不多的研究；方勇《庄子学史》及其增订版、熊铁基《中国庄学史》则于各个时期、各个学派对庄子的批判都有涉猎，然而二书均是学术史著作，并非对批判专题的研究。

综上可见，关于庄子思想批判的研究在庄子研究领域中是相对冷门的话题，现有的研究并不充分，也不全面，且没有系统性，畸

---

① 崔大华《庄学研究》，北京：人民出版社1992年，第469页。

轻畸重。对郭象、朱熹这样的大家研究得比较充分，但涉及对庄子的批判又多是附带论及，并非以庄子为主题，由于视角的不同，导致对庄子本身关注不足。已有的研究成果也多集中在"逍遥游"、道论和政治思想等方面，对于"齐物论"、养生思想等则有所忽略。

　　本书在前人研究基础上，对历代庄子思想批判做更全面、更系统化的研究。《庄子》一书，以内七篇为要，且确为庄子所著，故本书大致以内七篇的主题为顺序，围绕内七篇思想的批判为中心。外、杂篇为庄子后学所著，或混有庄子所作片段①，其思想虽可羽翼庄子思想，清人周金然等甚至将内篇与外、杂篇视为经传关系②，但外、杂篇与内篇在思想上仍存在不少差异，故本书将此差异归入庄子后学对庄子的批判。实际上，古人在批判庄子时，并无内篇与外、杂篇作者不同的认识，而是将《庄子》全书都视为庄子一人所作，故本书在论述过程中将古人对外、杂篇的批判也包括在内。

---

① 关于《庄子》内、外、杂三篇先后及作者问题，详参刘笑敢《庄子哲学及其演变》，北京：中国人民大学出版社 2010 年。
② 详参叶蓓卿《论〈庄子〉阐释史上的经传说》，《人文杂志》2019 年第 4 期。

第一章
对庄子逍遥游的批判

第一节　庄子逍遥义

　　学界普遍认为，《庄子》内篇为庄子自著，外、杂篇则为庄子后学所作，因而内篇最能代表庄子思想①。然而内七篇之中，究竟哪一篇最能代表庄子思想，体现庄子的根本宗旨？为此，众学者争论不休，有以为境界高远如《逍遥游》者，有以为深奥玄妙如《齐物论》者，有以为谈天论道如《大宗师》者，有以为指示无为如《应帝王》者。凡此皆从各篇宗旨而言，论者所取角度、态度不同，最终认定的篇目便随之不同，大有万窍怒号、调调刁刁之势。对此，不妨更换思路，从古书的编纂与立言宗旨的关系切入观察。

　　古书编次皆有顺序，尤其首尾，多关著述本旨，日本狩野直喜论《论语》之编纂云：

---

① 刘笑敢《庄子哲学及其演变》（北京：中国人民大学出版社 2010 年）从语言发展的角度论证了内篇早于外、杂篇，实为不刊之论。

　　大凡古书籍之编纂，在《论语》中可以见其梗概。其篇之次第，亦深有意味。即如《学而》篇，是示圣人之教，须从学问而入之意，自学有成之后，而后治人，故以《为政》次之。其后第三、第四等顺序，则多任意为之。盖古书编纂之顺序，只注意于首篇、次篇及最终篇，故《论语》之最终篇，表示由尧、舜、禹、汤、文、武传来之书。又观于《孟子》则如何？《梁王》篇表示孟子仁义之本领，最后表示孔子传尧舜之学，而复传之于自己。而《荀子》有《劝学》篇、有《尧问》篇，其编纂体裁，大有似于《论语》。①

其他如《诗经》之《关雎》，《易经》之乾、坤二卦，《老子》上、下二篇之首章，其重要性尽人皆知，历代注家也都竭力发掘其中深意及其与全书大旨的关系，这无不建立在对古书首篇特殊性的共同认识之上。

　　由以上古书编纂通例看《庄子》，首篇《逍遥游》的地位自不待言。不过，这里又有一个问题，《庄子》汉初本五十二篇，今本为西晋郭象删削而成，《逍遥游》篇于《庄子》成书之初是否也位列首篇？据目验过众多古本的陆德明称，五十二篇本“言多诡诞，或似《山海经》，或类占梦书，故注者以意去取，其内篇众家并同”，意即《庄子》虽有二十七篇、二十六篇、三十三篇、三十篇、五十二篇众多版本②，但内篇却都一致，这也意味着顺序上内篇都以《逍遥游》为首。因而，以《逍遥游》最能体现《庄子》一书宗旨并不存在事实上的疑问。内七篇秩序井然，又浑成一体，历代治庄者，自成玄英开始，就已经注意到内七篇大意与先后次第之关系：“所以《逍遥》建初者，言达道之士，智德明敏，所造皆适，

---

① ［日］狩野直喜《论语之研究方法》，［日］内藤虎次郎等著，江侠庵编译《先秦经籍考（中册）》，上海：商务印书馆1931年，第10页。

② （唐）陆德明《经典释文序录·庄子》，北京：中华书局1983年，第17页。

遇物逍遥，故以逍遥命物。夫无待圣人，照机若镜，既明权实之二智，故能大齐于万境，故以《齐物》次之……"①但成玄英并未点明首篇《逍遥游》的特殊性。直至明末，《逍遥游》与全书宗旨的关系才被渐渐认识。晚明高僧憨山德清在注解《逍遥游》时便明确揭橥此点道："此为书之首篇，庄子自云言有宗，事有君，即此便是立言之宗本也……学者若识得立言本意，则一书之旨了然矣。"②明遗民方以智以象数易学解《庄子》，同样认为《逍遥游》实居全书之统摄综贯地位，其《药地炮庄》有云：

> 内篇凡七，而统于游。愚者曰：游者息也，息即无息也。太极游于六十四，乾游于六龙，《庄子》之御六气，正抄此耳。姑以表法言之，以一游六者也，《齐》《主》《世》如内三爻，《符》《宗》《应》如外三爻，各具三谛。《逍遥》如见群龙无首之用。③

《易经》六十四卦，乾、坤二卦为根本，也只有乾、坤二卦为纯卦，因此也只有乾、坤二卦在六爻之外有"用九""用六"之辞。乾卦"用九，见群龙无首，吉"，总论六爻，亦总论全卦，提示作为卦首的乾卦，至刚至健，须辅以柔顺之道，健而又顺，方能大吉。方以智将《逍遥游》比作"用九"，内篇其他六篇与乾卦六爻对应，表明《逍遥游》地位在其他六篇之上，具有总论的性质。其他如钱澄之、王夫之、高秋月、孙嘉淦、方潜、李大防、宣颖、胡朴安等诸多学者，虽然解庄的方法理论各有不同，却都认为《逍遥游》作为全书首篇，实为一书宗旨所在。

---

① （唐）成玄英《庄子序》，郭庆藩《庄子集释》，第8页。
② （明）释德清《庄子内篇注》，方勇编纂《子藏·道家部·庄子卷》第52册，据清光绪十四年（1888）金陵刻经处刊本影印，北京：国家图书馆出版社2011年，第240—242页。
③ （明）方以智著，章永义、邢益海校点《药地炮庄》，北京：华夏出版社2011年，第101页。

那么，作为全书宗旨的《逍遥游》究竟有何意涵呢？

历史上，对《逍遥游》的解释可谓繁花缭乱，炫人眼球，也终究言人人殊，莫衷一是。总括起来，比较重要而有代表性的有郭象的"适性逍遥"，支遁的"明至人之心"，王雱、吕惠卿等的"无累逍遥"，林希逸的执"乐"字以释逍遥，罗勉道的"优劣逍遥"，方以智等以"易"释逍遥，林云铭等以"大"为逍遥及吴世尚等以理学释逍遥等①。诸家所论，有龃龉处、也有相通处，综合比较而言，以无待逍遥最为切合庄子本意，其他诸说均有所见，或不免陷于一偏，或失于不够彻底。

《逍遥游》开篇极力渲染了鲲鹏的巨大："北冥有鱼，其名为鲲。鲲之大，不知其几千里也。化而为鸟，其名为鹏。鹏之背，不知其几千里也；怒而飞，其翼若垂天之云。是鸟也，海运则将徙于南冥。南冥者，天池也。"无论其体型、其志向，都超凡脱俗、远迈世人，给人心灵带来极大震撼，因而历代无数英才哲人都被这宏大气象折服，认为这就是庄子所追求的逍遥游境界。实际庄子本意并非如此："且夫水之积也不厚，则负大舟也无力。覆杯水于坳堂之上，则芥为之舟，置杯焉则胶，水浅而舟大也。风之积也不厚，则其负大翼也无力。故九万里则风斯在下矣，而后乃今培风；背负青天而莫之夭阏者，而后乃今将图南。"大鹏犹如大舟，因其大，所受限制也大，愈难作逍遥之游。它要想上九万里而图南，必须等到六月海边的扶摇大风，据下文"扶摇羊角"的形象描述，这应该是海边的龙卷风或者台风，一般大风根本无法托举大鹏那遮天蔽日的巨翅。其他时候，它只能僻处北冥耐心等待。大鹏受到如此的限制，以致遭到蜩鸠和斥鷃的嘲笑，它们决起而飞，腾跃而上，灵活潇洒得多。但它们更未能达至逍遥境界，庄子曰："小知不及大

---

① 详参叶蓓卿《庄子逍遥义演变研究》，北京，学苑出版社2011年。

知。"是为小大之辩。

随后，庄子由小向大，层层脱卸，也由远及近，呈露核心：

> 故夫知效一官，行比一乡，德合一君，而征一国者，其自
> 视也亦若此矣。而宋荣子犹然笑之。且举世而誉之而不加劝，
> 举世而非之而不加沮，定乎内外之分，辩乎荣辱之境，斯已矣。
> 彼其于世，未数数然也。虽然，犹有未树也。夫列子御风而行，
> 泠然善也，旬有五日而后反。彼于致福者，未数数然也。此虽免
> 乎行，犹有所待者也。若夫乘天地之正，而御六气之辩，以游无
> 穷者，彼且恶乎待哉？故曰，至人无己，神人无功，圣人无名。

大鹏和此处所举的列子一样，境界虽比世俗的贤能人士、宋荣子等
为高，却仍需凭虚御风，犹有所待，亦即仍然受到限制，并未达到
逍遥游的境界。于此，郭象注云："苟有待焉，则虽列子之轻妙，
犹不能以无风而行，故必得其所待然后逍遥耳，而况大鹏乎！"①真
正的逍遥游，是顺物自然，所御斯乘，而游于无穷，无所倚待的。
它又包含三重境界：无己、无功、无名。

历来治庄者对此三重境界是否存在高下之分聚讼不已，迄无定
谳。如成玄英以三者为一而疏解之："至言其体，神言其用，圣言
其名。故就体语至，就用语神，就名语圣，其实一也。诣于灵极，
故谓之至；阴阳不测，故谓之神；正名百物，故谓之圣也。一人之
上，其有此三，欲显功用名殊，故有三人之别。此三人者，则是前
文乘天地之正、御六气之辩人也。欲结此人无待之德，彰其体用，
乃言故曰耳。"②认为三者有别者则多以"无己"为最高境界："'至
人无己'三句，则一篇之要旨。而'无己'，尤要中之要。盖非

---

① （清）郭庆藩《庄子集释》，第 23 页。
② 同上书，第 25 页。

'无己'不足以言'游'，更不足以言'消摇'也。"①三种境界是否有高下之分属于思想问题，因而历代探讨者都是从思想上对这三种境界进行阐释，这自然难以判断孰是孰非。所以不如返回《逍遥游》文本，"知效一官，行比一乡，德合一君，而征一国者"，为有功之人，追求功业之士；宋荣子"举世而誉之而不加劝，举世而非之而不加沮，定乎内外之分，辩乎荣辱之境"，脱却外在的功名，却执着于自己的内在；列子则更高一层，却仍然有待，而无法实现逍遥游。至于名，下文许由说道："名者，实之宾也。"相对于名，世俗的功业就是实，在这里，有名者或求名者甚至并未进入到讨论之中，层次最低。追求名誉者往往无实，那么追求功业取得实际作为便是对前者的克服和超越；名誉与功业对于人来说，皆属外在，追求外在之人易有逐物不反、失去自我的危险，宋荣子定乎内外之分，则牢牢把定了自我，不受外在丝毫影响，又是对前二者的超越；但宋荣子的问题在其过于强调内外之分，这无异于在自己和外界之间树立了一道屏障，既将自己保护起来，也将自己限制于其中。相比起来，列子克服了以上三者的缺点：内外皆不执着，也不人为设置界限，而是将内外连结起来，凭虚御风，利用外在之便，发挥内在之力。但如前文所说，列子也并未达到无己无待的最高境界。于此可见庄子为文在汪洋闢阖、潇洒恣肆的表面下，自有其章法谨严、结构严密的一面，也可见无名、无功、无己三重境界是层层递进、秩序井然的。从这一层高过一层的次序来看，无名、无功、无己与其说是境界，不如说是通向无待逍遥的修炼工夫。

近现代以来，治庄者多将逍遥游解释为自由。当然，这并不是所谓政治权利的自由，而是一种悠然自得、无拘无束的状态。陆德

---

① 　钟泰《庄子发微》，上海：上海古籍出版社 2002 年，第 14 页。

明《经典释文》篇题释义"闲放不拘，怡适自得"①庶几得之。这种状态可以从内、外两方面分析，外在是摆脱功名利禄的诱惑、牵累、束缚，内在则是不执着于自我，恬淡寂寞，无欲无求。

从上文分析可知，名是最低级的束缚，庄子只在尧让天下于许由的寓言中，借许由之口道出"名者实之宾也，吾将为宾乎"，将名轻轻剥落。相对于名，功业的追求会对人产生更大的诱惑，儒家、墨家都是其热切的追求者。老子对此已有所反思，以为应当"功成事遂，百姓皆谓我自然"（《老子》十七章）②，"功成不名有"（《老子》三十四章），老子仍然要求有功，但主体已经从功业中抽离出来。庄子则认为世俗功业没有意义，并不值得追求。达到逍遥游境界的藐姑射神人，清冷绝世，与天地同游，虽然具有无上神奇的本领，能够使万物免受灾害，五谷丰登，身上脱落下来的尘垢就足够塑造尧、舜般的伟人，却并不肯"弊弊焉以天下为事""以物为事"。《让王》篇云："道之真以治身，其绪余以为国家，其土苴以治天下。由此观之，帝王之功，圣人之余事也，非所以完身养生也。今世俗之君子，多危身弃生以殉物，岂不悲哉！"这里又道出不建功业的现实原因：对个人来说，生命比外物重要，建功立业就要损害甚至牺牲生命，无论如何都不值得。《让王》篇中，昭僖侯为与邻国争地犯愁，子华子问他是否愿意以一只手臂换天下，昭僖侯不肯，子华子道："两臂重于天下也，身亦重于两臂。韩之轻于天下亦远矣。今之所争者，其轻于韩又远。"身重于功，这是庄子后学对其思想的发展。而此处也讽刺了所谓的帝王之功，不过是"相与争侵地"，并无任何正义与正当可言，更不值得为之费神伤身。

九五之尊，普通人毕竟难以企及，要想有所作为，一般只有在

---

① （唐）陆德明《经典释文》，第 360 页。
② （三国魏）王弼著，楼宇烈校释《王弼集校释·老子道德经注》，北京：中华书局 1980 年，第 41 页。下文所引《老子》皆出自此版本，仅标注章数，不再出注。

朝为官，而庄子对此也颇为鄙夷。《庄子》中记载了三则庄子的故事：

> 或聘于庄子，庄子应其使曰："子见夫牺牛乎？衣以文绣，食以刍菽，及其牵而入于太庙，虽欲为孤犊，其可得乎！"（《列御寇》）

> 庄子钓于濮水，楚王使大夫二人往先焉，曰："愿以境内累矣！"庄子持竿不顾，曰："吾闻楚有神龟，死已三千岁矣，王巾笥而藏之庙堂之上。此龟者，宁其死为留骨而贵乎，宁其生而曳尾于涂中乎？"二大夫曰："宁生而曳尾涂中。"庄子曰："往矣！吾将曳尾于涂中。"（《秋水》）

> 惠子相梁，庄子往见之。或谓惠子曰："庄子来，欲代子相。"于是惠子恐，搜于国中三日三夜。庄子往见之，曰："南方有鸟，其名鹓雏，子知之乎？夫鹓雏发于南海而飞于北海，非梧桐不止，非练实不食，非醴泉不饮。于是鸱得腐鼠，鹓雏过之，仰而视之曰：'吓！'今子欲以子之梁国而吓我邪？"（《秋水》）

这三则故事体现的庄子的风神是一致的，且符合庄子思想。前两则强调了为官对生命的戕害，对自由的剥夺；后一则则超脱现实，只为真正的高洁尊贵，即视普通人汲汲渴望的一人之下、万人之上的相位为肮脏丑陋的腐鼠。这自然是愤激之言，却表达了庄子关于个人价值和意义在自身而不在他者的处世态度，哪怕这"他者"是社会与国家。因而，庄子作为独立的个体生命，"不愿参与到被其视为'尘垢'的世间事务中去，而宁愿采取一种与周遭世界保持着清晰距离的超然立场。"①

---

① 邓联合《"逍遥游"释论》，北京：北京大学出版社 2010 年，第 53 页。

逍遥游还有一层与无功相近的意涵，即篇末庄、惠对话中所讨论的无用。功与用之间存在着细微的差别：功有宏大的意味，强调个人对社会施加的作用和达到的效果，其成就属于个人，无功是一种个人的价值选择，它是面向社会的个人自主的单向选择；用则更强调个人对于社会的工具意义，是社会对个人的利用甚至是压榨、剥削，这种作用虽然出自个人，其意义却属于社会。与具有宏大意味的功相比，用的意味无疑是委琐的，无用则是个人面对社会将其工具化，并压缩甚至剥夺其其他意义时，个人的被动抽离，体现了个人和社会的一种互动关系。无用系对社会而言，但对个人而言，无用却有大用：剥离了个人之于社会的工具意义，人的本性才能完全释放，其真性才能完整保存。老子曾提出"无之用"："三十辐，共一毂，当其无，有车之用。埏埴以为器，当其无，有器之用。凿户牖以为室，当其无，有室之用。故有之以为利，无之以为用。"（《老子》十一章）老子用逆向思维提醒人们空无也有其作用，空无并不是真正的空无。庄子在此基础上发展了老子的思想，但同时也做出了一些改变。老子的"用"仍是世俗的功利作用，庄子则否定了这一面，他所追求的逍遥游在世俗面前是无用的，最明显的表现就是不屑于世俗的功业。无用之用除了让人摆脱尘俗，游于无何有之乡，在乱世之中还有一个大用，即保全性命，免遭斤斧之厄。《逍遥游》篇末借牦牛与狸狌的对比点明了这个道理：狸狌拥有捕鼠的技能，灵活无比，却在上下腾挪中陷入机关而死；牦牛大而无用，却安全无恙。《人间世》篇和《山木》篇对此思想都有详尽的发挥。《人间世》篇认为无世俗之用就不会招来阴阳之患和灭顶之灾，《山木》篇则将此意翻新，认为无用、有用之分尚停留于表面，都不能保证免于灾祸，意即是否能够养其天年与有无世俗之用其实并无关联，只有"乘道德而浮游"，"物物而不物于物"，才能不受物累。

　　无功、无用表现在处世态度上就是自然无为。"逍遥"一词在《庄子》全书共出现六次："彷徨乎无为其侧，逍遥乎寝卧其下"（《逍遥游》）、"芒然彷徨乎尘垢之外，逍遥乎无为之业"（《大宗师》）、"古之至人，假道于仁，托宿于义，以游逍遥之墟，食于苟简之田，立于不贷之圃。逍遥，无为也；苟简，易养也；不贷，无出也"（《天运》）、"芒然彷徨乎尘垢之外，逍遥乎无事之业"（《达生》）、"逍遥于天地之间，而心意自得"（《让王》）。其中三次与"无为"一起出现，还有一处与"无为"相近的"无事"并举，除去《达生》篇与《大宗师》篇两句雷同，前者可能出自后者，还有三次，占到总数的一半。可见，逍遥的含义必与"无为"相关。《天运》篇中，则直接将"逍遥"解释为"无为"，证明"逍遥"本身就含有"无为"的意思。为者，伪也，其中必然包含目的性，也就是某个人的私人目的，这就容易导致与外界的冲突。如果说无己是内在的要求，无为就是无己的外部延伸和表现。无为经由内部的无己出发，在外表现为自然、因循、随顺。要注意的是，此处的无为是一种整体策略，是逍遥游的一个内涵，并非专论政治层面的无为而治。逍遥本意与彷徨、相伴、相羊、浮游、容与、翱翔、周流相近，当是走来走去之意，游则为游走之意①。与无为相关，逍遥游就是漫无目的地游走于宇宙万有之间。

　　逍遥游既然要摆脱内、外的牵累，自然不能不包含对人内在的七情六欲的超越。人作为自然生物，天生具有一定的欲望，"目欲视色，耳欲听声，口欲察味，志气欲盈"（《盗跖》），这是不可避免的，没有欲望，人就会失去生存的动力，走向灭亡；生存在五光十色且变动不居的世界，也不可避免会产生喜、怒、哀、乐、忧、惧、好、恶等情感，情感是人对外界事物变化所产生的自然反应，

---

① 邓联合《"逍遥游"释论》，第49—53页。

是正常的抒发和释放，是人处理与世界关系的润滑剂和缓冲带，在人的存在中必不可少。但庄子也指出："其耆欲深者，其天机浅。"（《大宗师》）内在的情欲与人的天性具有矛盾冲突的地方，欲望过盛甚至会给人带来不良后果。荀子以为"欲恶同物，欲多而物寡，寡则必争矣"①；庄子却从人的内在本性来看，认为过盛的欲望和泛滥的情感是对人本性的破坏：

> 悲乐者，德之邪；喜怒者，道之过；好恶者，德之失。故心不忧乐，德之至也；一而不变，静之至也；无所于忤，虚之至也；不与物交，淡之至也；无所于逆，粹之至也。（《刻意》）

> 君将盈嗜欲，长好恶，则性命之情病矣；君将黜嗜欲，掔好恶，则耳目病矣。（《徐无鬼》）

> 故卤莽其性者，欲恶之孽，为性萑苇，蒹葭始萌，以扶吾形，寻擢吾性，并溃漏发，不择所出，漂疽疥癕，内热溲膏是也。（《则阳》）

嗜欲和情感属于动的范畴，而庄子认为，静才是生命的本然状态。庄子沿袭老子的"归根曰静，静曰复命"，并指出："夫虚静、恬淡、寂漠、无为者，天地之平而道德之至，故帝王、圣人休焉。休则虚，虚则实，实者伦矣。虚则静，静则动，动则得矣。静则无为，无为也则任事者责矣。无为则俞俞，俞俞者忧患不能处，年寿长矣。夫虚静、恬淡、寂漠、无为者，万物之本也。"（《天道》）所以他主张洒心去欲，还归素朴，这对于人的本性与生存来说已经足够，"少君之费，寡君之欲，虽无粮而乃足"（《山木》）。对于情，庄子有专门的论述："吾所谓无情者，言人之不以好恶内伤其

---

① （清）王先谦集解，沈啸寰、王星贤点校《荀子集解》，北京：中华书局1988年，第176页。本文所引《荀子》均出自此本，下文仅标明篇目，不再出注。

身，常因自然而不益生也。"（《德充符》）由此可见，庄子并非绝对的否定情感，而是强调情感的抒发要因循自然，其根本着眼处还是在保护自身不受伤害。

孙嘉淦《南华通》云："《逍遥游》者，庄子之志也……《齐物论》之丧我，《养生主》之缘督，《人间世》之无用，《德充符》之忘形，《大宗师》之入于天一，《应帝王》之游于无有，皆本诸此，实全书之纲领，故首发之，所谓部如一篇，颠之倒之而不可者也。"①如上所云，《逍遥游》篇为全书之首，也是其宗旨、纲领所在，内涵丰厚，意蕴深切，故历史上对逍遥游思想的批判较多，下试论之。

第二节 何为逍遥：对逍遥义的不同阐释

一、适性逍遥：郭象对逍遥游的改造

庄子自称其文"以卮言为曼衍，以重言为真，以寓言为广"（《天下》），谬悠荒唐，恣纵不羁，因而难以索解。《逍遥游》篇即是如此。上节已经指出，逍遥在于无待，并包含着无己、无功、无名等面向。但历代对逍遥游的阐释如汪洋大海，能够把握逍遥本质以无待解释的并不多，即使被陆德明视为"特会庄生之旨，故为世所贵"的郭象，也未能参透本旨，而以适性为逍遥。

郭象注《庄子》，并非汉代经学家那样紧守师法、家法，以所注之经为经天纬地之书，崇敬万分，不敢有丝毫怀疑。他认为庄子并非体道者，"应而非会，则虽当无用；言非物事，则虽高不行"②，这是他在《庄子序》中对庄子的总体评价。因而郭象在

① （清）孙嘉淦《南华通》，方勇编纂《子藏·道家部·庄子卷》第105册，据清刊本影印，北京：国家图书馆出版社2011年，第67页。
② （清）郭庆藩《庄子集释》，第3页。

《庄子注》中提出了不少自己的思想，如适性逍遥、独化论、有无观、无为论等，这些思想都由庄子引出，但均与庄子不同，故而后世有"郭象注《庄子》，反似《庄子》注郭象"之论①。如此看来，郭象的《庄子注》其实是一部思想性著作，而非汉儒式的经典笺注。经典笺注讲求的是注明经典文本的原意，思想性著作则不同，它注重的是阐明自己的思想。中国古代思想性著作除了原创经典之外，都是采取依附经典、为经典作注释的形式，那么，对于注释与经典原意的不同便不能用汉儒笺注的眼光评判，认定它是错误的，而应视之为新的思想。由于新思想与经典的不同并非出于对经典的错会误解，而是思想家有意的深沉思考与努力探索，故而可以认为这是对经典的一种不满、批判、修正与超越。所以，郭象《庄子注》中所体现出的与庄子不同的思想也不能视作阐释错误，而应视作对庄子的批判与修正。郭象的适性逍遥就是其中一例，适性逍遥说可以看作是对庄子无待逍遥的批判。

郭象在《逍遥游》题解中云：

> 夫小大虽殊，而放于自得之场，则物任其性，事称其能，各当其分，逍遥一也，岂容胜负于其间哉！②

郭象将逍遥与万物之本性联系起来，认为万物只要遂其本性就能达到逍遥的境界。他借鉴魏晋流行的性分之说，认为事物内在本性的规定会有相应的外在呈现，本性的规定有一定的方向、数量、品质的要求，这就是分，万事万物的本性是不同的，因而其分也是迥异的。事物须顺从、满足自身的本性的要求、规定，而不必去考虑、参照他物的要求、规定，这样才能实现其自身的需要。

---

① （宋）魏了翁《鹤山集》卷一〇八，《景印文渊阁四库全书》第 1173 册，台北：台湾商务印书馆 1985 年，第 583 页。
② （清）郭庆藩《庄子集释》，第 1 页。

万事万物本性不同，这实际是庄子齐物的思想，郭象以齐物解逍遥，实属创造性诠释。但郭象对齐物也有创造性的发挥，他创造了独化论，认为天地万物皆是自己自然而然地产生，而不是由道所派生。道在老庄思想中略等于无，无是天地万物的根源，这种根源性造成了其本体性，它规定了由无产生的天地万物的本性，决定了天地万物生存变化所能达到的各种极限。但郭象一反老庄对无的推崇，认为无并非万物的根源：

> 无既无矣，则不能生有；有之未生，又不能为生。然则生生者谁哉？块然而自生耳。自生耳，非我生也。我既不能生物，物亦不能生我，则我自然矣。①

> 谁得先物者乎哉？吾以阴阳为先物，而阴阳者即所谓物耳。谁又先阴阳者乎？吾以自然为先之，而自然即物之自尔耳；吾以至道为先之矣，而至道者乃至无也，既以无矣，又奚为先？然则先物者谁乎哉？而犹有物无已，明物之自然，非有使然也。②

从本质上来说，无是彻底虚无，因而不能生有；假设无能生有，那么无在时间上一定在有之前，但无既然已经彻底虚无，也就不可能在有之前。从这两个方面推演，郭象否定了老庄思想中无的根源性，从而也就推翻了无的本体性，也就是说，道失去了对天地万物的规定性。道既然不能创生万物，郭象由此推论，认为万物只能由自己产生，产生以后的存在变化也都出自自己自然，这就是独化论的要旨。从独化论的生化层面看来，万物确实是齐同无二的。

然而郭象并未止步于此，而是由此进一步推论，他在"罔两问景"的寓言下注云：

---

① （清）郭庆藩《庄子集释》，第55—56页。
② 同上书，第759页。

世或谓罔两待景，景待形，形待造物者。请问夫造物者有
邪？无邪？无也则胡能造物哉！有也则不足以物众形。故明众
形之自物，而后始可与言造物耳！是以涉有物之域，虽复罔
两，未有不独化于玄冥者也。故造物者无主，而物各自造。物
各自造而无所待焉，此天地之正也。①

在寓言中，待的本义为依赖，是本体意义上的，即影子的行止坐起
等行为都对形体有所依赖，其根本原因在于影子是由形体与光产生
的。而郭象将待完全理解为创生与被创生的关系，其后又以造物无
物否定最根本的创生关系，从而推导出万物自生而无所待。无所待
即是无待，郭象借此将齐物与逍遥联系起来，注中用语"天地之
正"就是来自《逍遥游》："若夫乘天地之正，而御六气之辩，以游
无穷者，彼且恶乎待哉！"由此也可以说，万物实现无待逍遥的根
源在于独化。

按照郭象的思路，万物皆独化而生，那就都是无待而逍遥的，
如此一来，无待也就失去其特殊的意义，而与无己、无功、无名并
列，成为逍遥的内涵之一。因此，虽然不能说郭象反对无待逍遥的
思想，但他已经在实质上将无待逍遥取消了，取而代之的则是适性
逍遥。

由齐物论来讲，万物的本性是各各不同的，基于此，郭象认
为，只要满足自己的本性需求就足以称为逍遥，实现逍遥并没有统
一的标准，斥鴳与大鹏也都可以认为是逍遥的。郭象云："苟足于
其性，则虽大鹏无以自贵于小鸟，小鸟无羡于天池，而荣愿有余
矣。故小大虽殊，逍遥一也。"②逍遥在庄子思想与魏晋思潮中都是
一种很高的境界，既然达到逍遥的境界，便可止于此，安于此境

---

① （清）郭庆藩《庄子集释》，第117—118页。
② 同上书，第10页。

界，而不求万里图南。在魏晋门阀士族林立、高低贵贱分明的特殊时代，性分的分，包含了贵贱等级、官位高低、权力大小、利益多少等各方面的不同与差异，各安其分，不仅仅是在个人层面不思进取，随顺世俗，在更大的国家、群体层面，便是承认悬殊的等级制度的合理性。论者纷纷指出，郭象的这一阐释降低了庄子思想的格调，"庄子中否定现实的精神被换成了维护体制的思想"①，逍遥游的超越精神也"堕落成为顺势外道的思想"②。

二、小大之辩：以"大"为逍遥对庄子逍遥的重新阐释

《逍遥游》开篇极写鲲鹏之大，不仅形体大，志向亦远大，并且庄子不惜笔墨，寓言中套重言，将鲲鹏的故事讲述了三遍③，也将其"大"渲染了三遍。大鹏抟扶摇而上，在天空自由翱翔再无任何阻碍，给人以无比逍遥自在的感觉。紧接着庄子借助大鹏与蜩鸠、斥鴳的对比，引出小大之辩，并极力描摹了"小"带来的无知与限制："朝菌不知晦朔，蟪蛄不知春秋。"而文末惠子与庄子辩论，惠子批判庄子思想"大而无用""大而无当"，也都是以"大"为庄子的思想或其思想特征的。因此，尽管前代已经有郭象这一权威将"逍遥游"解释为适性逍遥，小大虽殊，逍遥一也，后世仍有相当一部分学者以"大"为逍遥，而且在明清时期蔚为大观。

早在唐代，文人在诗歌文赋中多以大鹏为逍遥的象征，高迈的《鲲化为鹏赋》、李白的《大鹏赋》《上李邕》诗，渲染大鹏摩天视下、震荡万里的恢宏气势，表现作者睥睨天下、傲视万有的孤傲姿

---

① ［日］蜂屋邦夫著，隽雪艳、陈捷等译《道家思想与佛教·老庄思想与空》，沈阳：辽宁教育出版社 2000 年，第 10 页。
② 刘述先《道佛"两行之理"的阐释》，收入汤一介《国故新知：中国传统文化的再诠释》，北京：北京大学出版社 1993 年，第 214 页。
③ 重言指引用《齐谐》一书与汤问棘之语，并非指单纯重复三次。重，音众。

态和建功立业的入世情怀。这自然只是文人的发挥理解，算不上真正的思想阐发。但明清时期在专门的解庄著作中占主导地位的恰就是"以大为纲"说①：

> 夫人之心体，本自广大，但以意见自小，横生障碍。此篇极意形容出个致广大的道理，令人展拓胸次，空诸所有一切，不为世故所累，然后可进于道。（陆西星《南华真经副墨》）

> 逍遥者，广大自在之意。（憨山德清《庄子内篇注》）

> 此篇以大为纲。（郭良翰《南华经荟解》引吴默语）

> 大字是一篇之纲。通篇以大字作眼。（林云铭《庄子因》）

> 逍遥，广大自得之意。游者，与道游也。盖圣人无我，心与道游，则自然广大。（高秋月《庄子释意》）

> 逍遥游即今方言活泼泼三字也。活泼泼，所以为大也，故一篇以大字作线索。（吴世尚《庄子解》）

> 豁开眼界，广宗明大也。大则无可用，无可用则无困苦，大鹏、大云、大椿、大瓠、大树，大而御风，乘云气，御飞龙，无用之用，皆天游也，何其逍遥也！（周金然《南华经传释》）②

> 起手特揭出一大字，乃是通篇眼目。大则能化，鲲化为鹏，引起至人、神人、圣人，皆具大知本领，变化无穷。至大瓠、大樗，几于大而无用，而能以无用为有用，游行自适，又安往而不见为逍遥哉？（刘凤苞《南华雪心编》）③

---

① 详参叶蓓卿《庄子逍遥义演变研究》第七章《吴默、林云铭等"以大为纲"说》。
② 以上皆引自方勇《庄子纂要》，北京：学苑出版社2012年，第3—7页。
③ （清）刘凤苞《南华雪心编》卷一，方勇编纂《子藏·道家部·庄子卷》第120册，据清光绪二十三年（1897）晚香堂刻本影印，北京：国家图书馆出版社2011年，第16页。

明清学者以"大"释逍遥，有一个明显的特色就是并不专在义理的阐发上，他们非常注重从文章学的角度观察问题。叶蓓卿认为："可根据阐释者的立场倾向分为'文''理'两边。前者以林云铭、胡文英、宣颖、刘凤苞等为代表，他们以'大'字为《逍遥游》篇的文眼纲目，主要着力于文学化的评点，因而目的较为纯粹，文字较富情感。后者则以林仲懿、吴世尚、孙嘉淦、方潜等为代表，他们大多倾向于以儒解庄，在以'大'释逍遥的同时，大量引入理学思想，因此难免偏离逍遥主题而申发别派新意，文字上也相对较为理性。"①

从《逍遥游》全文看，"大"字可谓贯穿全篇，这为阐释者以"大"为逍遥提供了强有力的内在证据。以此为基础，便可在义理上大肆发挥。明清注家主要认为"大"是心胸广大、志向远大，"大"可以通向道，如陆西星认为："夫人必大其心，而后可以入道，故内篇首之以《逍遥游》。"②又说："《庄子》篇首以逍遥名，中间只说大，大之又大，至于无迹而后已。惟大，故能逍遥也。"③或如林仲懿认为鲲鹏寓言"道体之大"，大鹏"寓言体道之人"④。自然，无论从儒家还是道家来说，"大"都是正面崇高的境界。然而以"大"释逍遥存在两个问题：其一，大小是对物体外形的描述，是有形之物的属性，而非无形之道的属性⑤。其二，如老庄所揭示，小大相形，一方面，"大"必然是相对"小"而言的，"大"值得追求是因为有"小"作对比，表面看来"大"更自由、更没有拘束，实际要达到"大"所要依托的条件更多；另一方面，"大"

---

① 叶蓓卿《庄子逍遥义演变研究》，第 124 页。
② （明）陆西星《南华真经副墨》，方勇编纂《子藏·道家部·庄子卷》第 34 册，据明万历六年（1578）李齐芳刊本影印，北京：国家图书馆出版社 2011 年，第 53 页。
③ 同上书，第 86 页。
④ （清）林仲懿《南华本义》，方勇编纂《子藏·道家部·庄子卷》第 105 册，据清乾隆十六年（1751）刊本影印，北京：国家图书馆出版社 2011 年，第 284 页。
⑤ 郑开《庄子哲学讲记》，南宁：广西人民出版社 2016 年，第 44—57 页。

虽然比"小"更崇高，但仍不脱对待，逍遥则没有对待。

总体而言，由于明清尤其清代学者在思想上并没有郭象那样独创构造的开拓性，因而他们的阐释不免带有一种琐碎的气质，多停留于感想层面，不像郭象能以几个独创性的观点串联起一套思想体系，从而与庄子思想本身并驾齐驱。明清学者的以"大"为逍遥，虽然与庄子的无待逍遥存在差异，但并不足以构成思想上有力的批判。

第三节　众所同去：对庄子逍遥游的价值批判

一、大而无用

庄子对人与社会的关系具有清醒的认识，他并不主张逃离社会，认为那过于刻意，并非上等境界，而君臣之义、亲子之爱实际上是无所逃于天地之间的。然而《逍遥游》中所主张的无己、无功、无名、无用，毕竟从个人价值角度否定了大多数人普遍认可的社会价值，具有强烈的虚无色彩。认可社会价值的人自然不会甘心接受批评，于是纷纷起来反驳庄子。

早在庄子生前，其好友惠施就已经对其逍遥游思想展开批评。《逍遥游》篇最后的寓言中，惠施曰："今子之言，大而无用，众所同去也。"①《外物》篇也记载惠施批评庄子"子言无用"。可见惠

① 需要指出的是，惠施连设大瓠、大树两个譬喻，很可能是比喻庄子的"逍遥游"思想，以此说明其无用以及众人对它的态度。被惠施批判为"大而无用"的"今子之言"很可能指的就是前文关于逍遥游的描述，而非泛论庄子所有思想。大，显然是惠施认为庄子"逍遥游"思想所具有的特点。《逍遥游》篇以鲲鹏寓言起始，引出至人无己、神人无功、圣人无名的无待逍遥之旨，然后以三则寓言分证圣人无名、神人无功、至人无己。至人、神人、圣人三个名词就有崇高之意，而至人无己、神人无功、圣人无名三种境界更给人以高不可及之感。前文说过，后世不少学者更是以大为逍遥真义。这固然是误解，但无疑反映了"逍遥游"思想中"大"这一面向。在《逍遥游》文本中，也有可资参证之处，肩吾认为接舆之言"大而（转下页）

施对庄子的批判集中在其虚无无用上。钱穆总结惠施的思想："一曰尚用"，"二曰重功"①。这两点颇可相通。惠施是有为的政治家，曾为魏相，自然会从功利角度出发，讲求政治治理的实际效果。《吕氏春秋·爱类》记载，孟子弟子匡章问惠子："公子学去尊，今又王齐王，何其到也？"惠施以比喻作答："民寒则欲火，暑则欲冰；燥则欲湿，湿则欲燥。寒暑燥湿相反，其于利民一也。利民岂一道哉？当其时而已矣。"②惠施并不固执一道，只是更看重实际的利益、最后的实效，只要能给百姓带来利益，理论主张即使互相矛盾、随时变易也无不可。惠施以此衡量庄子的"逍遥游"思想，认为庄子所言虽大，却并不能产生实际的政治效果，无法带来实际的社会利益，因此，惠施将之比作不能盛水的大瓠和不成材的大树。而无用的结果就是"众所同去"，被众人抛弃，甚至"为其无用而掊之"，由于缺少利用价值而被毁弃。

先秦诸子各家各派思想均起源于救世之弊，因而无不重视社会实利功用。唯有庄子逍遥物外，不事实务，因而遭到名家、法家、儒家等的共同批判。除了名家惠施之外，法家韩非亦云："世之所为烈士者，虽（离）众独行，取异于人，为恬淡之学，而理恍惚之言。臣以为，恬淡，无用之教也；恍惚，无法之言也……臣以为，

（接上页）无当"，接舆所言代表逍遥游神人无功的境界，描绘了藐姑射神人身上常人无法理解的奇异之处，肩吾惊怖其言，以为"大而无当，往而不反"，"大而无当"与惠施对庄子的批评"大而无用"几乎一样，可以互相参照。而且从文章学角度来看，本篇是《庄子》全书开篇，行文至末尾，惠施抛出"大而无用"之论，所以他所批判的只能是在前文已经出现的"逍遥游"思想。《外物》篇也记载了惠施与庄子辩论无用的故事，惠子批评庄子曰："子言无用。"这则故事没有交代背景，在杂篇中也无相关上下文可资参考，只有文中"子言无用""无用之为用"两句，与《逍遥游》篇末两个故事中的语句类似，可能是《逍遥游》此段的初稿，也可能是庄子后学根据《逍遥游》故事而作的发挥，以证庄子无用之用的道理。因此，其背景可视为与《逍遥游》篇背景相同，并非泛泛而论无用之用，无用也可能是指庄子的"逍遥游"思想。

① 钱穆《墨子　惠施公孙龙》合刊本，北京：九州出版社 2011 年，第 19—20 页。
② 许维遹集释，梁运华整理《吕氏春秋集释》，北京：中华书局 2009 年，第 597 页。

人生必事君养亲，事君养亲不可以恬淡；（之人）必以言论忠信法术，言论忠信法术不可以恍惚。恍惚之言，恬淡之学，天下之惑术也。"[①]文中恬淡之学、恍惚之言即指庄子的思想，无用、无法、惑术即是对庄子的指摘。韩非将实用性进一步缩小到事君养亲、言论忠信等政事上，事事以君主为中心，更看重百姓对君主的侍奉与忠信，认为这是国家机器有效运转、国家秩序得以稳定的条件。在这两方面，庄子思想不仅不能起到正面作用，反而可能会带来祸乱，因此遭到韩非的批判。惠施仅认为"逍遥游"思想不切实用，并未谈到它有什么危害，韩非则进一步认为像庄子这样无用无为，无疑会给秩序井然的社会带来混乱。

韩非将庄子无用思想视为"天下之惑术"，相较之下郭象的批判则柔和许多。郭象注《庄》以调和自然与名教为宗旨，认为名教即自然，内圣外王为极则，因此不重事功的庄子就成了其批判的对象。在郭象看来，尧就是内圣外王的典型代表，他能统一内在与外在，既心游万仞、安闲自在，又御使群臣、平定天下。郭象注云："夫圣人虽在庙堂之上，然其心无异于山林之中，世岂识之哉！徒见其戴黄屋，佩玉玺，便谓足以缨绂其心矣；见其历山川，同民事，便谓足以憔悴其神矣。岂知至至者之不亏哉！"[②]庄子认为，身外的功名利禄会对内在本性造成干扰、羁绊甚至损害，因而不为名所动的许由要高于尧一筹。然而，这在郭象眼中不过是世俗之见，是以常人之理推断圣人，将圣人等同于常人，不仅不能窥见圣人本心，也没有认识到圣人内在之至足至强，不会亏，也不可亏。郭象对圣人的境界有一番详尽的描述："夫理有至极，外内相冥，未有极游外之致而不冥于内者也，未有能冥于内而不游于外者也。故圣

---

① （清）王先谦集解，钟哲点校《韩非子集解》，北京：中华书局 1998 年，第 467—468 页。
② （清）郭庆藩《庄子集释》，第 32 页。

人常游外以冥内，无心以顺有，故虽终日见形而神气无变，俯仰万机而淡然自若。夫见形而不及神者，天下之常累也。是故睹其与群物并行，则莫能谓之遗物而离人矣；睹其体化而应务，则莫能谓之坐忘而自得矣。”①照此看来，与尧相比，许由仅是次一等的人物，独守山林，实质是立于一隅，根本还是由于他无法做到内外调和统一，没有达到内圣外王的最高境界。郭象云：“若独亢然立乎高山之顶，非夫人有情于自守，守一家之偏尚，何得专此！此故俗中之一物，而为尧之外臣耳。”②这就是尧为君而许由为臣、为民的道理所在。真正的逍遥无为，并非拱默乎山林，伏身于岩穴，而是无为而有为，有为从无为中自然流出，纳有为于无为之下。舍有为单论无为，不免落入下乘。

郭象调和儒道，偏向于儒，但真正的儒家学者又与之不同。在朱熹看来，隶属于道家的庄子无疑是异端，但朱熹对庄子也能抛却门户之见，抱持欣赏态度，比如他认为庄子见道深，气象豪，有才气，是个大秀才。然而，朱熹对庄子无为不事的态度又颇为不满，在与学生的讨论中，他曾多次指出这一点：

> 庄子比康节亦仿佛相似。然庄子见较高，气较豪。他是事事识得了，又却蹴踏着，以为不足为。③

> 老子犹要做事在。庄子都不要做了，又却说道他会做，只是不肯做。④

> 庄周是个大秀才，他都理会得，只是不把做事。观其第四篇《人间世》及《渔父篇》以后，多是说孔子与诸人语，只是

① （清）郭庆藩《庄子集释》，第 273 页。
② 同上书，第 28 页。
③ （宋）黎靖德编《朱子语类》卷一〇〇，北京：中华书局 1986 年，第 2543—2544 页。
④ （宋）黎靖德编《朱子语类》卷一二五，第 2989 页。

不肯学孔子，所谓"知者过之"者也。①

庄子这数语甚好，是他见得，方说到此，其才高。如《庄子·天下篇》言"《诗》以道志，《书》以道事，《礼》以道行，《乐》以道和，《易》以道阴阳，《春秋》以道名分"，若见不分晓，焉敢如此道！要之，他病，我虽理会得，只是不做。②

朱熹虽然没有专门的庄子学著作，但他必定下功夫钻研过庄子，其对庄子的理解相当到位。上引四条材料表明，朱熹对庄子的见解非常精辟，准确把握了庄子无为无事的精神，但对其精神内核却并不认同。首先，从儒家的根本精神上来看，君子应当奋发有为，改变世界，这是历代儒家学者的共同思想。其次，从理学内部的知、行关系上看，朱熹认为"致知力行，用功不可偏"，从消极方面来说，"偏过一边，则一边受病"③，从积极方面来说，知、行可以互相促进互相激发，所以不可偏废。而且论重要性，力行要比致知更为重要，不论是个人的内在修养，还是齐家治国平天下的外在事功，仅仅知道，是永远无法实现的；只有力行，才有可能达到。由此出发，朱熹认为，庄子虽然见识高超，对事理无不理会，但不去实行，限于致知，终究于世界无益。

朱熹多次论及孔门曾皙，认为其与庄子非常相似，见识高超，却欠缺实际工夫："曾点于道，见其远者、大者，而视其近小皆不足。故其言超然，无一毫作为之意。"④此语用来形容庄子也无不贴合。曾皙的特点，从《论语》"子路曾皙冉有公西华侍坐"章可以看出，在与子路、公西华、冉有的对比中一目了然。他们三人或欲强兵、或究礼乐、或求足民，虽有大小之别，却均是有为之举，

---

① （宋）黎靖德编《朱子语类》卷一二五，第2989页。
② 同上书，第3001页。
③ （宋）黎靖德编《朱子语类》卷九，第148页。
④ （宋）黎靖德编《朱子语类》卷四〇，第1029页。

曾晳却要浴乎沂，风乎舞雩，咏而归，超越世俗的功业，这近乎庄子的逍遥之游。在朱熹看来，曾晳已经见道，但一切不为，工夫疏略。"曾点言志，当时夫子只是见他说几句索性话，令人快意，所以与之。其实细密工夫却多欠阙，便似庄列。"①因而朱熹对他整体评价不高，由此便可想见朱熹对庄子的评价。《朱子语类》记载：

> 庄仲曰："庄子虽以老子为宗，然老子之学尚要出来应世，庄子却不如此。"曰："庄子说得较开阔，较高远，然却较虚，走了老子意思。若在老子当时看来，也不甚喜他如此说。"②

庄子宗本老子，又有所增损变化。老子要无为而无不为，仍然有事功的追求，不过要以自然的方式，"功成事遂，百姓皆谓我自然"；庄子却彻底无为无功，朱熹以为，这并不是普通的变化，而是对老子思想根本方向的背离。"走了老子意思"，这是非常严厉的批评。所以朱熹假设，老子若是知道庄子如此改弦更张，也会不喜，更何况注重事功和践行的儒家中人。

综观以上诸家，均以有为批判无为，以实有批判虚无，当然，最根本的分歧在于庄子是站在个人的立场，惠施、韩非、郭象、朱熹等人则站在国家社会治理的立场。以现代的眼光来看，个人的选择无论是虚无也罢，实际也罢，都无可厚非，但国家社会的治理无疑不能遵从虚无主义，必须注重实际，因此惠施等从这个角度批判庄子，看起来确实有必要。然而，作为个体，固然以追求个人价值为上，但一般所谓个人价值与社会价值纠缠在一起，个人价值多由社会价值体现，甚者以为个人价值就是个人的社会价值，二者是合一的，此外并没有独立的个人价值，亦即一般认为个人价值与社会价值非但不相冲突，反而相辅相成，相得益彰，个人追求并获得功

---

① （宋）黎靖德编《朱子语类》卷四〇，第1027页。
② （宋）黎靖德编《朱子语类》卷一二五，第2995页。

名利禄，即是实现了个人价值，在个人实现其价值的同时，必是对国家和社会做出了相应贡献，国家社会也因此受益。像庄子这样认为个人价值与社会价值完全不相干甚至相互冲突，并主张追求个人价值抛弃社会价值的简直凤毛麟角，也并无多少号召力，不会对社会造成危害，根本不需要大费周章去批判一番。况且，惠施、韩非、郭象、朱熹等人对庄子的批判固然不能说是无的放矢，却也不能说是切中肯綮，就像是批评一个向南的人到不了北方，南与北并没有高下、对错之分，而是平等并列的两个选项，选择了其中一个，自然会与另一个失之交臂，站在其中一方批评另一方，只能说明立场的不同，并不能证明谁是谁非。成玄英评论惠施对庄子的批评云："而惠生既有蓬心，未能直达玄理，故妄起掊击之譬，讥刺庄子之书。为用失宜，深可叹之。"①"为用失宜"，这就是不同立场相互批评的最终效果。

二、晋亡之责

对庄子不事无为的思想除了理论上的批判，还有一个重要的历史公案，即认为两晋的灭亡应该由庄子提倡的这种思想负责。

魏晋玄学进入竹林时期，庄子渐成主导，向来老、庄并称，也渐改称庄、老。但玄学大盛的同时，晋朝内乱不断，外有强胡进逼，导致天下先是南北分裂，进而东晋解散，宋、齐、梁、陈短祚相替，直到隋朝重新一统天下。面对这样的局面，时人以及后世之人均有反思，且因庄子提倡逍遥物外，不事无为，于是人们在反思时常将庄子思想与朝代兴衰联系起来。

西晋名将刘弘《下荆部教》云：

> 太康已来，天下无虞，遂共尚无为，贵谈庄老，少有说事，外托论公务，内但共谈笑。今即同舟而载，安可不人人

---

① （清）郭庆藩《庄子集释》，第44页。

致力邪？①

《世说新语·政事》刘孝标注引《晋阳秋》云：

> （陶）侃……常云："民生在勤，大禹圣人，犹惜寸阴；至
> 于凡俗，当惜分阴。岂可游逸！生无益于时，死无闻于后，是
> 自弃也。"又："老、庄浮华，非先王之法，言而不敢行。君子
> 当正其衣冠，摄以威仪，何有乱头养望，自谓宏达邪？"②

东晋将领庾翼《贻殷浩书》云：

> 若以道非虞夏，自当超然独往，而不能谋始，大合声誉，
> 极致名位，正当抑扬名教，以静乱源。而乃高谈庄老，说空终
> 日，虽云谈道，实长华竞。③

刘弘、陶侃、庾翼均为武将，或平定叛乱，或有志北伐，是当时的
实干人物，他们对浮华空虚、不事无为的社会风气有所不满，矛头
都指向庄、老，认为是庄、老带动了这一风气。

陶侃所谓"乱头养望，自谓宏达"，指魏晋时期以任性放达为
高的社会风气，这涉及当时人对庄子逍遥义的理解。郭象以适性为
逍遥，认为天地万物，各有其性，无论鹏、蜩大小，只要满足其本
性的要求，就是达到了逍遥的境界，"各以得性为至，自尽为极
也"④。这并非郭象一人的理解，他只是将其用理论总结出来罢了。
在郭象之前，阮籍《咏怀》其四十六云："鸴鸠飞桑榆，海鸟运天
池。岂不识宏大，羽翼不相宜。招摇安可翔，不若栖树枝。下集蓬

---

① （清）严可均《全上古三代秦汉三国六朝文·全晋文》卷七三，北京：中华书局
1958 年，第 1879 页。
② 余嘉锡《世说新语笺疏·政事第三》，北京：中华书局 2007 年，第 212 页。
③ （清）严可均《全上古三代秦汉三国六朝文·全晋文》卷三七，第 1676 页。
④ （清）郭庆藩《庄子集释》，第 18 页。

艾间，上游园圃篱。但尔亦自足，用子为追随。"①张华《鹪鹩赋》小序有云："鹪鹩，小鸟也，生于蒿莱之间，长于藩篱之下，翔集寻常之内，而生生之理足矣。色浅体陋，不为人用，形微处卑，物莫之害，繁滋族类，乘居匹游，翩翩然有以自乐也。"②这些诗文都表现了小鸟虽小，但达到了其生理的极致，亦可自足自乐的思想，与适性逍遥异曲同工，可看作郭象的思想来源。

郭象虽主张适性即可逍遥，但他并未明确性为何物，因而给逍遥留下了阐释空间。支道林以性的善恶为基础，对适性逍遥说展开了批判。《高僧传》云：

> 遁尝在白马寺与刘系之等谈《庄子·逍遥篇》，云："各适性以为逍遥。"遁曰："不然。夫桀跖以残害为性，若适性为得者，彼亦逍遥矣。"于是退而注《逍遥篇》，群儒旧学，莫不叹服。③

《世说新语·文学》夸赞支遁"卓然标新理于二家之表，立异义于众贤之外，皆是诸名贤寻味之所得。后遂用支理"。支道林以"明至人之心"为逍遥，广受赞誉，但《高僧传》记载的他对郭象适性逍遥的批判却存在理论上的缺陷。所谓"桀跖以残害为性"，此性并非庄子自然之性，而是近于荀子的欲望之性，所以支道林逻辑上不免有偷换概念之嫌④。但支道林的批评极具现实意义。以欲望为本性，正是时代的通病，一旦将其与逍遥联系起来，当作崇高境界来追求，各种嗜欲就被彻底释放出来，生发出种种放诞不羁且

---

① （晋）阮籍著，陈伯君校注《阮籍集校注》，北京：中华书局 2012 年，第 337—338 页。
② （晋）张华《鹪鹩赋》，（梁）萧统编，（唐）李善注《文选》卷一三，北京：中华书局 1977 年影印清嘉庆十四年（1809）胡克家刻本，第 201—202 页。
③ （南朝梁）释慧皎著，汤用彤校注，汤一玄整理《高僧传》，北京：中华书局 1992 年，第 160 页。
④ 邓联合《"逍遥游"释论》，第 291 页。

自以为风流雅尚的行为，"人伪俗季，真风既散，野无讼屈之声，朝有争宠之叹。上下相陵，长幼失贯。于是借玄虚以助溺，引道德以自奖"①。朝廷作为一国中枢，也无以抵御此种风气，以风流任性为高，用为人才，实则多为虚浮不任之人，并无处理实际事务的才能，往往导致国家的混乱以及军事的溃败。支道林以桀跖的极端例子驳倒当时通行的适性逍遥说，无疑对扭转这种纵欲任性的社会风气具有极为正面的良好作用。本来轻视支道林的王羲之，听闻支道林的逍遥义之后，"披襟解带，留连不能已"②。

除了肆意释放欲望，接受了无功、无用思想的风流名士们还学起了藐姑射神人的样子，不屑甚至鄙视那些勤恳务实之人。按照庄子的思想，得道高人被称为真人，自然本性也被称为真性，与之相对的就是世俗的芸芸众生，其所从事的政务也都是凡尘俗事，魏晋名士虽然身居庙堂，却不屑料理政务，如此，其后果可想而知。当时一些有识之士对此痛心疾首，陈頵《与王导书》曰：

> 中华所以倾弊，四海所以土崩者，正以取才失所，先白望而后实事，浮竞驱驰，互相贡荐。言重者先显，言轻者后叙，遂相波扇，乃至凌迟。加有庄、老之俗，倾惑朝廷，养望者为弘雅，政事者为俗人，王职不恤，法物坠丧。③

晋末八王之乱，天下危在旦夕，陈頵将原因归结为朝廷选拔人才重名望而轻才干，庄、老思想则助长了这种风气，起到了推波助澜的作用。干宝更详细地描绘了朝廷选拔人才的不良风气：

---

① （晋）嵇含《吊庄周图文并序》，严可均《全上古秦汉三国六朝文·全晋文》卷六五，第1831页。

② 余嘉锡《世说新语笺疏·文学第四》，第264页。王羲之有"一死生为虚诞、齐彭殇为妄作""夏禹勤王，手足胼胝；文王旰食，日不暇给。今四郊多垒，宜人人自效。而虚谈废务，浮文妨要，恐非当今所宜"等务实的想法。

③ （晋）陈頵《与王导书》，（唐）房玄龄等《晋书》，北京：中华书局1974年，第1893页。

又加之以朝寡纯德之士，乡乏不二之老，风俗淫僻，耻尚失所，学者以庄、老为宗而黜六经，谈者以虚薄为辩而贱名检，行身者以放浊为通而狭节信，进仕者以苟得为贵而鄙居正，当官者以望空为高而笑勤恪。是以目三公以萧杌之称，标上议以虚谈之名，刘颂屡言治道，傅咸每纠邪正，皆谓之俗吏，其倚杖虚旷，依阿无心者，皆名重海内。若夫文王日昃不暇食，仲山甫夙夜匪懈，盖共嗤点，以为灰尘，而相诟病矣……礼法刑政，于此大坏，如室斯构，而去其凿契；如水斯积，而决其堤防；如火斯畜，而离其薪燎也。国之将亡，本必先颠，其此之谓乎！故观阮籍之行，而觉礼教崩弛之所由；察庚纯贾充之事，而见师尹之多僻；考平吴之功，知将帅之不让；思郭钦之谋，而悟戎狄之有衅；览傅玄刘毅之言，而得百官之邪；核傅咸之奏、钱神之论，而睹宠赂之彰……①

干宝不仅看到了充斥朝廷的荒谬现象，而且挖掘出了现象背后的原因：“学者以庄、老为宗而黜六经。”思想上崇尚虚无无为，才会在行动上表现出来。如果崇尚庄、老的是国家是朝廷，则国之根本必将动摇。

面对山河陵替，朝廷官员仍不为所动，史书上的记载更是触目惊心：

于是口不论世事，唯雅咏玄虚而已。（《晋书·王衍传》）②

时虽戎车屡驾，而放侍太子，常说老、庄，不及军国。（《晋书·阮放传》）③

---

① （晋）干宝《晋纪总论》，（梁）萧统编，（唐）李善注《文选》卷四九，第692—693页。
② （唐）房玄龄等《晋书·王衍传》，第1236页。
③ （唐）房玄龄等《晋书·阮放传》，第1367页。

是时天下多故，机变屡起，敳常静默无为。参东海王越太傅军事，转军咨祭酒。时越府多隽异，敳在其中，常自袖手。（《晋书·庾敳传》）①

及侯景寇逆，于围城之中，犹侍哀太子于武德后殿讲《老》《庄》。（《陈书·张讥传》）②

以上这些事实就足以证明玄学，尤其庄子思想应该要为晋朝的覆灭承担必要的责任了③。这些人不以天下为事，更无真实治国用兵的本领，而国家选拔人才也不以真才实干为标准，却以清谈机辩带来的所谓声誉、名望为准绳，本末颠倒，选出来的人才自然是不敷实用，承平时尚可相安无事，当面对外敌进犯或内部叛乱时，只能坐以待毙，束手就擒。

历史学家对此展开了评论，如上引干宝《晋纪总论》之语，就被房玄龄《晋书·孝怀孝愍帝纪》全部袭用，而《晋书·儒林传序》也有对玄学的批评："有晋始自中朝，迄于江左，莫不崇饰华竞，祖述虚玄，摈阙里之典经，习正始之余论，指礼法为流俗，目纵诞以清高，遂使宪章弛废，名教颓毁，五胡乘间而竞逐，二京继踵以沦胥，运极道消，可为长叹息者矣。"④但房玄龄的老师王通却认为："《诗》《书》盛而秦世灭，非仲尼之罪也；虚玄长而晋室乱，非老、庄之罪也；斋戒修而梁国亡，非释迦之罪也。《易》不云乎：'苟非其人，道不虚行。'"⑤王通将老、庄与孔子、释迦摩尼并列，认为他们都是圣人，对各个朝代的灭亡并没责任，其道也都是通圣大道，但正如孔子所说"人能弘道，非道弘人"，道本身并不能自

---

① （唐）房玄龄等《晋书·庾敳传》，第 1236 页。
② （唐）姚思廉《陈书》卷三三，北京：中华书局 1972 年，第 444 页。
③ 上引张讥并非晋朝人物，但亦可说明老庄对人不事实务之影响。
④ （唐）房玄龄等《晋书》，第 2346 页。
⑤ （隋）王通著，张沛校注《中说校注》，北京：中华书局 2013 年，第 113 页。

行为善为恶，关键在于人，孔子从正面说人能弘道，王通认为秦、晋、梁三朝的人不能体道、弘道，才导致这三朝的灭亡，并非儒、释、道的责任。另一历史学家司马光在给王通作传时，针对王通"虚玄长而晋室乱，非老、庄之罪也"这一论断批驳道：

> 庄老贵虚无而贱礼法，故王衍、阮籍之徒乘其风而鼓之，饰谈论，恣情欲，以至九州覆没……发端唱导者，非二家之罪而谁哉？此皆议论不合于圣人者也。①

司马光的批驳有两处值得注意：第一，他认为对于晋朝的灭亡，老、庄玄学的罪名是发端唱导，而不是负有直接的责任，这一方面是吸收了王通关于人为成败存亡关键的观点，所以晋亡并不完全是老、庄的罪过；另一方面司马光也认为老庄并不是完全无过，毕竟老、庄在理论上崇尚虚无、无为，因而有发端唱导之罪。第二，既然老、庄有罪，追寻根源，错在何处？司马光认为老庄和佛家之错在于不合儒家圣人之意。由此可知王通被批判的原因：王通将儒、释、道三家平列，认为西来的释迦也是圣人，这在根本上触犯了司马光崇儒务实的思想信念。

公正地讲，司马光认为老、庄有发端倡导之罪是比较客观的，因而在后世有很多响应者，成为与完全归罪于老、庄，不关老、庄之事并列而三的一种典型观点。而第二条，以儒家为最高标准给老、庄定罪，认为老、庄之书违背儒家经典，非毁圣人，因而是异端邪说，不仅于社会的治理无益，反而导致天下大乱，这也成为一种典型看法，尤其盛行于道学家中。但这个看法显然失之于门户之见。

陈黻宸在评论叶适与黄震对庄子的批评时说道：

---

① （宋）司马光《文中子补传》，（宋）吕祖谦编《皇朝文鉴》卷一四九，张元济等辑《四部丛刊初编》影印宋刊本，上海：商务印书馆民国八年（1919）。

夫水心与东发二子，在南宋为好学深思之士，所持论往往不落恒解，有高远过人之识。其于庄氏之书浅矣，指摘是非，务又深以求其过，此亦如汉廷腹诽之刑，故入人罪，未足令受者俯首不平之谦哉！抑亦有激于后世之学宗庄氏者，摭拾浮华，精髓尽失，以误世则有余，以求道则不足，故为此大声疾呼之辞，以矫末流之失，此固自汉魏以来学者之罪也。①

后之视今，亦犹今之视昔。后代学者，尤其儒家学者对庄子提倡无用、败坏社会风气、导致朝代覆灭的指责，与庄子对儒家仁义学说的批判在多方面是一致的。即庄子思想与仁义思想本身并没有什么错误，不能让它们承担责任，责任在那些利用这些思想的人，他们将这些思想断章取义，歪曲异化，以满足自己的利益和欲望。也有不少论者如王安石等挖掘出庄子著述的出发点是为了"矫天下之弊，而归之于正"②，认为庄子的用心也是与伯夷、柳下惠两位圣人一样的，只是有失于矫枉过正罢了，并不能认为庄子之说是邪说。后世如叶适、黄震等学者对庄子的种种批评指责，其心理与言论不也是如此吗？

第四节　匹夫独行：对庄子无用之用的批判

《逍遥游》篇末，惠子批评庄子"逍遥游"思想无用，庄子以无用之用予以回应。无用之用，即跳脱出世俗物用，摆脱社会群体对个体的工具性利用，使人能够回归本性，进而达到逍遥之境。这涉及个人选择，有选择就有不同，在这不同之间便产生了纷争。

---

① 陈黻宸《诸子哲学·庄子》，陈德溥编《陈黻宸集》，北京：中华书局 1995 年，第172 页。

② （宋）王安石《临川先生文集·庄周上》，北京：中华书局 1959 年，第 724 页。

一、无用与自私

在古代士人的分类系统中，庄子属于隐者系统。虽然庄子死后声名赫赫，但其生前应如朱熹所猜测的"只在僻处自说"①，无人问津，所以后世对其生平仅有零星了解，大部分都已化为陈迹被黄土掩埋。在《庄子》全书中，出现了大量形形色色的或真实或虚构的隐者②，这些隐者往往是得道者形象，备受推崇，而儒家所景仰的隐者如伯夷、叔齐等，则沦为被批判者。在《庄子》之前，《论语》也记载了不少隐者，其中对待隐者的态度也可分为两种，但恰恰与庄子相反。其间分野就隐含了庄子与儒家对进退出处的不同选择。

《论语》中，孔子与隐者展开了多番对话，其共同背景是春秋末期，周德衰，礼乐坏，礼乐征伐不自天子出而自诸侯出。当此无道之世，隐者普遍认为世不可为，因而独善其身。孔子则知其不可为而为之，展示出坚忍不拔、松柏后凋的可贵品质和仁以为己任的天下情怀。隐者与孔子选择不同，彼此都想规劝对方认同自己的选择，加入自己的行列，但立场既已站定，难以改变，因而当子路告诉孔子长沮、桀溺避世的态度后，孔子怃然叹曰："鸟兽不可与同群，吾非斯人之徒与而谁与？天下有道，丘不与易也。"③由《论语》的记载来看，这些隐者并非是天生的隐者，而是面对时势不可为的一种无奈选择，与后来从重视个体价值角度一意归隐者有所不同。与孔子和儒家相比，这些隐者面对时势更加灵活，"深则厉，浅则揭"④，与后来的道家态度相近，讲究因时偃仰，与世浮沉，

---

① （宋）黎靖德编《朱子语类》卷一二五，北京：中华书局 1986 年，第 2988 页。
② 如兀者王骀、叔山无趾、支离疏、哀骀它、汉阴丈人、无为谓、牧马童子、善卷等。
③ （宋）朱熹《论语集注·微子》，《四书章句集注》，北京：中华书局 1983 年，第 184 页。
④ （汉）郑玄笺，（唐）孔颖达疏《毛诗正义》，《十三经注疏》二，台北：艺文印书馆 2007 年影印嘉庆二十年（1815）江西南昌府学刻本，第 87 页。

而不是固执地与世道相抗。

孔子一直寻求与隐者对话，其弟子如子路则直接展开了批评：

> 不仕无义。长幼之节，不可废也；君臣之义，如之何其废
> 之？欲洁其身，而乱大伦。君子之仕也，行其义也。道之不
> 行，已知之矣。①

子路认为，君子出仕，乃是道义、义务，是对国君应尽的责任，如
若为了洁身自好隐居不仕，则是对这一重要伦理的破坏。至于能否
行道，则在所不顾，因为世道不是凭一己之力就能改变的。子路这
一批评虽然简短，却成为后世儒者批评隐者的大纲。

《庄子·让王》描绘了一群不同寻常的隐者，一般隐者仅是士
人阶层，为隐居而辞让官位，《让王》篇的隐者所推让的则是至高
无上的王位。其理由是，世俗王位是对人的束缚，劳形费神，使人
不能做逍遥之游。但郭象以为逍遥不必在山林，对一般人来说，适
性即可，不必非要拱默山林；对于圣人来说，更是无适而不逍遥。
因而虽然隐者品格的确高洁不凡，也能改善一些贪婪冒进的社会风
气，但隐逸思想与让王行为并不值得提倡："若谓拱默乎山林之中，
而后得称无为者，此庄老之谈所以见弃于当涂，当涂者自必于有为
之域而不反者，斯之由也。"②

郭象在《让王》篇注中还指出了隐居不仕的另一种弊端：

> 曰：夷许之弊安在？曰：许由之弊，使人饰让以求进，
> 遂至乎之哙也；伯夷之风，使暴虐之君得肆其毒而莫之敢亢
> 也；伊吕之弊，使天下贪冒之雄敢行篡逆；唯圣人无迹，故

---

① （汉）郑玄笺，（唐）孔颖达疏《毛诗正义》，《十三经注疏》二，台北：艺文书馆
2007 年影印嘉庆二十年（1815）江西南昌府学刻本，第 185 页。
② （清）郭庆藩《庄子集释》，第 27 页。

无弊也。①

这些隐士，无疑具有正直、善良的品质，如果全都辞官不仕，朝廷里就会充斥着无耻之徒、篡逆之人，且再没有人与他们争衡，震慑，甚至阻止他们；遇到暴虐的君主，正直之士若在，尚且可以与之相抗，使之不致乱发淫威，若全都归隐，则暴虐之君就可以肆意妄为了。这对天下来说无疑是场巨大灾难，将使天下陷入混乱甚至动荡。另外，高让远退固然是让人钦佩的品质，可是一旦形成风气，立为标的，就有可能被居心叵测之人利用，以让为名，实则欲进，前有《秋水》篇所举的燕王哙让位宰相子之而国乱身亡，后世则有所谓借隐求名的终南捷径，不能不说郭象此注很有预见性，亦可见归隐之风的弊端委实不小。

郭象所说的情况无疑是真实可能发生的问题。但大道不出、时势混乱，难道不应该去责怪那些破坏大道的恶人吗？这些隐者、贤者应该为世道沦丧负责吗？他们又有义务、有责任"致君尧舜上，再使风俗淳"吗？这些问题在儒家看来都不是问题，个人理所当然对天下、对社会负有责任和义务，顾炎武所谓"天下兴亡，匹夫有责"。然而，这在庄子那里却不能理所当然地成立。

《论语》的记载比较简略，隐者不仕主要原因是时势不可为，于是他们顺应时势，退而闲居。这主要是从外部找原因，隐者个人因素全无考虑。庄子提出无用，则是从个人角度进行解释。无用思想主张个人价值在个人本身，并不在为社会做出多少贡献，更不应被社会作为工具使用，而挤压个人其他特性与价值，因此个人没必要为了所谓天下大事劳心费神，更要逃离社会群体对个人的胁迫。当个人作为工具被社会利用时，社会有可能会先对个人进行一番改造，甚至牺牲个人的生命，这就是《人间世》篇及《山木》篇着重

---

① （清）郭庆藩《庄子集释》，第982页。

论述的主题。庄子却聘的寓言也包含了这层寓意，宁愿曳尾涂中游戏自快，也不愿成为牺牲留骨高贵。

儒家学者显然认识到了庄子无用思想的这一特点，并就此展开了批判。范仲淹《近名论》云：

> 《老子》曰："名与身孰亲。"《庄子》曰："为善无近名。"此皆道家之训，使人薄于名而保其真。斯人之徒，非爵禄可加，赏罚可动，岂为国家之用哉？①

胡宏《知言》卷三有云：

> 庄周曰："伯夷死名于首阳之下。"非知伯夷者也。若伯夷，可谓全其性命之情者矣，谓之"死名"可乎？周不为一世用，以保其身可矣，而未知天下之大本也。②

范祖禹《中庸论》云：

> 圣人者，为天下而言者也，故己可用，而人亦可行；老、庄者，为一人而言者也，故己独可言，而人不可用，是欲以一人之私论，而率天下以行之也……圣人之言，其自为也过少，而为人也过多；老、庄之言，其自为也过多，而为人也过少。③

薛瑄更是将庄子这种思想斥为自私，其《读书录》有云：

> 老庄虽翻腾道理，愚弄一世，奇诡万变，不可模拟，卒归于自私，与释氏同。圣人之所以为圣人，以其公天地万物为一体，屈伸、消长、进退、存亡，一由乎理之自然而不自私也。

---

① （宋）范仲淹《近名论》，（宋）吕祖谦编《宋文鉴》卷九四，北京：中华书局1992年，第1326页。
② （宋）胡宏著，吴仁华点校《胡宏集·知言》，北京：中华书局1987年，第25—26页。
③ （宋）范祖禹《范太史集》卷三五，《景印文渊阁四库全书》第1100册，台北：台湾商务印书馆1985年，第392页。

> 老庄必欲外天地万物，极其智术为巧免之计，其自私也甚矣。
> 老庄于道理非无所见，但不胜其避害自私之心，遂鄙薄而不
> 为，是岂圣人大公至正之心乎？①

从实践上来说，庄子无用的思想会造成个人不被国家所用；从理论上讲，无论出于道家所谓的全性保真还是避害全身，这都与儒家提倡的大公无私相抵牾。薛瑄明确以儒家圣人大公至正之心反对自私。

这就又产生了一系列新的问题，自私是否可以？从个人与社会的关系角度讲，这个问题还可以表述为：个人是否一定负有社会责任和义务？甚至可以更具体地问，当社会遇到危机时，个人是否必须牺牲自己部分，甚至全部的精力、财富、生命等去挽救它？为公固然是高尚的，但为私就居于下流甚至可耻错误吗？归根到底，个人在社会群体价值之外是否具有独立价值？在现代看来，答案自然是不言自明的。可是在战国时代，似乎只有庄子和被孟子称为"拔一毛以利天下而不为"的杨朱对此问题有自觉反省。其实，可以反过来问，个人没有妨碍他人，没有伤害他人，没有给社会、给群体造成阻碍、麻烦，为什么不能容忍他自由选择自己的出处进退呢？这是古代以儒为主的社会所欠缺的。由此也可见庄子思想的犀利之处与独特价值。

当然，古代学者对个体的独立价值虽然未必有清醒的认识，却也有不少人能够理解和包容异于群体的选择。苏轼在《韩非论》中说道："此不得志于天下，高世远举之人，所以放心而无忧。虽非圣人之道，而其用意，固亦无恶于天下。"②苏轼的论断准确而高

---

① （明）薛瑄《读书录》卷一，《景印文渊阁四库全书》第711册，台北：台湾商务印书馆 1985 年，第 548 页。

② （宋）苏轼著，孔凡礼点校《苏轼文集·韩非论》，北京：中华书局 1986 年，第 102 页。

明，隐者多是起初抱有用世之志的人，最后由于各种原因不得施展，因而选择高蹈远引，虽然他们最后没能像孔子那样知其不可而为之，但无论其用心，抑或其行为，又怎会对社会产生危害呢？程大昌的意见大体与苏轼相同，但他不敢仅从道理上讲，而是仍然搬出了孔子，认为孔子对他同时的隐者采取了包容和欣赏的态度，因此今人对像庄子这样的隐者也应采取类似态度，程大昌认为，庄子"所以自处者清净无欲，而其所非弃者，又皆推见礼法败坏之自，而归诸'见素抱朴'之域，其折衷轻重，别有深意，虽甚放其言，亦隐遁疾邪者之常，不足多责也"①。当然，对于统治者或维护统治之人来说，庄子高唱个人价值，逍遥物外，理论上与维护国家统治、招揽人才是相违逆的，因此要把《庄子》与治国经典区分开来。程大昌认为这也是理所当然的："古今多罪周之诋訾尧、舜、孔子，则相与引绳排根，一切斥为异端，此为世立教者所当然也。"所以程大昌实际是一个调和论者。

司马光也曾上奏神宗，论当时士人习高奇之论、诵老庄之言，奏云："彼老、庄弃仁义而绝礼学，非尧、舜而薄周、孔，死生不以为忧，存亡不以为患，乃匹夫独行之私言，非国家教人之正术也。"②司马光态度可谓宽容，并未像前引诸人以国家统治的名义武断地批判个人独立的言论，争个高低，而是分清了个人和国家两个主体。作为个人，主张个人价值，全性葆真也罢，避害全身也罢，国家都可以容忍，给个人足够自由的空间；但国家作为统治管理者，就要求进入统治秩序中的士子以经邦治国的儒家典籍为准，必须服从儒家教义，以现实实用性为要。

---

① （宋）程大昌《考古编·庄子论》卷六，王云五主编《丛书集成初编》，上海：商务印书馆民国二十八年（1939），第 46 页。
② （宋）司马光《上神宗论近岁士人习高奇之论诵老庄之言》，（宋）赵汝愚编《宋名臣奏议》卷八三，《景印文渊阁四库全书》第 432 册，台北：台湾商务印书馆 1984 年，第 36 页。

从儒家治国的公共要求来看，庄子讲求个人价值、不愿沦为社会群体工具是自私的行为，但从庄子的角度看却并非如此。庄子也反对自私，只是其对自私的界定与儒家不同。庄子认为覆载一切的天地是无私的，《大宗师》篇云："天无私覆，地无私载。"君主若要治理好天下也必须无私，《应帝王》篇云："汝游心于淡，合气于漠，顺物自然，而无容私焉，而天下治矣。"《秋水》篇云："严乎若国之有君，其无私德。"《则阳》篇云："五官殊职，君不私，故国治；文武〔殊材〕大人不赐，故德备；万物殊理，道不私，故无名。"

私与公相对而生，也须在一起比较着理解，私之所以被贬斥，而公被尊崇，无疑是因为私表示小、少、部分，公表示大、多、全体，当公、私对立，不能两全时，人们自然会选择公而抛弃私。这是庄子和儒家的共同之处。不过，庄子所说的私与儒家所说的私，概念、范围并不相同。在儒家看来，为个人一己或一个家庭或家族等是私，而为群体、为社会、为国家、为天下就是公。这在庄子看来，却仍然太小，所以是自私的。《天道》篇记载孔子欲西藏书于周室，见老聃：

> 老聃曰："请问何谓仁义？"孔子曰："中心物恺，兼爱无私，此仁义之情也。"老聃曰："意！几乎后言！夫兼爱不亦迂乎？无私焉，乃私也。夫子若欲使天下无失其牧乎？则天地固有常矣，日月固有明矣，星辰固有列矣，禽兽固有群矣，树木固有立矣。夫子亦放德而行，循道而趋，已至矣！又何偈偈乎揭仁义，若击鼓而求亡子焉！意！夫子乱人之性也！"

兼爱无私，确实表现了儒家抛却个人、天下为公的气魄，但儒家的大较之于道家的大就又显得小了。儒家所关心者，只在天地之间的人类，然"号物之数谓之万，人处一焉；人卒九州，谷食之所生，舟车之所通，人处一焉；此其比万物也，不似豪末之在于马体乎？五帝之所连，三王之所争，仁人之所忧，任士之所劳，尽此矣"（《秋水》）！通过这一对比，儒家仁义施及的人类就显得极其渺小，因此，仁义在儒家看来是关注群体的无私，在道家这里就是只关注自己种类的自私。况且，像孔子这样汲汲于仁义，又焉知不会给人类造成更大的灾难呢？与仁义对人类的关爱相比，仁义对人性的桎梏更加永久，提倡仁义，实质是"不忍一世之伤，而骜万世之患"（《外物》）。正确的做法，就是效法天地，自然无为，"天地不仁，以万物为刍狗。圣人不仁，以百姓为刍狗"（《老子》五章）。因此，仅从治理天下的功利层面看，庄子也是反对自私的，尤其反对儒家违背自然的有为。

从另一个角度来看，自私就是有己，与至人无己的境界恰好相反。一旦陷入道家的自私，从天地之外回到人间，即要为人类、为天下耗费心神，建立儒家式治国平天下的功业，便也不能达到逍遥游了。这也是庄子逍遥义包含神人无功这一层内涵的原因。释性涵云："逍遥游者，游于道也。唯道集虚，人能虚己游世，其孰能害之？人之所以不得逍遥者，只为有己私己爱，是以触处罣碍。"[1]对庄子来说，自私、有己妨碍逍遥，这才是他反对自私的更重要的原因。

二、无用与不材

无用之用除了可以避免人沦为工具，保存自然本性，通达无何有之乡，实现逍遥游之境，在现实层面，也有保全生命、尽其天年的作用。在《逍遥游》中这一点发挥不多，《人间世》篇继续以两棵奇大无比的树木为喻，详细阐释了不材而不受斤斧之伐的道理。

---

[1] （明）释性涵《南华发覆》，方勇编纂《子藏·道家部·庄子卷》第 50 册，据清乾隆十四年（1749）云林怀德堂刊本影印，北京：国家图书馆出版社 2011 年，第 257 页。

然而庄子的不材之说在后世也饱受批评。

李磎《广废庄论》从四个方面对庄子进行了批判，第一方面就是批判其无用之用的思想。其文有云：

> 夫虚无用之心也，必凭于有者也。有之得行也，必存于虚也。是以有无相资，而后功立。独贵无贱有，固已疏矣。且所谓无者，特未明也。惠子以其言之无用，而应之曰："知无用，始可与言用矣，今夫地，非不广且大也，人之所用容足耳，侧足而垫之，至黄泉，人尚有用乎？"此言假四旁之无用也，以自喻其虚，辞则敏矣。然无用之说有三，不可混而同一。有虚无之无用者，有有余之无用者，有不可用之无用者。虚无之无用者，则老子"埏埴""凿户"之说，其用在所无也。有余之无用者，则侧足之喻，其用必假于余也。不可用之无用者，苗之莠，粟之秕也。今庄之坏法乱伦，是秕莠之无用矣，而自同于有余之无用，不亦谬乎？此所谓体虚无而未知虚无之妙也。①

在李磎之前，东晋王坦之作《废庄论》以批判庄子，但李磎认为，王坦之仅罗列了庄子思想对名教及社会风俗的破坏作用，并未能从理论上驳倒庄子，其批判与诟骂无异，并不高明。李磎具有清晰的理论自觉和追求，其理由是，庄子批判儒家，思想与儒家相反，若不能从理论上真正驳倒他，就证明儒家的理论是错误的。基于这种紧迫性，李磎决定从理论上证明庄子是错误的，以捍卫儒家理论的正确性。

从无用之用的观点本身来看，无用属于"无"这一范畴中的一个小范畴，强调无用有大用就是注重"无"，这意味着忽略了普通的有用，也就是忽略了"有"，因此可以认为庄子提倡无用之用是

---

① （唐）李磎《广废庄论》，（清）董诰等《全唐文》卷八〇三，北京：中华书局1983年影印本，第8445—8446页。

贵无贱有。而李碶则以有无相资批判了庄子的片面性。李碶并不否认无用之用，但无用必须借助于有用才能真正发挥其用，纯粹的无用就真的是纯粹无用的，不会有什么无用之用，离开有用，无用更不会有用。

李碶还从思维方面反驳庄子。惠施最早指出庄子逍遥游思想之无用，庄子以一个比喻反驳惠施，证明无用有大用。李碶针对庄子对惠施的反驳，指出了庄子自相矛盾的地方，以此论证庄子之错误。李碶认为无用之用有三种情况，分别是：虚无之无用、有余之无用和不可用之无用。庄子的比喻中，人脚所踩踏以外的大地之用属于有余之无用，但其"逍遥游"思想属于不可用之无用，二者虽同属无用，但并非同一种无用，庄子以此代彼，偷换概念，在逻辑上犯了错误，因而他对惠施的反驳是无效的。从以上两点，李碶总结道，庄子"体虚无而未知虚无之妙也"。

从整个庄子学史上来看，李碶对庄子的批判都是独特的，他能超越一般出于立场不同的仅止于谩骂指责的所谓批判，而从理论和逻辑上指出庄子思想存在的疏漏，层次较高。然而，李碶也并未完全把庄子驳倒，其分析亦存在悖谬之处。林明照指出："李碶一方面认为庄子对于惠施批评之回应显出其有无相资的有无观，另方面又从'坏法乱伦'之弊而认为庄子的有无观实乃'贵无贱有'……在玄学思维中，有无相资之旨，实际上是在证成名教与自然的统一，背后蕴含的正是李碶所欲批判的儒道交融。依此，李碶放弃探求庄子这两种有无观之间的联系，反而是放大其间的不一致或冲突，并着意强调其中'贵无贱有'以致'坏法乱伦'之一面。"①林明照认为，李碶在分析庄子有无观时借助了玄学的有无之辨，但经过李碶的分析，庄子有无观中呈现出两种矛盾的有无观，对此，李

---

① 林明照《诠庄与反庄：李碶〈广废庄论〉中的庄学诠释与批判》，《中国学术年刊》第 33 期（秋季号），第 58 页。

碛并未深入考察，只是突出了庄子的自相矛盾了事。然而这很有可能只是李碛的分析出现了问题。

在无用之用的问题上，庄子的确有贵无贱有的思想意味，若要反驳，大可不必从有无问题上着手，只需直来直去，指出无用之不可用即可，如《山木》篇庄子友人之雁以不鸣见烹。奇怪的是，《庄子》中明明就有现成的反例，李碛却略去不提，似乎是有意回避，难道是因为庄子后学已经完善了无用之用的思想，难以反驳？实际上，庄子的无用之用虽然贵无，却与魏晋玄学中的贵无论大相径庭。玄学中的贵无论属于本体论，认为无是世界的本体，有则为发用、现象。王弼论本体的无用与用的关系道："演天地之数，所赖者五十也。其用四十有九，则其一不用也。不用而用以之通，非数而数以之成。斯易之太极也。"[1]这里的不用就是一，是无，也是道，它是无用的，却是能决定四十九的，四十九可以发挥作用都要依靠这个不用。庄子的无用之用虽然也更重无，但并不涉及本体问题，无用与用并非本末体用的关系，无用只是对用的简单否定，否定之后便可向上延伸，发展出脱离世俗现实的无用之用，在境界上超越世俗现实之用。所以，庄子的无用之用与玄学中真正的贵无论不能简单等同，而持崇有论中有无相资之说批判无用之用也就不那么合适了。

李碛对无用的三种划分也存在问题。虚无之无用，这一种系从《老子》十一章总结而来，其实并不确切。《老子》十一章云："三十辐共一毂，当其无，有车之用。埏埴以为器，当其无，有器之用。凿户牖以为室，当其无，有室之用。故有之以为利，无之以为用。"老子强调的是空间的虚无也能有世俗之用，这正是虚无之用，李碛将之概括为虚无之无用，恰好反了。第二种来自庄子对惠子的

---

[1] （三国魏）王弼著、楼宇烈校释《王弼集校释》，北京：中华书局 1980 年，第 547—548 页。

反驳："夫地，非不广且大也，人之所用容足耳，然则侧足而垫之，致黄泉，人尚有用乎?"人站在地上，支撑脚的只有脚踩的那块地方，其余的对人来说都是无用的。庄子说，其余这些无用的部分也非常有用，离开这部分人将寸步难行。于是李礤将之归纳为有余之无用。李礤用"虚无""有余"区别两种无用，都是着眼于空间形体之有无，第三种不可用之无用，则已经转换了角度和标准，因此，前两种和第三种实际并不在同一层次，意即这种分类是不合理的。

若要在李礤的分类基础上将这三种进行合乎逻辑的划分，应该将前两种归为有用之无用，后一种为无用之无用。有用之无用，再细分为虚无之无用和有余之无用两种。有用之无用，尚且有用；无用之无用，彻底无用，李礤认为庄子"逍遥游"思想属于彻底无用一类。实际李礤的划分就是有用和无用两类，所谓有用之无用，不过是乍看不觉有用而实际有用罢了。然而不论怎么划分，李礤眼里的用都是指现实实用性，不涉及个人内在价值、精神超脱性，这就与庄子无用之用区别开来。杨国荣分析庄子的无用之用道："从人的视域看，前者（相对于他物之"用"）可以视为工具或外在的价值，后者（指向人自身之"用"）则表现为内在的价值；无用于他物而有用于自身，相应地强调了人不应成为他物的工具，而应关注其自身的内在价值。"[1]庄子之用并不在世俗实用性上，对这一点李礤似乎没有理解，他一直执着，甚至胶着于世俗实用性上，并以此来批判庄子，显得有点格格不入。惠施说庄子之言无用时，就意在现实实用性，对此，庄子似乎并未否认，转手又引出无用之用，以通向逍遥之境，这也证明庄子之用已经超越现实实用层面。因此，若要彻底否定庄子无用之用，必须在与庄子相同的层面上入手，比如论证逍遥游之境并不存在，或者现实无用无法通达逍遥之境，由

---

① 杨国荣《庄子的思想世界》，北京：北京大学出版社 2006 年，第 23 页。

此或可证庄子之无用为彻底无用。像李碶这样把两个层次的"用"混同于一个层次进行比较，无疑不能形成有效的批判。

如果把无用之用视作原理，那么不材之用则可以视作一个具体应用。无用可以游于逍遥之境，不材在人间世也可以有不夭斤斧、尽其天年之用。后世对不材的批判也就此展开，即不材是否真能有此作用。

欧阳修《伐树记》有云：

> 既而悟且叹曰："吁！庄周之说曰：'樗、栎以不材终其天年，桂、漆以有用而见伤夭。'今樗诚不材矣，然一旦悉翦弃；杏之体最坚密，美泽可用，反见存。岂才不才各遭其时之可否邪？"他日，客有过修者，仆夫曳薪过堂下，因指而语客以所疑。客曰："是何怪邪？夫以无用处无用，庄周之贵也。以无用而贼有用，乌能免哉！彼杏之有华实也，以有生之具而庇其根，幸矣。若桂、漆之不能逃乎斤斧者，盖有利之者在死，势不得以生也，与乎杏实异矣。今樗之臃肿不材，而以壮大害物，其见伐，诚宜尔，与夫才者死、不才者生之说又异矣。凡物幸之与不幸，视其处之而已。"①

《庄子》内篇申论无用之用、不材全生，欧阳修先反其道而行之，叙述了东园大樗因无用而遭砍伐，圃南之杏以能结实而免于斤斧的故事，以此表现了对庄子观点的怀疑。这与《山木》篇开头叙述的故事路数相同，共同推翻了内篇勾画的材与祸的简单对应关系。但《山木》篇将主题深化，撇却材与不材，认为要随时乘化，与道浮游，才能真正不为物所累；欧阳修却仍然停留在材不材、有用无用的层面，认为免害全生的关键在于是否处于合适的位置。庄

---

① （宋）欧阳修著，李逸安点校《欧阳修全集》，北京：中华书局 2001 年，第 928—929 页。

子推崇的无用之用，就是因为此无用是在无用之处无用，对有用之处没有损害，不妨碍人的实际利益，所以能够不夭斤斧。一旦此无用侵入了原本属于有用的领地，让人觉得于己有损，其生命便也走到了尽头。欧阳修此说的实质就是，无用之物不能损害他物之用，这是其尽享天年的根本前提，只要打破了这一前提，就性命堪忧。诚然，《庄子》内篇无用、不材的思想深刻地揭示了乱世之中有才之人不仅不能正常舒展其本性、施展其才华，反而因其才华遭逢奇祸的惨痛现象，但这种简单的对应无疑具有极大的机械性，因而是片面的。欧阳修的质疑与对问题的重新回答，其意义就在于指出了庄子的这一片面性。

有用也并非如庄子所说一定会遭到杀身之祸，欧阳修以圃南之杏作为反例，但这一反例并不足以反驳庄子。《人间世》篇云："夫柤、梨、橘、柚、果、蓏之属，实熟则剥，［剥］则辱，大枝折，小枝泄。此以其能苦其生者也，故不终其天年而中道夭，自掊击于世俗者也。"这数句已经包含了欧阳修所说的情况，有用或许可以暂时保全性命，但最终仍然免不了折辱。即以欧阳修文中的杏来说，它能继续存活是因为其果实，不过这仍然是暂时性的。按照庄子之意，果实也是天然的，是属于杏树自身的，人认为它有用将它采摘，这已经是对杏树生命的伤害了。何况果实被人摘取、失去利用价值以后其命运又如何呢？按照欧阳修的思路，此时杏树已经无用，它是否有幸存活要看其是否妨碍了他物之用，即仍然不能保证其可终天年。照此逻辑，只有永远保持有用之身方能立于无害之地，但这几乎是不可能的。有用无用的转化，以及转化前后遭遇判若云泥，历史上屡见不鲜。范蠡有"飞鸟尽，良弓藏；狡兔死，走狗烹"之语，深富历史经验智慧，它表明一旦用处消失，如果不能及时抽身，就会大难临头，此前再大的功绩也一笔勾销，不能挽救分毫。

其实，庄子讨论的材与不材、用与无用的问题，很大程度上是一个时代的问题，在和平年代，无用、有用与生死不能说毫无关系，但不会显得如此触目惊心。因此这不是一个简单的可以用逻辑去分析推理的问题。战国诸侯，争战不休，动辄坑杀数万，其至数十万人，庄子认为时代已经不可救药，即使深负绝世之才，得到任用，处在昏上乱相之间，也只能是为虎作伥，助纣为虐，加重黎民百姓的苦难，所以不如干脆卷而藏之，做个不材、无用之人，保持其清白高洁，这属于个人的选择，并非其人真的不材、无用。人与树木不同，木材遭到砍伐，失去生命，人所承受的主要还是心灵与精神的折磨。《人间世》开篇三个寓言的主人公颜回、叶公子高和颜阖，均是具有某种特殊才能的贤能，他们怀抱着天下和平、人类幸福的伟大理想，去侍奉君王。但困难在于，君主的欲求与他们三人对正义与和平的追求之间存在着不可调和的矛盾，在执行任务的过程中，他们难免会需要应对来自君王的难以捉摸的性情以及各种不合理的要求，光是面对这些就已经应接不暇，根本达不到谈及理想的层次，因而只能停留在与君王虚与委蛇这一层次，最后不免内焦外困，身心俱疲，饮冰卧雪，不解内热。在这种情况下，所谓材、用，一如不材、无用。而欧阳修仅聚焦于不材无用能否全生，重新探讨如何才能全生，显然没有切中肯綮。

　　后世不少士人身处乱世或者政治不够清明之时，也做出同样的选择，以不材、无用为由，卷而怀之，保身全生。他们的字号、书斋名往往取自《庄子》中的相关意象，常用的比如"拙""蠢""樗""散""隐""栎"等①，都寄寓了这一思想取向。而且这种现

① 　见方勇《庄子纂要》第七册《附录：庄子诗文序跋汇辑》：邓文原《拙逸斋记》（第492页）、刘因《蠢斋说》（第512页）、王沂《题陈则虚散木轩》（第515页）、张之翰《题董敬叔樗亭诗》（第516页）、李存《散木亭记》（第532页）、赵汸《栎轩记》（第545页）、宋濂《樗散生传》（第549页）、王祎《樗隐记》（第553页，此文大部分文句与赵汸《栎轩记》雷同，当系抄袭改编自赵文）、贝琼《樗隐先生传》（第559页）、谢肃《樗舍记》（第560页）、梁兰《樗散生》（第562页）、王偁《拙斋》（第571页）。

象常常在同一时段大量出现，形成一种时代风气。刘因《蠢斋说》云："近世士大夫，多以顽钝椎鲁、人所不足之称以自号。彼其人未必真有是也，亦非故为是谦托而然也，盖必有所取焉耳。然其所取之义有二焉。盖或病夫便儇皎厉之去道甚速也，思欲自矫以近本实，于是不得已而取之，而其意若曰：'与其失于彼也，宁失于是。'此其设心，于义为无所失也。或为老、庄氏之说者则不然，以为天下古今，必如是而后可以无营而近道，保啬以自全也，此则择而取之，非不得已也，而其意则将以自利而已。使前之说行，亦不过人人尚质，而于世固不为无益也。若不幸而此说一炽，则天下之人皆将苟简避事，而其为害庸有既乎？"①刘因指出，所谓无用、不材，并非其人真的如此，而是出于有心的选择，选择的原因可分为两种：第一种是为了对治"便儇皎厉"不得已而采取的一种手段，尚不失正道；第二种则是老庄式的选择，其最终目的是为了保全自己，而且是出于主动的选择。刘因的思想很典型，作为一位理学家，他对庄子的选择没有抱以同情的理解，只是一味地将其归为自私自利，避祸自保，进而严厉斥责这种没有担当的行为，天下多事，正是需要士人勇担大任的时候，"苟简避事"，就是放纵祸患，贻害于当代。

元末明初学者赵汸作《栎轩记》解释轩名涵义，看问题最为通透，也最能体贴庄子的意思。他一方面指出"生之有寿夭，岂材不材之谓哉"②，生死与材不材无关；同时又为庄子辩护，认为庄子陈说不材之木能终其天年，并非本意，而是"悲夫世俗之士以材为累，不若不材者之无用也"，实属不得已而言之。从赵汸的语气来

① （元）刘因《蠢斋说》，《静修先生文集》卷二〇，张元济等辑《四部丛刊初编》影印元宗文堂刊本，上海：商务印书馆民国八年（1919）。
② （元）赵汸《栎轩记》，（明）程敏政编《皇明文衡》卷三〇，张元济等辑《四部丛刊初编》影印明嘉靖间卢焕刊本，上海：商务印书馆民国八年（1919）。下引《栎轩记》均出自此本。

看，当时有一股批评庄子之风，如刘因之类，赵文则为其反驳之言云："乱世多害，智、愚、贤、不肖俱困而莫知除其忧，此夫人所深悲而非为一己之私也。"赵汸强调时代原因，在无道乱世，没有人可以幸免于难，灾难过于深重，非普通个人所能承担，庄子为此感到万分悲痛，并希望找到个体摆脱灾祸的方法，而非仅为保全自己。确实是这样，假如庄子像刘因等人所说是自私避祸，甘居无用，又何必著书立说？像长沮、桀溺那样做个无名隐者难道不是最好的选择吗？庄子对这个世界及生活于其中的人们终究放不下。胡文英云："庄子眼极冷，心肠极热。眼冷，故是非不管；心肠热，故感慨无端。虽知无用，而未能忘情，到底是热肠挂住；虽不能忘情，而终不下手，到底是冷眼看穿。"①可谓知言。

第五节　不近人情：对庄子无情思想的批判

人是社会动物，与外物相接，不免产生七情六欲，从而为其捆缚，不得逍遥。庄子在《德充符》篇末提出天人之辩，认为圣人无人之情：

> 故圣人有所游，而知为孽，约为胶，德为接，工为商。圣人不谋，恶用知？不斲，恶用胶？无丧，恶用德？不货，恶用商？四者，天鬻也。天鬻也者，天食也。既受食于天，又恶用人？有人之形，无人之情。有人之形，故群于人；无人之情，故是非不得于身。眇乎小哉！所以属于人也。謷乎大哉！独成其天。

庄子立意在摆脱情欲的束缚，就能摆脱人世的是非，返回自然天

---

① （清）胡文英《庄子独见·庄子论略》，方勇编纂《子藏·道家部·庄子卷》第107册，据清乾隆十七年（1752）同德堂刊本影印，北京：国家图书馆出版社2011年，第67页。

性，达到心无挂碍。但这明显与人的经验常识相反，惠施连续问道："人故无情乎？""人而无情，何以谓之人？""既谓之人，恶得无情？"庄子一一作答，认为人原本确实无情，"道与之貌，天与之形"，天与道赋予人以形貌，便可称之为人。形貌乃是人的本质特征，这似乎是庄子的一贯看法，他解释生命的过程时云："察其始而本无生，非徒无生也，而本无形；非徒无形也，而本无气。杂乎芒芴之间，变而有气，气变而有形，形变而有生。今又变而之死。是相与为春、秋、冬、夏四时行也。"（《至乐》）形貌在生命过程中也是至关重要的一环。

此番问答庄子的确占了上风，这缘于惠施的提问出现了偏差。"人故无情乎"，意谓人本质上是无情的吗？这和下一个问题"何以谓之人"，一起导向了人的本质问题。但实际上，人之为人，人的本质规定与情并无关系，情不是人成为人的必要因素，无情也并不妨碍人成为人。从更宽广的视野来看，感情并不是人类独有的，不能以此区分人和其他动物。然而惠施又提出了第三个问题："既谓之人，恶得无情？"感情虽然与人的本质无涉，却是人存在的一个不可抹杀的特征，对此，即使庄子也无法反驳。然而庄子所谓无情并非没有感情①，而是"不以好恶内伤其身"。庄子同样承认，人可以有喜、怒、哀、乐等感情，但只要不超过一定限度，对自己造成困扰，便可允许其存在，自然产生，自然消失。这一方面是为了养生考虑，一方面也是为了精神上的逍遥自得考虑。

庄子之所以招来惠施的批评，关键在于其对情的定义，与一般认识中的情范围不同。一般认识中的情，比如儒家认为，情是内在本性波动后显发在外的表现，情在适度范围内是合理的，一旦超出

---

① "是非吾所谓情也"一句，郭注云："以是非为情，则无是无非无好无恶者，虽有形貌，直是人耳，情将安寄！"这里，郭象显然将"是非"理解为成词，这是错误的。此句的"是"意为"此"。

一定范围，就会使人迷失本性，对身心造成伤害。而从庄子对无情的"不以好恶内伤其身"的规定以及"常因自然而不益生"的描述来看，儒家认为的在适度范围内的情，在庄子这里就是自然而然的，并不属于情，似乎是人的本性中就带有的，只有对人产生伤害的才是情。换言之，情的范围决定了其本质是对性的破坏，因此庄子要去情保性。儒、道两家的差别关键就在对不会损害性的这一范围内的情的界定。但儒家的界定更符合常识经验，是更为普遍的理解，在庄子之前甚至是唯一的理解，庄子重新界定情的分际，实质是破坏了讨论的共同基础，而这时其他人依然抱持着常识性普遍性的观念，自然不能正确理解庄子的意思，遑论接受它。事实上，庄子对情的新界定一直未被接受，这也是他的无情论不断遭到批评的根本原因。庄子与惠子之争，以及后来的儒家学者对庄子的批评实质是对情的两种界定之争。

庄子之所以要提出新的界定，这与他的天人观是分不开的，从文本中可以看到，庄子关于情的讨论是在天人相对的框架下进行的，天为自然，人是人为，"既受食于天，恶用人为"，人为部分就要去除，可是正如惠子所问的"既谓之人，恶得无情"，且其中一部分情是人面对世界的变化而产生的自然反应，也是一种宣泄，对人有利无害，如果去除，反而会使人的反应得不到正常的抒发，因此，自然产生的这部分情必须保留。而理论上以人合天，属于人的部分必须撇开，所以，只能将自然产生的这部分情划归到自然中去，让它本身就属于天，余下的部分皆属人为、人情。

按照庄子对情的界定，情皆是负面的，面对人世间纷至沓来、势不可挡的情，若要做到"不以好恶内伤其身"，实非易事。庄子所采取的办法是以理化情。他认为，人面对世界产生种种情感，多是由于不了解世界及其变化，了解了前因后果，其情感就会变淡，不致对人产生危害。死生亦大矣，在人世社会，人要面对的最大的情的考验当属生死一关。然而庄子妻死，他却鼓盆而歌，惠子见状，近乎斥责地说道："与人居，长子，老，身死，不哭亦足矣，又鼓盆而歌，不亦甚乎！"（《至乐》）对此，庄子讲述了他以理化情的过程。起初，他面对陪伴终身的妻子去世也不能无动于衷，但经过一番推理，明白了生命的本质终究不过是气的聚散，他便释然了，于是鼓盆而歌。就像惠施批评的"不亦甚乎"，无论庄子主张的无情内涵为何，这种淡漠实非一般人能够接受和理解的。因此，庄子鼓盆而歌的行为遭到不少指责。如孙楚《庄周赞》云："妻亡不哭，亦何所惧！慢吊鼓缶，放此诞言。殆矫其情，近失自然。"[1]《魏书·崔浩传》记载崔浩"性不好老、庄之书，每读不过数十行，辄弃之，曰：'此矫诬之说，不近人情。'"[2]。孙楚、崔浩和惠施一样，他们对庄子的批评都是从经验、常识出发，并没有显示出背后有一定的理论依据。可见庄子的无情思想与人们的经验、常识相悖，从经验、常识来看，人情是自然而然产生的，庄子却说人本无情，显然有违自然。加之"无情"二字容易引起误解，惠施这样的骀荡之才，尚需在辩论中才能知道其确切含义，普通人就更易望文生义了。

对于庄子的鼓盆而歌，历史上也有相反的理解，即认为庄子也是常人，也有七情六欲，且其对情更加执着。王得臣云："庄周号为达观，故能齐万物、一生死。至于妻亡，则鼓盆而歌。夫哀乐均出于七情，周未能忘情，强歌以遣之，其累一也。奚为是纷纷与？"[3]

---

[1]　（清）严可均《全上古三代秦汉三国六朝文·全晋文》卷六〇，第1803页。

[2]　（北朝）魏收《魏书·崔浩传》，北京：中华书局1974年，第812页。

[3]　（宋）王得臣《麈史》卷二。类似见解并非独见。（明）王慎中《与万鹿园》云："闲时读《庄子》，见其所记妻死据床鼓盆而歌，虽病其放于礼，而亦以为达。以今思之，彼乃甚不能遣者，而姑托于放以自解耳，其为悲伤无乃过于恸哭者乎？"（《遵岩集》卷二三）明张萱《庄周鼓盆》云："庄周妻亡，鼓盆而歌，世以为达，余谓不然。未能忘情，故歌以遣之耳。情若能忘，又何必歌？"（《疑耀》卷二）闻一多《二月庐漫记》（续七）云："庄周妻亡，鼓盆而歌，世以为达，此殆不然。未能忘情，故以歌遣之耳，情若能忘，又何必歌？"（此为闻一多读书笔记，当即从张萱处抄来）

王得臣对庄子文本的理解与众不同，他认为庄子妻死，其情泫然，鼓盆而歌是一种排遣，而不是通常认为的达观。这种理解看起来极具创造性，却是错误的，与文章本义相去甚远。

儒家也同样认为人情需要控制、约束，不伤害到自己和别人，更重要的是通过感情的表达，调节与他人之间的关系，使之更加和谐。他们采取的方法是以礼节情：一方面，礼可以保障情的适当宣发；另一方面又使之不致泛滥无归。礼虽然用来约束人情，却并非蛮横粗暴，圣人制礼，其根据就是人情①。所以，从礼制方面来说，庄子的无情说违反了礼制；而从处理事务的原则来说，无情又太过，违反了执中原则。林希逸注"庄子妻死"章云：

> 鼓盆之说，亦寓言耳。且如原壤之登木而歌，岂其亲死之际，全无人心乎！若全无人心，是豺狼也，夫子尚肯与之友乎！圣门之学，所以尽其孝慕者，岂不知生死之理乎！原壤、庄子之徒，欲指破人心之迷着者，故为此过当之举。此便是"道心惟微"，不可以独行于世，所以有执中之训。②

林希逸旨在调和儒道，秉承王安石提出的庄子"思其说以矫天下之弊，而归之于正"之说，认为《庄子》书中处处体现着庄子的良苦用心。此处亦不例外，林希逸的解释是庄子"欲指破人心之迷着者"，即一些人面对亲人的死亡，哀毁过性，因此庄子要用临丧而歌的极端方式矫枉，使之恢复如常。

正常情况下，在丧事中要表达哀伤的感情，"子于是日哭，则不歌"（《论语·述而》），"丧思哀"（《论语·子张》），庄子也说：

---

① 《礼记·乐记》云："是故先王本之情性，稽之度数，制之礼义。"《礼记·坊记》云："礼者，因人之情而为之节文。"《礼记·丧服四制》云："凡礼之大体，体天地，法四时，则阴阳，顺人情，故谓之礼。"

② （宋）林希逸《庄子鬳斋口义》，方勇编纂《子藏·道家部·庄子卷》第21册，据宋刊本影印，北京：国家图书馆出版社2011年，第190页。

"处丧以哀为主。"（《渔父》）据《礼记》记载，孔子的朋友原壤，其母亲去世，孔子帮他做棺材，他却爬到棺材上唱歌，与庄子妻死鼓盆而歌如出一辙。但孔子佯装不闻而离开，孔子弟子却认为应该与之绝交。对此，朱熹评价道："如壤之歌，乃是大恶。若要理会，不可但已，只得且休。而至其夷俟，不可不教诲，故直责之，复叩其胫，自当如此。若如今说，则是不要管他，却非朋友之道矣。"[1]可见临尸而歌在儒家观念中是多么天理不容！

　　若非孔子对原壤包容理解，林希逸也不会去推求原壤的心理动机，而认为这种行为是"全无人心，是豺狼也"。所谓大恶、豺狼，就是缺少人面对世界的变化应该具有的感情，即儒家与庄子界定有争议的部分。庄子并未将自然产生的感情抹去，只是将其划入天然之性中，作为人应该具备，也天然具备的特征。儒家学者则仍然坚持自己的定义，并不理会庄子的新界定，这说明两家的争论实质还是对情的定义之争。儒家所谓执中，就是保持合适的分寸，既不超过，也不缺少，从这一点来看，庄子"无情说"就不免要遭到批评了，况且在应该表达哀伤时却偏偏表达了通常认为相反的感情，这就更加难以容忍了。儒家的礼就是用以保证情之宣发能保持在合适的分寸之内的，如此一来，无情与过情就都是违礼的。《大宗师》篇，子桑户死，其友孟子反、子琴张料理丧事，编曲鼓琴，相和而歌，就被子贡质疑是否合乎礼数。但二人立即反问子贡："是恶知礼意？"说明庄子也意识到了与儒家之礼的冲突，他试图通过将礼仪与礼意分开来解决此冲突。所谓礼意，即礼所要表达的真情，此情真诚，则不必计较礼仪是否完备。孔子之时，礼崩乐坏，出现了礼与情互相脱离的情况，真情不再，徒留虚礼，因而孔子发出了"礼云礼云，玉帛云乎哉"的感慨，但他与弟子仍然试图维护礼与

---

① 　（宋）陈澔《礼记集说》，上海：世界书局 1936 年，第 63 页。

情的对应关系。庄子之时，百家往而不返，必不合矣，道术将为天下裂，与之相应，礼与情之分也每况愈下，无由复合，在此情况下，庄子不得不抛弃礼仪，独尊礼意。这是他与儒家相异之处，且不能被儒家学者接受，因而招来批评。

有情无情之辩，是魏晋玄学中的一个大问题，何晏、王弼都有过讨论，但二人看法绝然相反。何劭《王弼传》中说：

> 何晏以为圣人无喜怒哀乐，其论甚精，钟会等述之。弼与不同，以为圣人茂于人者神明也，同于人者五情也。神明茂故能体冲和以通无，五情同故不能无哀乐以应物，然则圣人之情，应物而无累于物者也。今以其无累，便谓不复应物，失之多矣。弼注《易》，颍川人荀融难弼大衍义。弼答其意，白书以戏之曰："夫明足以寻极幽微，而不能去自然之性。颜子之量，孔父之所预在，然遇之不能无乐，丧之不能无哀。又常狭斯人，以为未能以情从理者也，而今乃知自然之不可革。足下之量，虽已定乎胸怀之内，然而隔逾旬朔，何其相思之多乎？故知尼父之于颜子，可以无大过矣。"[1]

汤用彤指出："圣人无情之说，盖出于圣德法天。"[2]他又解释道："及至汉魏之间，名家渐行，老庄渐兴，（名学以形名相检为宗，而归于无形无名之天道。老庄以虚无无为为本，行化则法乎自然），当时之显学均重自然天道。而有意志之天道观，则经桓谭、王充之破斥而渐失其势（因此当时名士如何平叔、钟士季等受当世学说之濡染而推究性情之理，自得圣人无情之结论也）。"[3]汤用彤

---

① （晋）陈寿《三国志·魏书·钟会传》注引，北京：中华书局 1959 年，第 795—796 页。
② 汤用彤《魏晋玄学论稿及其他·王弼圣人有情义释》，北京：北京大学出版社 2010年，第 52 页。
③ 同上书，第 53 页。

从理论源头与时代风潮两方面探寻"圣人无情说"的渊源，包罗无遗又一语中的。但从"圣人无情说"的内涵和文本来看，其直接的源头应是《德充符》关于天人之辩一段文字，但又有所变化，庄子将不会对人造成伤害的情划归自然，会造成伤害的归之于情；何晏则认为圣人无喜怒哀乐，故无累，直接将情去除，并不做分别。

汤用彤认为，魏晋时期关于圣人有情、无情之辩，虽然分为两派，两派却存在共同的认识基础，即圣人无累于物，而两派争执即在于圣人无累之原因。主张圣人无情者以为无情故无累，主张圣人有情者以为无累系由于圣人神明智慧超于常人，能体悟冲虚浑和，同于虚无之道，因此，虽然在面对世界的变化时会产生感情，但圣人能够合理地抒发情，使之不与性冲突，应物而无累。这与儒家以礼节情有所不同。王弼认为，并不需要外在事物来约束情，而应以内在的性节制情，"不性其情，何能久行其正……利而正者必性情也"[1]。内在的性与外显的情相互对立，也相互压制。性占上风，则情之抒发必在合理范围内，其理与宋儒之理不同，并非形而上之理，只是一定的条理、理性。如果情占上风，压制了性，则会纵情无度。汤用彤指出，王弼论性情，是从动静角度来讲。"心性本静，感于物而动，则有哀乐之情。"[2]动、静这对哲学范畴在玄学中有着本末体用的关系，即静为体、为本，动为用、为末，那么，具有动、静属性的性情自然也具有本末、体用的关系，性为体为本，情为用为末。如此看来，性情本身并无善恶好坏之分，最后表现出来是好是坏，是否能够应物无累，是就性情二者的关系来讲的。性情若仍能保持其本末体用关系，则自然无累；若二者势力扭转，打破了平衡，则人必为情所累。这种见解与庄子、儒家都不同，是玄学时代体用本末思维带来的新观点。

---

① （三国魏）王弼《周易注》，楼宇烈校释《王弼集校释》，第217页。
② 汤用彤《魏晋玄学论稿及其他·王弼圣人有情义释》，第55页。

　　此外，何晏、王弼之说还有一个共同点，即所谈重在圣人，凡人仅捎带提过，且凡圣悬隔，邈不可通，圣人应物无累，凡人则永受有情之咎。经过汉代的思想洗礼，魏晋之时，圣人多指儒家之孔子，玄学虽然认为自然道德高于仁义礼智，有以无为本，但孔子地位依然高于老子，孔子真正做到了体无。体无故不说无，体无而无情累。然而圣人之下的普通人对于情又如何呢？何晏为《论语》颜回"不迁怒，不贰过"作注云："凡人任情，喜怒违理。颜回任道，怒不过分。迁者移也，怒当其理，不移易也。"①汤用彤认为，这是将人分为三个等级：圣人、贤人、普通人。圣人无情，应物无累；贤人不能无情，却能以情从理；普通人任情违理，动辄得咎。王弼认为，圣人与凡人之不同，在于其神明智慧远超凡人，但圣人神明智慧是天生的、自然的，凡人无法通过学习修炼达到圣人的层次，如此，就只能忍受五情煎熬，永世不得解脱。综合来看，何晏、王弼都认为人与人之间存在着差等，其所在等级天然决定了其对待情的态度，及处理情的能力，且等级固定不可转换，这就等于切断了凡人的上升之路。《世说新语》又有玄学名士论情之语："圣人忘情，最下不及情；情之所钟，正在我辈。"②其具体分法和内涵虽然与何、王不同，但其所述等级之间不可跨越的情况，与何晏、王弼的主张一致。这大概是那一时代的共识：贵贱有差，不可躐等，门阀士族与庶民子弟，待遇悬殊，人们只能安于出身，在自己等级的小圈子里有限地驰骋遨游。

　　无论庄子还是儒家，都主张凡、圣有相通的可能。庄子以理化情，普通人只要能洞察世界变化的道理，便可脱却有为有待之累，直做无情逍遥之游了。儒家以礼节情，礼在最初虽然是不下庶人

---

① （三国）何晏注，（宋）邢昺疏《论语注疏》，《十三经注疏》第 8 册，台北：艺文印书馆 2011 年影印嘉庆二十年（1815）江西南昌府学刻本，第 51 页。
② 余嘉锡《世说新语笺疏》，第 751 页。

的，但孔子有教无类，使之变成人人可修的君子之礼，即使庶人，只要自觉以礼约束自己，也可不受情欲的牵累。不过，这只是从单一的道理上存在可能性，实际操作则会受到多重制约，并非轻而易举之事。比如，庄子和孔子都不得不承认，人的智慧存在上下之别，所谓"井蛙不可以语于海者，拘于墟也；夏虫不可以语于冰者，笃于时也；曲士不可以语于道者，束于教也"（《秋水》），"中人以上，可以语上也；中人以下，不可以语上也"（《论语·雍也》），"唯上智与下愚不移"（《论语·阳货》）。这表明，虽然理或礼可以教给所有人，但并非人人皆可领会其实质与根本。

第二章
对庄子齐物论的批判

第一节　庄子齐物论

　　《齐物论》题名向来有两种读法，即"齐物"论和齐"物论"①，两种读法对应两种解法，两种解法均有文本依据，言之成理，因此究竟怎样读仍然莫衷一是，正如《齐物论》篇所云"此亦一是非"。是非即是不齐之"物论"，齐"物论"，即齐同以"儒墨之是非"所代表的是非之争。王夫之为《齐物论》所作题解云：

　　　　当时之为论者夥矣，而尤盛者儒墨也：相竞于是非而不相下，唯知有己，而立彼以为耦，疲役而不知归。其始也，要以言道，亦莫非道也。其既也，论兴而气激，激于气以引其知，

---

① 　如王雱以"齐物"连读："万物受阴阳而生，我亦受阴阳而生，赋象虽殊而所生同根。惟能知其同根则无我，无我则无物，无物则无累。此庄子所以有《齐物》之篇也。"（《南华真经新传》）林希逸则以"物论"连读："物论者，人物之论也，犹言众论也。齐者一也，欲合众论而为一也。"（《庄子鬳斋口义》）历来众家说法详参方勇《庄子纂要》第2册，第154—167页。

泛滥而不止，则勿论其当于道与否，而要为物论。物论者，形开而接物以相构者也，弗能齐也。使以道齐之，则又入其中而与相刃。唯任其不齐，而听其自已；知其所自兴，知其所自息，皆假生人之气相吹而巧为变；则见其不足与辨，而包含于未始有之中，以听化声之风济而反于虚，则无不齐矣。①

"是非之彰也，道之所以亏也"，大道本是浑然完整、不可言说的，诸子百家却"多得一察焉以自好"，自以为得道而互相诋訾，"是其所非而非其所是"，实际是将大道割裂。《庄子·天下》批评了这些"不该不遍"的"一曲之士"，认为："判天地之美，析万物之理，察古人之全，寡能备于天地之美，称神明之容，是故内圣外王之道，暗而不明，郁而不发，天下之人各为其所欲焉以自为方。悲夫！百家往而不反，必不合矣。后世之学者，不幸不见天地之纯，古人之大体，道术将为天下裂。"（《天下》）因此，庄子要齐同是非，恢复大道的本来面貌。

就个体而言，是非之见亦是对本性的损害。《大宗师》篇记载尧对意而子之言曰："汝必躬服仁义，而明言是非。"许由听后，将仁义比作黥，将是非比作劓，指出人的心灵一旦受到仁义、是非的刑罚桎梏，"将何以游夫遥荡、恣睢、转徙之途乎"？意谓将无法达到与道冥合的逍遥之境。而本性完全的至人是没有是非之见的，《秋水》篇云："是故大人之行……知是非之不可为分，细大之不可为倪。"《天地》篇亦云："德人者，居无思，行无虑，不藏是非美恶。"可见，无论从大道的角度抑或个人的角度，是非之见、是非之争皆是有百害而无一利。因此，庄子要齐同是非，以摆脱是非之见，消除是非之争。《天下》篇即称庄子"独与天地精神往来，而

---

① （明）王夫之《庄子解》，《老子衍·庄子通·庄子解（合刊本）》，北京：中华书局2009年，第84页。

不敖倪于万物。不谴是非，以与世俗处"。

庄子认为，齐同是非，用当时流行的辩论方法是行之无效的：

> 既使我与若辩矣，若胜我，我不若胜，若果是也？我果非也邪？我胜若，若不吾胜，我果是也？而果非也邪？其或是也？其或非也邪？其俱是也？其俱非也邪？我与若不能相知也。则人固受其黮闇，吾谁使正之？使同乎若者正之，既与若同矣，恶能正之？使同乎我者正之，既同乎我矣，恶能正之？使异乎我与若者正之，既异乎我与若矣，恶能正之？使同乎我与若者正之，既同乎我与若矣，恶能正之？然则我与若与人俱不能相知也，而待彼也邪？（《齐物论》）

两方辩论，胜者未必正确（是），负者未必错误（非），胜负与是非不必定相关，庄子用一连串的疑问句对胜负与是非的相关性表示怀疑。而且，胜负与是非未决，即使引入第三者也无法论定是非。庄子详细地罗列了四种可能出现的情况，但无一可由论辩胜负来决定孰是孰非。所以，儒家、墨家所热衷的辩论很难分出真正的是非，庄子慧眼如炬，察觉其原因在于所谓客观统一的衡量标准其实并不存在。《齐物论》篇云：

> 民湿寝则腰疾偏死，鳅然乎哉？木处则惴慄恂惧，猿猴然乎哉？三者孰知正处？民食刍豢，麋鹿食荐，蝍蛆甘带，鸱鸦耆鼠，四者孰知正味？猨，猵狙以为雌，麋与鹿交，鳅与鱼游。毛嫱、丽姬，人之所美也，鱼见之深入，鸟见之高飞，麋鹿见之决骤。四者孰知天下之正色哉？

"正处""正味""正色"，所谓"正"，即是统一的标准。有统一的标准，才能"正"之。但从庄子的数次反问来看，他极端怀疑是否存在这样一个统一的标准。庄子认为，万物皆处在与道相对的物这一相同层次，且各有合理之处："物固有所然，物固有所可。无物不然，无物不可。"（《齐物论》）而物之然、物之可，均是对其自己而言，也局限于自己，并不能扩大推及他物。因此，某一物之然、之可不能作为统一的标准。就此而言，处在同一层次的万物之间，是无法分出是非的。相反，若强以一己之"正"要求他者，则会引起是非争论。《骈拇》篇云："彼至正者，不失其性命之情。"意谓合乎自己本性的才是至正的，但天赋予万物之性是吹万不同的，因此万物各有其正。照此思路，万物自以为是并无不妥，正是自适其性命之情的表现，但当将此"是"越出自己的性情而以此规范他者的性情，"是"就转化成了"非"，由于他者也是以他者自己的性情为正，这样就会引起是非的争端。

是非既然不能通过辩论而确定，庄子也就另谋他路，希图以道观之，超越是非。若要齐同物论之是非，则必从是非产生的根源入手。对此，庄子依三条思路进行辨析：

第一，是非出于成心。《齐物论》篇云："夫随其成心而师之，谁独且无师乎？奚必知代而心自取者有之？愚者与有焉！未成乎心而有是非，是今日适越而昔至也。是以无有为有。无有为有，虽有神禹，且不能知，吾独且奈何哉！"人皆有成心，随成心而有成见，在认识事物之前即预先存有好恶贵贱等价值观念，则势必与事物的真实价值及其他价值观念发生龃龉。另一方面，从成心的字面含义来分析，成心是已经形成的观念，因此很难接受新的——某种程度也是异己的观念，这也是容易产生是非之争的一个因素，在此意义上成心与虚心正好相反。明代焦竑云："成心，有见而不虚之谓。未成心，则真性虚圆，天地同量；成心是已离于性，有善有恶矣。今处世应酬，有未免乎成心，即当思而求之未成之前，则善恶皆冥，是非无朕，何所不齐哉？"[①]焦竑认为真性的特点就是虚圆，因

---

① （明）焦竑著，李剑雄点校《焦氏笔乘》卷二，上海：上海古籍出版社1986年，第39页。

此它没有是非善恶之见，因而也能容纳异见。成心是对真性的背离，其特点就是与真性相反，已经执定是非善恶。

第二，是非产生于人我彼此之分。《齐物论》篇云："物无非彼，物无非是，自彼则不见，自知则知之。"郭象注云："夫物之偏也，皆不见彼之所见，而独自知其所知。自知其所知，则自以为是。自以为是，则以彼为非矣。故曰'彼出于是，是亦因彼'。彼是相因而生者也。"①道是浑沌大全，物则是分裂的个体，与道相比，物只能获得一偏的视角，人亦如此，只能从自己的视角认识事物，而难以从他人视角认识事物。一旦有人我彼此之分，也就意味着对事物的认识很难相同，因而也就不能与他人彼此认同，从而产生是非。《天下》篇评论诸子"多得一察焉以自好"，就是极好的例证。王夫之《庄子解》云："夫其所谓是非者，岂是非哉？彼此而已矣。"②以上两条思路也有会和之处，即《齐物论》开篇"吾丧我"之"我"。成心的主体就是"我"，"我"通过成心产生是非，这是是非产生的机制；彼此的"此"更是"我"的立场，这是产生是非的根源所在。

第三，是非之争必须借助于语言形式来展开，因此，这也是庄子需要探索的方向。《齐物论》篇云："道恶乎隐而有真伪？言恶乎隐而有是非？道恶乎往而不存？言恶乎存而不可？道隐于小成，言隐于荣华。故有儒墨之是非，以是其所非而非其所是。"这里将言与道并论，言并非普通之言，而是关于至道之言，能够传达至道之言，因此，当此言变得浮华不实，不能传达大道时，是非之争就出现了，《天地》篇即谓"至言不出，俗言胜也"。此处庄子关于言的看法似与他处不同，在没有变得浮华不实之前，言还是能够传达大道的，换言之，言与大道并不是截然分离的。而在《天道》篇中，

---

① （清）郭庆藩《庄子集释》，第 72 页。
② （明）王夫之《庄子解》，《老子衍·庄子通·庄子解（合刊本）》，第 91 页。

庄子则借轮扁之口表达了即使是圣人之言，在圣人死后也只是糟粕而已，无法起到传达大道的作用。

根据这三条思路，庄子找到了各自应对办法。

一、"莫若以明"。"以"，通"已"，止也。"明"指诸子的小明小知，儒墨等离析大道的一曲之见。《天下》篇云："古之人其备乎！配神明，醇天地，育万物，和天下，泽及百姓，明于本数，系于末度，六通四辟，小大精粗，其运无乎不在。其明而在数度者，旧法、世传之史尚多有之；其在于《诗》《书》《礼》《乐》者，邹鲁之士、搢绅先生多能明之……天下大乱，贤圣不明，道德不一，天下多得一察焉以自好。譬如耳目鼻口，皆有所明，不能相通。犹百家众技也，皆有所长，时有所用。虽然，不该不遍，一曲之士也。""明"字作为名词有两种内涵：一指古之人之明，它是完备纯全的，是对于大道根本的认识；一指诸子之明，相比于古之人之明，诸子之明是偏颇的，仅是在某一维度之明，如引文论及的"在数度者"，"在于《诗》《书》《礼》《乐》者"，《天下》篇认为，这是"不该不遍"的"一察"。明更是动词，指诸子以自己的小明小知观照世界万物，并炫示宣扬以获得他者的认同。《齐物论》谓惠施等"唯其好之也，以异于彼，其好之也，欲以明之。彼非所明而明之，故以坚白之昧终"，惠施以自己的小明小知晓示他人，这正是小明引起是非争端的原因。"莫若以明"就是放弃这种小明，"为是不用而寓诸庸"。若诸子都能认识到自己之明是一曲之见，并且不强求他人认同，则是非自动消弭。

二、"吾丧我"。"吾"是真我，所丧之我是形骸之我，"吾丧我"乃忘形骸而守真我之意，《庄》书屡屡言之，《齐物论》篇南郭子綦之形若槁木，《大宗师》篇坐忘之堕支体，《在宥》篇之堕尔形体。形骸既忘，则无分人我彼此，是非之争亦随之熄灭，这包含两个层次。其一，仅就彼此双方之此一方面而言，劳思光云："人通常意识中所呈现之'我',即是此感受之主体,亦即形躯。"①忘却形骸,将不复有感知,不复有自是之见。"莫若以明"是针对对自我之是的执着,"吾丧我"则更为彻底,将执着自我者与不执着自我者也一并化去,根本不留执着的余地。其二,就彼此双方而言,"彼是,方生之说也"。彼此两方面是相对待而生的,有彼才有此,有此才有彼,庄子釜底抽薪,以"吾丧我"将固执封界的"我"的观念消去,那么与此相对且同时共生的彼也就不复存在了,建筑在彼此之上的是非也自然随之湮灭。"彼是莫得其偶,谓之道枢。"超出彼此之对立,便把握了道的关键,这就像处在圆环的中央,而不执着于圆环上的任何一方。

三、"道通为一"。是非彼此,皆存在于物的层面,是非是对物的评价,彼此是对物的分别。若"以道观之,物无贵贱"(《秋水》),在道的层面衡量,所有的物在价值上都是平等的,所谓道在屎溺,每下愈况,事物并不因为人将其视作无价值而真无价值。《齐物论》篇云:"古之人,其知有所至矣。恶乎至?有以为未始有物者,至矣,尽矣,不可以加矣!其次以为有物矣,而未始有封也。其次以为有封焉,而未始有是非也。是非之彰也,道之所以亏也。"古之人指有道之人,其知即以道观之的结果。以道观之就能超越俗眼,看到根本。在古之人看来,推到极致,物并不存在;次之,物存在但没有界限;再其次,物有界限但没有是非。意即从根本及靠近根本的层次来看,是非并不存在。但从现实层面来讲,构成是非的不同见解又客观存在,对此必须有一个现实的态度。庄子认为"物固有所然,物固有所可,无物不然,无物不可",因此主张齐同等视,无所偏爱,兼怀万物,不作分别。"圣人和之以是非,而休乎天钧,是之谓两行。"即不作是非之争,一任自然的运行,

---

① 劳思光《新编中国哲学史(一)》,北京:生活·读书·新知三联书店 2015 年,第 196 页。

各可其可，各然其然，并行不悖。这里需要区分是非与构成是非的各种见解。这些原始的见解，按照庄子的说法，在万物各自的本性范围内都具有一定的合理性，此时并不构成是非，均为是而无非；一旦越出本性范围，不同的见解便立即化作是非，相刃相靡。只是由于古汉语对于概念不能清晰辨析，故而书中仍用是非二字表示构成是非的各种见解。从"吾丧我"与"道通为一"两点来看，其实齐"物论"与"齐物"论并不矛盾，而是紧密关联的。陈少明在其《〈齐物论〉及其影响》中将《齐物论》的含义分为齐"物论"、齐万物、齐物我，他认为这三者是依次递进的逻辑层次："齐'物论'，也即齐是非是问题的出发点，齐万物则是齐是非的思想途径，而齐物我不仅是齐万物的前提，最后竟也是齐是非的归宿，是人生的最高境界。"①

另外，庄子还从"言"入手齐同是非。在《齐物论》中，庄子表达了对"言"的质疑："夫言非吹也，言者有言，其所言者，特未定也。果有言邪？其未尝有言邪？其以为异于鷇音，亦有辩乎？其无辩乎？""今且有言于此，不知其与是类乎？其与是不类乎？类与不类，相与为类，则与彼无以异矣……今我则已有谓矣，而未知吾所谓之其果有谓乎？其果无谓乎？"一方面，"言"到底有没有意义？假使有意义，其意义是否是确定的？另一方面，以"言"的形式反驳另一方的言，仍然停留在"言"的层次，并没有达到彻底的通脱。

无论成心也好，人我彼此之分也好，皆是人的认知结果，庄子对人的认知能力也抱着极大的怀疑。首先，庄子认为人不能确定人对事物的认知是否是真实的，而且他常以不知为上，认为不知高于普通的认知。《齐物论》记载啮缺问王倪，三问三不知，但显然这

---

① 陈少明《〈齐物论〉及其影响》，北京：北京大学出版社 2004 年，第 81 页。

不影响王倪成为得道之人。其次，庄子又以梦中梦与蝴蝶梦质疑认知主体的确定性。庄子认为普通人处在大梦之中，因而其认知并不可信。那些自以为觉醒者不过是不可语冰的夏虫，即使从梦中醒来，也不知这只是另一重梦境，而圣人如孔子也与常人无异，处在梦境之中。虽然长梧子知道众人为梦境环绕，但他自己也处在梦境之中，无可奈何。只有万世难得一遇的大圣才是真正的觉醒者，他对事物的认知才可能是可靠的。《齐物论》篇末，庄周梦蝶，并开始自我反省，但越反省越迷糊，因为主体身在梦中无法意识到自己在做梦，反而以为这就是真实的存在。连认知的主体都无法确定其存在，那么这个主体的认知就更加无法确定了。从这个角度看，是与非更是不可确定的细枝末节，毫无争辩的必要了。

总之，庄子有感于现实中儒墨之争而是非不定，名辩之风大盛于世，于是起而平息群言。他站在道的高度，认为是非原不存在，人误以形骸为真我，遂分彼此，因生成心，是非无穷矣。因此，庄子破成心，合彼此，忘形骸，通大道，是非齐同矣。然而，"是亦一无穷，非亦一无穷也"，庄子齐是非之论，也引起了后世的无穷是非。

至于所谓"齐物"之论，其实并非庄子关注的重点。将"齐物"连读，主要是因为先秦时期曾存在一股"齐物"思潮，"齐物"思想并非庄子首创，亦非庄子独有，在他之前及同时，儒家的孟子，道家的慎到、彭蒙、田骈，墨家的墨子，名家的惠施等均对"齐物"思想有所探讨①；《天下》篇论慎到、彭蒙、田骈有"齐万物以为首"之句，这是文本上最直接的证据；《齐物论》亦云"天地与我并生，而万物与我为一"，确有齐物我、齐万物的思想。正如杨立华所指出的："《庄子·天下》篇在'道术将为天下裂'以下

---

① 叶蓓卿《先秦诸子"齐物论"思想比较》，《诸子学刊》第14辑，上海：上海古籍出版社 2017 年。

所列六家，皆主齐物。与其他各家明确社会政治指向的齐物思想不同，庄子的齐物只是通向真知与真理性生存的环节。齐物不是庄子哲学的终极目标，而是打开种种障蔽性真知的封执的钥匙。通过齐物，哲学真理的关键所在才得以显露。"[1]"齐物"只是庄子"齐物论"思想的一个过程，它最终通向的是齐"物论"。

第二节　物情不齐：对庄子齐物思想的批判

一、齐物与齐论

对《齐物论》题意的理解，大致可以两宋为界，宋以前如郭象、刘勰、成玄英等多以"齐物"连读，为齐万物之意；入宋以后，渐有以"物论"连读者，认为庄子所欲齐同者端在"物论"。章太炎说"物论"连读始于王安石、吕惠卿，此说不确[2]。见闻所及，较早将"物论"连读的是张耒，其《刘壮舆是是堂歌并序》有云："昔楚人有庄周者，多言而善辩，患夫彼是之无穷，而物论之不齐也，而托之于天籁。其言曰：'吹万不同，而使其自已也。'"[3]南宋林希逸不仅将"物论"连读，解释为关于人物之众论，而且联系庄子生存的时代背景，将"物论"坐实为战国时期诸子之间的互

---

① 杨立华《庄子哲学研究》，北京：北京大学出版社 2020 年，第 111 页。
② 章太炎《齐物论释》云："'齐物'属读，旧训皆同。王安石、吕惠卿始以'物论'属读。"然遍检王安石、吕惠卿文集，却只有"齐物"连读者，王安石《京兆杜婴大醇能读书其言近庄其为人旷达而廉清自托于医无贵贱请之辄往卒也以诗二首伤之》其一有"接物能齐物，劳身耻为身"之句（《临川先生文集》，上海：中华书局上海编辑所 1959 年，第 216 页），吕惠卿《齐物论》注有云："穷年则忘年，无是非则忘义，其始起于无竟，故其终亦寓于无竟而已，此齐物之至也。""凡物之所以不齐者，以其有我也。由其有我，分辨是非，则大小美恶、恢恑憰怪，不能通而为一矣，此其所以万殊而不齐也。"（《壬辰重改正吕太尉经进庄子全解》，北京：国家图书馆出版社 2011 年，第 46、47 页）
③ （宋）张耒《刘壮舆是是堂歌并序》，《柯山集》卷三，王云五主编《丛书集成初编》，上海：商务印书馆民国二十四年（1935），第 30 页。

相争鸣，可谓卓见，其言曰："物论者，人物之论也，犹言众论也。齐者一也，欲合众论而为一也。战国之世，学问不同，更相是非，故庄子以为不若是非两忘，而归之自然，此其立名之意也。"①而刘辰翁则针锋相对，也将"物论"连读，却认为"物论"泛指普遍的是非，而非专指诸子间的不同观点："或谓庄子欲齐物论，非也。欲齐则愈不齐矣，不是齐他物论，是自看得他物论原自齐，看得齐则心平，心平则无物论矣。物论谓指战国时学问，亦非也。天地间自有人我即有是非，从尧舜事业、六经、议论、战争、兴废、出处、成败、死生，皆是非也。"②

王应麟《困学纪闻》在讨论诸子时则明确以"齐物"连读为非，以"物论"连读为是，他说：

> 《齐物论》非欲齐物也，盖谓物论之难齐也。是非毁誉，一付于物，而我无与焉，则物论齐矣。邵子诗谓"齐物到头争"，恐误。③

邵雍诗将"齐物"连读，这恰好给王应麟提供了反面例证。清人钱大昕则从历史的角度追溯这种错误理解的源头，其《十驾斋养新录》有云：

> 按左思《魏都赋》"万物可齐于一朝"，刘渊林注云："《庄子》有《齐物》之论。"刘琨《答卢谌书》云："远慕老庄之齐物，近嘉阮生之放旷。"《文心雕龙·论说》篇云："庄周《齐物》，以论为名。"是六朝人已误以"齐物"两字连读。唐人多

---

① （宋）林希逸《庄子鬳斋口义》卷一，方勇编纂《子藏·道家部·庄子卷》第 20 册，第 534—535 页。
② （宋）刘辰翁《庄子南华真经点校》，方勇编纂《子藏·道家部·庄子卷》第 28 册，影印明万历刻本，第 42 页。
③ （宋）王应麟著，（清）翁元圻等注，栾保群、田松青、吕宗力校点《困学纪闻》卷十，上海：上海古籍出版社 2008 年，第 1241 页。

取"齐物"两字为名，其误不始康节也。①

钱大昕通过历史考察，指出"齐物"连读始自六朝，盛于李唐，此诚不刊之论。不过，他上探至左思《魏都赋》，却非最早，至少嵇康在《琴赋》和《卜疑》二文中已经将"齐物"连读了②。夏侯湛《庄周赞》亦将"齐物"连读："迈迈庄周，腾世独游。遁时放言，齐物绝尤。"③其年代应与左思《魏都赋》相当。其后直到两宋，涉及《齐物论》的诗文绝大部分都是如此连读④，对庄子齐物论思想的理解相应的就是齐万物。

二、形与理

魏晋以来，玄风大畅，至竹林七贤，玄学即转以《庄子》为中心；唐代虽推行三教并行政策，然而皇室奉老子为祖，尊道家、道教优先于儒、佛，庄子因之被追尊为南华真人，《庄子》其书也被奉为《南华真经》。所以从魏晋到唐代，《庄子》一书地位都比较高，人们对于齐万物的思想多持欣羡仰慕，基本未见有批评，即使疾呼废庄的王坦之，在《废庄论》篇末仍然认同庄子的"齐物"思想⑤。

两宋道学革新，士人面对时弊，颇具大胆的怀疑精神和强烈的变革愿望，他们融通儒、释、道，但仍以注重功利实效的儒学为主，同时为了强调儒学的纯粹和正统，又激烈地排斥佛道，视之为

---

① （清）钱大昕著，杨勇军整理《十驾斋养新录》卷一九，上海：上海书店出版社2011年，第381—382页。
② 嵇康《琴赋》云："齐万物兮超自得，委性命兮任去留。"《卜疑》云："宁如老聃之清净微妙，守玄抱一乎？将如庄周之齐物变化，洞达而放逸乎？"
③ （晋）夏侯湛《庄周赞》，（清）严可均《全上古三代秦汉三国六朝文·全晋文》卷六九，北京：中华书局1958年影印，第1857页。
④ 详参方勇《庄子纂要》第7册《附录：庄子诗文序跋汇辑（上）》，北京：学苑出版社2011年。
⑤ 《废庄论》云："群方所资，而莫知谁氏，在儒而非儒，非道而有道，弥贯九流，玄同彼我，万用之而不既，亹亹日新而不朽，昔吾孔老，固已言之矣。"

异端，不遗余力地进行攻击。对于庄子的"齐物"思想，自然也出现了很多批评的声音。

邵雍《击壤集》卷三《放言》诗云："既得希夷乐，曾无宠辱惊。泥空终是着，齐物到头争。"①意谓进入与道合一的境界之后，变得宠辱不惊，既无对事物的汲汲追求，也无对是非的呶呶争辩，此时去看佛家孜孜追求于空，觉得终是拘泥也不免执着，而庄子倡言齐物，也仍然摆脱不了争论。物与物之间本是和谐共生的关系，庄子齐物却不免带有一丝勉强的意味，反而破坏了原本的和谐。

元代思想家刘因《书康节诗后》对此诗之义理有详细展开，其文云：

> 物，齐也。齐之，则不齐矣。犹之东西也，东自东而西自西，固不齐也。然东人之西则西人之东也，是曰东亦可，曰西亦可，则是未始不齐。然东西之形既立，指其西而谓之曰东，则为东者必将起而争之，而不齐者出矣。不齐之，则物将自齐而平矣。东也，西矣，吾立于中，而制其东西焉，如是，则谓之无所著，可也。一有所著，则不东而西矣。谓之无所著，可乎？彼空将无所著也，一倚于空，独非著乎？此程子深有取于邵子之言也。然彼为其说者曰："是不足以破吾说也。吾曰齐，固未尝齐夫物也；吾曰空，固未尝著夫空也。"噫！悠谬辗转，愈遁而愈无实矣。②

刘因此文主要就邵雍"齐物到头争"一句立论，从文章来看，他对两宋理学家关于齐物的讨论都很熟悉，其核心论点是物本自

---

① （宋）邵雍《伊川击壤集》卷三，张元济等辑《四部丛刊初编》影印明成化乙未（1475）毕亨刊本。

② （元）刘因《静修先生文集》卷二二，张元济等辑《四部丛刊初编》影印元宗文堂刊本。"固未尝齐夫物也"，"夫"原作"未"，据文意改。

齐，无需齐之，因而反对庄子的齐物之论。因为强行齐物，反倒会引起争端。刘因所举东西方位的例子，其实与庄子所论殊无二致，然而在刘因看来，庄子"齐物"二字所展现出的态度甚是强硬，指西为东，从而引起争端，最终导致物之不齐。

邵雍《皇极经世书》中，上述诗理化的表达则转化为更具体直白的批评："庄子'齐物'未免乎较量，较量则争，争则不平，不平则不和。"对此，明代黄畿注云："《齐物论》齐物之不齐，彼此较量，未免物与物争，殊失平坦和浑之致。孟子谓：'夫物之不齐，物之情也。'矫情求齐，孟大庄小。"①他们认为庄子齐物的本质是争，争则有失平和，境界较低。

中晚唐以来，《孟子》愈加受到儒者的重视，地位不断提高，最后升格为经，孟子的齐物思想也得到关注，甚至成为标准。此处邵雍并未明言其以孟子为准，黄畿注却将之揭示出来，浑然不觉有欠妥处，可见邵雍确据孟子为言。

单就字面看来，孟子所云"物之不齐"乃物之实情，这是人们触目即可验证的真理，庄子之齐物，却似乎包含了强不齐以为齐的意味，此黄畿所谓"矫情"。万物自在生长于天地之间，各随其本性拥有自己独特的面貌，人必须在万物之间进行一番比较、较量才能发现万物之不齐，或大或小，或长或短，这就体现出人心之中具有一种争胜念头，此念一起，心中本来的平静熙和之气就被破坏了。邵雍所言仅止于此。其实，强制齐物真正的害处更在于用统一的标准衡量裁割万物，是对万物本性的漠视，更是对万物生命的残酷宰制。相比之下，孟子所言反倒更像是道家的顺其自然、任其不齐了。这种看法明显违背对儒、道的一般认识，但在宋代却并不罕见。

---

① （宋）邵雍著，（清）黄畿注释《皇极经世绪言》卷八下，清光绪三十二年（1906）二仙庵刻本。

二程也认为庄子的齐物是不合天理的：

> 天地阴阳之变，便如二扇磨，升降盈亏刚柔，初未尝停息，阳常盈，阴常亏，故便不齐。譬如磨既行，齿都不齐，既不齐，便生出万变。故物之不齐，物之情也。而庄周强要齐物，然而物终不齐也。①

这里二程不仅明引孟子关于齐物之言，还为孟子的观点找到了坚实的根据，创造孕育万物的天地阴、阳二气就是不齐且变化无常的，根源不齐，作为末和流的万物自然也就具有不齐的特征了，这是从根本上就无法改变的。因而二程认为，庄子强要齐物，也终究是白费功夫。

二程还从物形与物理两方面分析了庄子齐物的谬误：

> 庄子齐物。夫物本齐，安俟汝齐？凡物如此多般，若要齐时，别去甚处下脚手？不过得推一个理一也。物未尝不齐，只是你自家不齐，不干物不齐也。②

> 孟敦夫问："庄子《齐物论》如何？"曰："庄子之意欲齐物理耶？物理从来齐，何待庄子而后齐？若齐物形，物形从来不齐，如何齐得？此意是庄子见道浅，不奈胸中所得何，遂著此论也。"③

崔大华曾指出，二程系以理学"理一分殊"的观念批判了庄子的齐物思想④。从物形方面看，正如孟子所说，"物之不齐，物之情也"（《孟子·滕文公上》），无法可齐；从物理方面看，万物皆是一理，

---

① （宋）程颢、程颐《河南程氏遗书》卷二上，王孝鱼点校《二程集》，北京：中华书局 2004 年，第 32—33 页。
② （宋）程颢、程颐《河南程氏遗书》卷一九，王孝鱼点校《二程集》，第 264 页。
③ （宋）程颢、程颐《河南程氏遗书》卷二二上，王孝鱼点校《二程集》，第 289 页。
④ 崔大华《庄学研究》，北京：人民出版社 1992 年，第 473 页。

本来就是齐一，不须去齐。无论从物形还是物理哪个层面，齐物都是没有道理的，也无法进行，而庄子却要齐物，因而二程认为庄子对大道的领悟、对万物的认识还很浅薄。

二程对庄子意欲齐物不以为然，对庄子的齐物方法更是嗤之以鼻。《齐物论》开篇描写南郭子綦达到了齐物我的境界，"隐几而坐，仰天而嘘，嗒焉似丧其耦"，形如槁木，心如死灰，对此，二程评论道：

> 盖人活物也，又安得为槁木死灰？既活，则须有动作，须有思虑。必欲为槁木死灰，除是死也。①

二程修养极高，言语温和，这里却近乎斥责。二程以为，天理流行，活泼泼地，"人心常要活，则周流无穷，而不滞于一隅"②。庄子的槁木死灰，是忘形骸，黜聪明，防止形体与内心的妄动，这正与二程的主张完全相悖，因而遭到严厉指责。我们还可以从动与静这对理学的重要范畴来理解二程对庄子的批评。与动相比，庄子更注重静，《天道》篇云："圣人之心静乎，天地之鉴也，万物之镜也！夫虚静恬淡，寂漠无为者，天地之平而道德之至，故帝王圣人休焉。"虚静是天地的准则和道德的极致，也是人的本真状态，只有在虚静的状态下，人才能如镜子一样照鉴天地万物，使天地万物自动呈现其本来面目，散发其独特的个性光辉，而没有人主观视角的掺杂。同时，面对纷扰，人也能如镜子一般不将不迎，应而不藏，内心不会受到扰动。虚静也是养生、长生所需保持的状态："无视无听，抱神以静，形将自正。必静必清，无劳汝形，无摇汝精，乃可以长生。"（《在宥》）相较而言，二程则更注重动，程颐云："一阳复于下，乃天地生物之心也。先儒皆以静为见天地之心，

---

① （宋）程颢、程颐《河南程氏遗书》卷二上，王孝鱼点校《二程集》，第 26 页。
② （宋）程颢、程颐《河南程氏遗书》卷五，王孝鱼点校《二程集》，第 76 页。

盖不知动之端乃天地之心也，非知道者，孰能识之？"①陈来解释说："这里的天地之心指主宰天地的根本原则，照这个思想来看，动静二者之中，不是静，而是动才是更为根本的，才体现了宇宙生生不已的根本规律。"②因此，在二程看来，以槁木死灰式的虚静为最高境界的庄子并没有把握动静的正确关系。

南宋理学家张栻也以孟子物不齐之论来谈齐物，并且分为物与理两个层面，但与二程的思路又有不同，他在注释《孟子》时云：

> 有天地则有万物，其巨细、多寡、高下、美恶之不齐，乃物之情而实天地之理也。物各付物，止于其所，吾何加损于其间哉。若强欲齐之，私意横生，徒为胶扰，而物终不可齐也。故庄周之齐物，强欲以理齐之，犹为贼夫道。③

张栻将孟子物不齐思想做了具体阐述，其中除了巨细、多寡等物形之不齐，还包括高下、美恶等物之质量、价值方面的不齐，但他强调这种种不齐都是符合天地之理的。张栻并未强调理之齐一，反谓庄子强欲以理齐物，不仅违反天理，而且是贼害天理。二程将物分为物形、物理，作为齐同的对象，这实际是二程自己的划分和理解，庄子并没有物形、物理的划分。相比之下，张栻虽然也分物和理两层来谈，但他认为庄子只是齐物，并不要齐理，理并非庄子要齐同的对象，因为理并非物理，而是天地之理，是物不齐这一现象和规律背后的总根据和总原则，大概和庄子的道相当。张栻的这一理解在结构上与庄子的思想更为接近。张栻以为，庄子以此天地之理为齐物的手段或方法，就是强求，也是对天地之理和物之情的关系没有充分理解。如果正确把握天地之理和物之情的关系，就会

---

① （宋）程颐《周易程氏传·复卦》，王孝鱼点校《二程集》，第819页。
② 陈来《宋明理学》，北京：生活·读书·新知三联书店2011年，第108页。
③ （宋）张栻《癸巳孟子说》卷三，《景印文渊阁四库全书》第199册，台北：台湾商务印书馆1986年，第394页。

"物各付物，止于其所，吾何加损于其间"。实际上，庄子的齐物思想所要表达的正是此意。胡文英总结《齐物论》主旨云："《齐物论》是言物之不能齐，不可齐，不当齐，不必齐。"①齐物主要是价值上的齐同，不加人为地分别、评价，也就没有高低贵贱，没有是非之争，让万物包括人类都回到各自的本然状态，按照本性需求生长于天地之间，逍遥于宇宙时空。这与张栻任物不齐的要求差相仿佛。而庄子确实也是以道为用，来达到齐物的目的，但这里的道并不是本体论意义上的万物的根源，而是一种境界和眼光，和张栻所说的理有所不同。

除了两宋的理学家，稍晚于二程的文学家，苏门四学士中的黄庭坚、晁补之二人，也都引了孟子的话评论庄子的齐物思想。黄庭坚《庄子内篇论》云：

> 物之不齐，物之情也。大块噫气，万窍殊声，吾是以见万物之情状。俗学者，心窥券外之有，企尚而思齐，道之不著，论不明也，故作《齐物论》。……由庄周以来，未见赏音者。晚得向秀、郭象陷庄周为齐物之书，滔滔以至今，悲夫。②

此文可与其《几复读庄子戏赠》诗互为参照，诗中有云：

> 物情本不齐，显者桀与尧。烈风号万窍，杂然吹籁箫。声随器形异，安可一律调？何尝用吾私，总领使同条。惜哉向郭误，斯文晚未昭。③

黄庭坚认同孟子物不齐之论，但他认为庄子的意思与孟子一致。他

---

① （清）胡文英《庄子独见》，方勇编纂《子藏·道家部·庄子卷》第107册，影印清乾隆十七年（1752）同德堂刊本，第106页。
② （宋）黄庭坚《山谷全书·正集》卷二〇，《宋集珍本丛刊》影印乾隆宋调元绀香堂本，北京：线装书局2004年，第472—473页。
③ （宋）黄庭坚《山谷全书·外集》卷一三，《宋集珍本丛刊》影印乾隆宋调元绀香堂本，第777页。

从文学的角度解读《齐物论》"大块噫气，其名为风"一段，认为庄子以众窍形状不同，所形成的风声也不同，比喻万物之不齐，亦不可齐，齐物只是俗人之一己私意。这个视角颇为独特，为后人理解《齐物论》提供了一条可贵思路。黄庭坚又将齐物的罪过推到向秀、郭象身上，认为是向郭二人的注释误导了后人，以致千年以来庄子的思想无人能够正确领会。这如果不是误解，就是黄庭坚对庄子的有意回护。

按照二程物形、物理的划分，黄庭坚显然只关注到了物形这一方面，而晁补之则与二程一致，将物理、物形分开讨论。其《齐物论》云：

> 此篇论齐物，然物之理齐而情故。……物之情不齐而其理齐，圣人穷理，众人役情，圣人欲反情之异，合理之同，所以图滑疑之耀，使无疑无滑而泯乎冥冥者，莫要于此矣。……然非夫以道泛观而备万物之应，则以不齐齐，其齐也不齐；乃若庄周，则以齐不齐，其不齐也齐矣。①

与二程不同的是，晁补之利用物理、物形之分将庄子与孟子的齐物思想进行了调和。他认为，庄子所欲齐者也是物理，并非不齐的物情。他的理解是庄子能够"以道泛观而备万物之应"，这与庄子在《齐物论》中传达的精神若合符节，可见晁补之的理解远胜以上诸人。晁补之所批判的则是与庄子相反的"以不齐齐，其齐也不齐"之人："故师旷之枝策也，惠子之据梧也，皆为者败之也，皆非所明而明之也，故虽竭其智而理终不可穷，谓之坚白同异、名实之辩，若此其察矣。然要于不察而以昧终，其为滑疑也，不甚矣

---

① （宋）晁补之《鸡肋集》卷二七，张元济等辑《四部丛刊初编》影印明诗瘦阁仿宋刊本，上海：商务印书馆民国八年（1919）。

乎!"①晁补之借《老子》"为者败之"语批评《齐物论》篇提到的师旷、惠子诸人，认为其均欲以自己之理齐同万物之理，而不是顺从万物遵循各自之理，因此遭到了失败，误入歧途。

邵雍、二程、张栻、黄庭坚、晁补之等都以孟子的齐物思想作为参照，来评论庄子的齐物思想，是庄子学史上的新发展，呈现了一些新特点，比如以理学的"理一分殊"思想从物理、物形两方面看待齐物。但这种理解与评判究竟是正确的还是错误的，究竟是有助于对庄子齐物思想的理解还是会造成误导，需要仔细检讨。

宋末褚伯秀在纂集了诸家之说后，就对此做出了评价：

> 孟子曰："物之不齐，物之情也。"而庄子名篇以"齐物论"，或疑其与儒家悖，重增不齐之情。殊不思孟子特为许子言之耳。况孟之所言者情，庄之所言者理，理一分殊，则情之不齐也宜矣。故南华原本究极，主一理以齐天下之物论。②

褚伯秀做出解释的动机就是调和儒道两家，因为字面上孟子主张物不齐，庄子主张齐物，看似相反，容易引起争论，若不解释清楚，反增二家之不齐。因此，褚伯秀分两点辨析：第一，他将孟子原意发掘出来，揭明孟子主张物不齐系针对许行，而非庄子，从而撇清了孟子、庄子之间的紧张关系。这一点可谓击中了理学家们的要害，他们往往抓住经典中的片言只语就在理论上大肆发挥，有时竟脱离原文意脉也在所不顾。褚伯秀则重新返回经典的文本去讨论，比较实事求是。第二，与晁补之类似，褚伯秀从理学家认同的理一分殊的思想出发，将孟子、庄子分离开来，拆解其矛盾。褚伯秀说孟子所谓不齐是物之情，而庄子所谓齐则是物之理，这样，孟子、

---

① （宋）晁补之《鸡肋集》卷二七。
② （宋）褚伯秀《南华真经义海纂微》，《道藏》第 15 册，北京、上海、天津：文物出版社、上海书店、天津古籍出版社 1988 年影印，第 219 页。

庄子所论分属不同层次，并不构成矛盾，而庄子的齐物也符合理学家理一的思想。只是褚伯秀所理解的"齐物论"已非早期理学家的"齐物"论而是齐"物论"了。

明末高僧元贤则将"齐物"与"齐论"共同糅合到"齐物论"中，并分别讨论，其《瘗言》有云：

> 昔惠子造指物论，强辩以齐万物。庄子非之，乃作《齐物论》。其旨在舍己而因物，则物自参差，我自齐平矣。此庄子近道之论也。然惜未能竟其旨。夫物之不齐者，妄形也；见物之不齐者，妄情也。以理破情，则无不齐之见；以性夺形，则无不齐之形。譬如陶家取土作种种器，迷者执器之形，则万状乃分；智者达器之质，则实唯一土耳。今徒欲舍己，而己之情未破，徒欲因物，而物之形未虚，安得为究竟之论哉？①

他以佛家眼光看待世界，认为无论是物形还是人对物之见，都是虚妄不实，所以即使物形、物见不齐，也一样是虚妄不实的。在元贤看来，万物之理、之性本无不齐，由于人被万物的皮相迷惑，因而不能认识到这一点。即使是意欲齐物的庄子，也因不能破除个人私情，不能认识到物形之虚妄，最终无法真正认识到万物之齐。元贤虽然身为佛门中人，他的思想理路却仍旧是理学家物形、物理二分的理路，其特色在于加入了佛家空的思想，将物视为虚妄，那么物之齐与不齐的问题就涣然冰释了。

实际上，以今日的眼光来看孟子之语与庄子的齐物思想，二者确实不矛盾，甚至可以说还很契合②。晁补之、褚伯秀也观察到了

---

① （明）元贤《瘗言》，石峻、楼宇烈、方立天、许抗生、乐寿明编《中国佛教思想资料选编》第三卷第2册，北京：中华书局1987年，第493页。

② 细究起来，孟子、庄子还是有所不同的：孟子认为物虽不齐，但其中存在高低贵贱的次序；庄子则认为只有自然的差别而没有高低贵贱之分。此条承刘思禾师兄惠示，在此表示感谢。

这一点，试图调和二者，但他们所利用的理论同时也造成了一定的限制，因为理学上所讲的理一分殊并不切合庄子思想，以此量彼，本身就已是不齐。

孟子所说的物之不齐，虽然是针对许行的绝对平均主义，但也是一个普遍真实的道理，而这一道理正是庄子所承认和欲加点明的，且也是庄子齐物思想的基础与依据之一。孟子认为万物千差万别，"或相倍蓰，或相什佰，或相千万"，引申一步，则可以说这是出于万物自身具有的特性、本性，因而是不可抹杀而需要予以尊重的。孟子正是要根据万物不同的特点，交相利用，互为辅助，才能人尽其力，通其有无，最终达到治国的功利目的。

庄子虽然并无功利目的，却看到了抹杀万物不同特性的危害，因此，他所谓的齐物，并非如许行那样追求绝对平均，用一种强制手段将万事万物统一成一种模样，整齐划一，而是尊重其特性，承认其价值，"因物付物，所以为齐"①。《胠箧》篇云："擢乱六律，铄绝竽瑟，塞瞽旷之耳，而天下始人含其聪矣；灭文章，散五采，胶离朱之目，而天下始人含其明矣；毁绝钩绳而弃规矩，攦工倕之指，而天下始人有其巧矣。故曰：大巧若拙。削曾、史之行，钳杨、墨之口，攘弃仁义，而天下之德始玄同矣。"瞽旷确为天下间耳力最为聪敏之人，他可以校准乐器的六律，但以他为最高标准，天下其他人就只能违背自己的本性和特点，去适应这一标准，这是"适人之适"，"役人之役"，只有打破这一规定，天下之人才能各自按照自己的听力、品味去欣赏音乐。这里强调的是"自己的"（"其"聪，"其"明，"其"巧），自己的无疑比他人的、外来的更加符合本性。每个人都按照自己的耳力去听声辨律，不与他人争高下，这就是耳力之齐了。庄子之齐，正是以不齐齐之，听其

---

① 章太炎《齐物论释定本》，《章太炎全集》，上海：上海人民出版社 2014 年，第 73 页。

不齐，与标题的字面含义正好相反，可能这也是引起众多误解与批判的原因之一。而庄子齐物的最高境界就是"天地与我并生，而万物与我为一"，这两句常常被误解为庄子抹杀万物的差异和特性，实则非也。因为万物的差异和特性是客观存在的，不容抹杀，庄子之语只是就境界上讲，即人能认识到在道的层面万物都是相通的，以道观之，物无贵贱，万物平等，因而不会有纷争与压迫，是为齐物。二程等批判庄子，似乎并未把握到庄子思想的真髓。

面对吹万不同的世界，庄子主张兼怀万物，展现了一种博大的包容精神，这与儒家的忠恕絜矩之道颇有相通之处。朱敦毅云："夫物之不齐，物之情也。所以齐不齐以致其齐者，在因物付物，是以有絜矩之道焉。絜矩之道即忠恕之道，推己及物，其施不穷，以己之心度人之心，未尝不同。"①对于不同的个体，本来是"自彼而不见"的，庄子站在道的高度，认为彼此相通，是非无定，因而放弃争辩，两行两存；而儒家则主张推己及人，也是根据彼此相通之处去为他人考虑。只是庄子更重存异，其异其同为两个层次，而非在同一层次的异中有同、同中有异，在异的层次中的所有个体地位平等，价值相同，皆须尊重。因而刘咸炘《庄子释滞》云："佛家主空，一切俱不要，道家主大，一切俱要。"②儒家对于差异，存而不论，更重求同，认为人同此心，心同此理，所以人可以以自己的心理揣度他人之心。在实践上，消极方面就要求己所不欲，勿施于人；积极方面则要求己欲立而立人，己欲达而达人，一派仁者气象。总之，道家与儒家，一为博大，一为仁爱，同为包容，却体现

---

① （清）朱敦毅《庄子南华真经心印》，方勇编纂《子藏·道家部·庄子卷》第111册，北京：国家图书馆出版社2011年影印手稿本，第370页。
② 刘咸炘《庄子释滞》，黄曙辉编校《刘咸炘学术论集·子学编》，桂林：广西师范大学出版社2007年，第227页。

了两种不同风貌。

三、梦与觉

与前代读庄者不同，元人刘因独辟蹊径，从梦觉虚实的角度展开了对庄子齐物思想的批判。《齐物论》篇中，庄子借助虚构人物长梧子之口，表达了"且有大觉而后知此其大梦也"的观点，以为生死、梦觉、彼我，皆通为一；篇末，再以庄周梦蝶的寓言对此哲思进行了形象的演绎。而刘因在《庄周梦蝶图序》中，则将批判庄子的焦点聚集于梦之虚幻：

> 周寓言梦为蝴蝶，予不知何所谓也。说者以为齐物意者，以蝶也、周也，皆幻也，幻则无适而不可也；无适而不可者，乃其所以为齐也。谓之齐，谓之无适而不可，固也，然周乌足以知之？周之学，纵横之变也。盖失志于当时，而欲求全于乱世，然其才高意广，有不能自已者。是以见夫天地如是之大也，古今如是之远也，圣贤之功业如是之广且盛也，而己以渺焉之身，横于纷纷万物间无几时也。复以是非可否绳于外，得丧寿夭因于内，而不知义命以处之，思以诧夫家人时俗而为朝夕苟安之计而不可得，姑浑沦空洞，举事物而纳之幻，或庶几焉得以猖狂恣肆于其间，以妄自表于天地万物之外也。以是观之，虽所谓幻者，亦未必真见其为幻也。幻且不知，又恶知夫吾之所谓齐也？又恶知夫吾之所谓无适而不可也？吾之所谓齐也，吾之所谓无适而不可也，有道以为之主焉。故大行而不加，穷居而不损，随时变易，遇物赋形，安往而不齐，安往而不可也？此吾之所谓齐与可者，必循序穷理，而后可以言之。周则不然，一举而纳事物于幻，而谓窈冥恍惚中，自有所谓道者存焉。噫！卤莽厌烦者，孰不乐其易而为之？得罪于名教，失志于当时者，孰不利其说而趋之？在正始、熙宁之徒，固不

足道，而世之所谓大儒，一遇困折，而姑藉其说以自遣者，亦时有之。要之，皆不知义命而已矣。①

《齐物论》原文中，庄子与蝴蝶所代表的物我关系，梦与觉所象征的认知立场，皆经由这场难分虚实乃至难辨梦之主体的蝴蝶梦而进入物我齐同、道通为一的境界。刘因顺着庄子的思路，却从根底上将它撅起：庄子凭什么要将现实人生等同于虚幻的梦境呢？他分析了庄子的现实遭遇，认为庄子由于怀才不遇，失志于当时，内外交困，所以将此世一切视为虚幻，自己便可在这虚幻世界中放肆妄行。可见，这个虚幻世界还有一定的因果与逻辑在，它并非真的虚幻。这确有一定见地，真正的梦恢恑憰怪，哪有什么逻辑可言？齐梁间，范缜《答曹录事难神灭论》曾论及此意："子谓神游蝴蝶，是真作飞虫耶？若然者，或梦为牛，则负人辕轭；或梦为马，则入人胯下。明旦应有死牛死马，而无其物，何也？"②只是范缜从反面说，梦无逻辑而证虚幻；刘因从正面说，现实有逻辑而为真实，庄子不分虚实，颠倒梦真，又怎能真正齐物？再者，世界若为虚幻，其中就不会有真实的道存在，没有道作为主宰，万物则不能齐同。刘因更接近二程，也以天地万物皆是一理的思想解释齐物，这就要求理是确实存在的，而非虚幻，由此可知庄子以世界万物皆是虚幻梦境的思想与齐物之间的矛盾。而且，即使理真实不虚，也要做工夫，循序渐进，待到穷理，方能齐物；庄子却"一举而纳事物于幻"，认为如此物便可齐，不须任何工夫修养，这在刘因看来，过于轻易，无异自欺欺人。也正是这一点，吸引了后世一些鲁莽厌烦者，趋易避难，如蚁慕羊肉，争归趋之。同时，以一切为虚幻梦

---

① （元）刘因《静修先生文集》卷一九，张元济等辑《四部丛刊初编》影印元宗文堂刊本。
② （南朝齐、梁）范缜《答曹录事难神灭论》，（南朝梁）僧佑撰，李小荣校笺《弘明集校笺》，上海：上海古籍出版社 2013 年，第 488 页。

境，也能给失意之人以精神慰藉，因而庄子此说也受到困折之人的追捧，刘因一并将之斥为不知义命。总之，刘因对无适而不可的齐物思想是赞同的，但他认为庄子以蝴蝶梦论证齐物却是失败的。

实际上，蝴蝶梦寓言的重点并不在梦的虚幻上，而在于无法分辨梦觉，梦觉中的两个主体可以互相转化，因而它们是平等的、相通的，庄子着重从物化角度表现物之齐。相比之下，郭象将梦觉解释为生死，更为接近庄子的本意。郭象云：

> 方其梦为胡蝶而不知周，则与殊死不异也。然所在无不适志，则当生而系生者，必当死而恋死矣。由此观之，知夫在生而哀死者，误也。自周而言，故称觉耳，未必非梦也。今之不知胡蝶，无异于梦之不知周也；而各适一时之志，则无以明胡蝶之不梦为周矣。世有假寐而梦经百年者，则无以明今之百年非假寐之梦者也。夫觉梦之分，无异于死生之辩也。今所以自喻适志，由其分定，非由无分也。夫时不暂停，而今不遂存，故昨日之梦，于今化矣。死生之变，岂异于此，而劳心于其间哉！方为此则不知彼，梦为胡蝶是也。取之于人，则一生之中，今不知后，丽姬是也。而愚者窃窃然自以为知生之可乐，死之可苦，未闻物化之谓也。[1]

郭象的解释来自《齐物论》另一段关于梦的阐述："予恶乎知悦生之非惑邪！予恶乎知恶死之非弱丧而不知归者邪！丽之姬，艾封人之子也。晋国之始得之也，涕泣沾襟；及其至于王所，与王同筐床，食刍豢，而后悔其泣也。予恶乎知夫死者不悔其始之蕲生乎！梦饮酒者，旦而哭泣；梦哭泣者，旦而田猎。方其梦也，不知其梦也。梦之中又占其梦焉，觉而后知其梦也。且有大觉而后知此其大梦也，而愚者自以为觉，窃窃然知之。君乎，牧乎，固哉！丘也与

---

① （清）郭庆藩《庄子集释》，第 119—120 页。

汝，皆梦也；予谓汝梦，亦梦也。是其言也，其名为吊诡。万世之后而一遇大圣知其解者，是旦暮遇之也。"梦中有梦，梦外还是梦，这是刘因强调的虚幻，然而庄子之意并不在此。庄子以为，死生夜旦，存亡一体，世间的生命都是阴阳造化创造的，从个体生命的角度看，固然有生有死，但从阴阳造化的角度看，不过是将生命从一种形态重新锻造成另外一种形态罢了。庄子通过妻子的去世反思了生命过程的实质："察其始而本无生，非徒无生也而本无形，非徒无形也而本无气。杂乎芒芴之间，变而有气，气变而有形，形变而有生，今又变而之死，是相与为春秋冬夏四时行也。"（《至乐》）从一种形态到另一形态的流转，就好像梦觉、昼夜的转换，只不过人过于执着自我，系恋此生，且又智慧短浅，囿于此生，不知玄同生死，遂有在生忧死、贪生怕死之态。郭象则从人之乐生推断出，人死后进入另一生命形态，也会乐于那一生命形态："此寤寐之事变也。事苟变，情亦异，则死生之愿不得同矣。故生时乐生，则死时乐死矣，死生虽异，其于各得所愿一也，则何系哉！由此观之，当死之时，亦不知其死而自适其志也。"①只是对于前一形态的生命即人来说，那都是死后之事，他已无从得知了。由此看来，两种生命形态可以齐同为一，这对此世的人来说，就是生死齐同。

然而，彼我虽可同，人物虽可齐，甚至可以承认此世是梦，可是人在梦中并不觉其为梦，而是蘧蘧然周也，是真实的存在。郭象注云："夫梦者乃复梦中占其梦，则无以异于寤者也。"②悲欢离合、得失祸福仍然是必须面对的困境，并不会因洞达万物齐同之理就会完全化去。王羲之生长在玄学大盛的东晋，且以天师道为信仰，可当他面对山河破碎、满目疮痍时，也不得不发出强烈的感慨，坚决否定庄子生死一齐的观点："固知一死生为虚诞，齐彭殇为妄作。"

---

① ② （清）郭庆藩《庄子集释》，第111页。

（《兰亭集序》）

郭象曾为《逍遥游》篇解题云："夫小大虽殊，而放于自得之场，则物任其性，事称其能，各当其分，逍遥一也，岂容胜负于其间哉！"①这是借鉴了当时的才性论思想。郭象认为，万物并生，而内在的才性不同，它外在所应获得的分位与所能实现的功业与其才性相称，所以不能要求万物达到某种统一的要求，万物只要找到符合自己本性才能的分位、事业，便可称作逍遥。适性是否就是庄子说的逍遥，可以讨论，但郭象说的万物须按其本性生存，却是符合庄子之意的。南宋刘震孙在《南华真经义海纂微序》中发挥此意云：

> 战国诸侯，蛮触并斗，以糜烂其生民，其祸实起于不知分。庄子于是时，思有以觉其迷而砭其疾，故于《逍遥游》篇首寓微言。其曰鸠鴳之不敢自拟于大鹏，物之知分者也；其曰许由不敢受尧之天下，人之知分者也。夫使天下而皆知分，则贱不慕贵，小不图大，强不凌弱，众不暴寡。君君而臣臣，父父而子子，举一世莫不各安其天分之当然，而无僭逾争夺天阙之患，则夫物之不齐者，非必物物而齐之，而无不齐矣。②

内在的性与外在的分确有相应相通之处，但儒家显然只重外在位分，庄子更重内在本性。郭象的性分思想意在调和二者，刘震孙则偏向于从外在位分阐释齐物，位分不同，贵贱等级不同，若万物各自安于位分，便无纷争而逍遥，不齐而无不齐矣。通过位分，刘震孙将庄子思想彻底改造为儒家思想。

历史上对性分的讨论都局限于人这一品类之中，观察人性之不齐，将此理论推论开去，芸芸众生，万品殊类，其性其分，也无不

---

① （清）郭庆藩《庄子集释》，第1页。
② （宋）刘震孙《南华真经义海纂微序》，《道藏》第15册，第174页。

如此。庄子将人视为品类之一并置之于整个生物界来比较，从而也更能认清人之本性。依《齐物论》所言，万类均须按其本性生存，猿猴栖木，泥鳅湿寝。即使如刘因所说，庄子"一举而纳事物于幻"，将现实当作梦幻，但在这个梦境破碎之前，它就是真实无比的，万物也仍须按照其本性规定生存，"梦为鸟而厉乎天，梦为鱼而没于渊"（《大宗师》）。同样，人作为万类之一品，也有自己的本性规定，这一方面是需要遵守本性规定，一方面是按照其本性规定便可。这即是说，人按照人的眼光观察、认识世界便可，又何必以道观之呢？又何以可能以道观之？道无所不在，无所不包，道是大全，人则为万物之一，仅占一隅，要求人具有道的眼光是否超越了他的本性呢？个人又怎能超越一隅达到大全的境界呢？在其一生之中，以褊狭的眼光看待世界、他人及个人的得失、生死，产生自以为是、乐生恶死的想法，难道不是符合其本性规定的正常现象吗？如果对人可以有这样的要求，那么对其他物种是否也可以有同样要求呢？庄子的齐万物就是要让万物按照自己的本性，自自然然地存在，万物并作，和谐平等，互相之间不干扰，无纷争，更没有一个蛮横有力的他者不顾万物本性之不齐，强求齐同。庄子说这就像那朝三暮四的猴子，劳神明为一而不知其同。只是庄子自己在批判别人强求齐同时，却有意无意地忽略了万物尤其是人的本性的规定与限制，对人性与道相合提出了过高的要求。

由上述分析可见，历代对于庄子齐物思想的批判主要集中在宋元时期，批判者基本都是儒家学者，他们站在儒家思想的藩篱内，以孟子物情不齐思想为准绳，以理学理一分殊思想为解牛之刃，对庄子齐物思想进行剖析和批判。但由于过分局限于门户之见，不能真正深入了解庄子思想的真髓，仅以篇名的表面含义为讨论对象，因而产生了极大误解。当然他们的意图也并不在批判庄子的齐物理论，而是通过对庄子齐物思想的批判，一方面宣扬自己的思想，一方面达到排斥异端的目的。

第三节　辨胜当也：对庄子齐是非的逻辑批判

战国中后期，名辩之风大盛，墨家在初始时期就已经注意到辩论中的逻辑问题，至此更发展出愈加严谨细密的逻辑思想，并在此基础上挖掘其他各家的逻辑矛盾，对其作出批判。

胡适在《中国哲学史大纲》中分析庄子的名学时指出，墨家名学正与庄子"辩无胜"的观点相反[①]。其后，冯友兰认为墨家名学是后期墨家有意针对庄子之批判，并举出后期墨家批判庄子的更多例证[②]，本节即以胡适、冯友兰二人的论述为基础展开讨论。

《庄子·齐物论》云：

> 既使我与若辩矣，若胜我，我不若胜，若果是也？我果非也邪？我胜若，若不吾胜，我果是也？而果非也邪？其或是也，其或非也邪？其俱是也，其俱非也邪？……是若果是也，则是之异乎不是也亦无辩；然若果然也，则然之异乎不然也亦无辩。

庄子认为，辩论不能定夺是非。但若以《墨子》中的"辩无胜"概括该段，其实并不准确。庄子这里并非认为辩论没有胜负，而是强调辩论的胜负并不足以判断孰是孰非，所谓"此亦一是非，彼亦一是非"（《齐物论》），是非的产生皆由"成心"而来，亦即由辩者所处的不同立场而决定。《天下》篇谓"辩者之徒……能胜人之口，

---

① 胡适《中国哲学史大纲》，北京：商务印书馆 2011 年，第 215 页。

② 见冯友兰《再论庄子》，原载《哲学研究》1961 年第 3 期，收入哲学研究编辑部编《庄子哲学讨论集》（中华书局 1962 年）；其《中国哲学史新编试稿》《中国哲学史新编》也延续了这部分观点。杨国荣也认为："后期墨家曾对'辩无胜'的观点提出质疑，认为此说'必不当'（《墨子·经下》），其中显然也包含着对庄子这一类推论的批评。"（《庄子的思想世界》，北京大学出版社 2006 年，第 102 页）

而不能服人之心"，辩论对于分清是非的意义并不大。

墨家学派对于辩论胜负与是非的关系则是另一番说法。《墨子·小取》云："夫辩者，将以明是非之分，审治乱之纪，明同异之处，察名实之理，处利害，决嫌疑。"①墨家认为，辩论的首要意义就是明是非之分，这必然意味着通过辩论是能够分清是非的。因而像"辩无胜"这样的提法，在墨家看来显然是错误的。《墨子·经上》说"辩"云："辩，争彼也。辩胜，当也。"《墨子·经下》云："谓辩无胜，必不当。说在辩。"《墨子·经说下》释云："辨也者，或谓之是，或谓之非。当者胜也。"墨家执持是非之分将辩论的胜负与是非紧密联系起来，认为辩论之所以能够获胜，是因为合于真理（"当者胜也"），而辩论所获得的胜利也反过来说明这一方所说合于真理（"辨胜，当也"）。胡适云："辩胜便是当，当的终必胜：这便是墨家名学的精神。"②因此，墨家所批判的"辩无胜"，实际包括辩论无法分出胜负和辩论无法确定是非两层含义，后者显然更为关键。冯友兰在《再论庄子》中也分析了墨家关于辩论的观点：

> 墨经认为，凡是一个辩论，总有不同的意见，成为对立面。对于它们所辩论的东西，一个方面认为它是如此，另外一个方面认为它不是如此（"或谓之是，或谓之非"）。这两方面的意见，只能有一方面是跟事实相合的（"当"），这一方面就是胜利的一方面。③

《齐物论》原文曾指出，若两方辩论不能分出是非，寻找第三

---

① （清）孙诒让著，孙启治点校《墨子间诂》，北京：中华书局2001年，第415页。以下凡引《墨子》均出自此本，不再出注。
② 胡适《中国哲学史大纲》，第215页。
③ 冯友兰《再论庄子》，《哲学研究》编辑部编《庄子哲学讨论集》，北京：中华书局1962年，第140页。

方来评判，而第三方无论是同于"我"，还是同于"你"，或同于两家，或与两家均不同，仍是主观，且与"你我"处于同一层次，仍然无法在"你我"之间分出是非。墨家则认为只要辩论获胜，就说明这一方是"当"，是正确的。冯友兰将墨家的"当"解为"跟事实相合"，实际墨家只是说"当"，正确，并没说明是合于道理还是合乎事实。假如没有分出胜负，没有分出是非，这在墨家看来，就不是辩论。他们的逻辑是，辩论双方互相矛盾，必然不能有双方都是的情况，必有一非也必有一是，同样地，也不可能双方都不是，必有一是也必有一非，所以胜负必然可分，而无论从道理上讲还是从事实结果来讲，获胜的就是对的。其实，这也可以看作是对庄子"两可""两行"等观点的批判。

从逻辑上讲，墨家的观点自然没错，但他们以此来批评庄子就略显不当，因为他们设置的关于辩论的前提与庄子的辩论前提并不相同。墨家给辩论的定义是"争彼"，在此之前，他们又给"彼"加了限定："不可两也。"《经说》释云："彼：凡牛，枢非牛，两也，无以非也。"意即辩论双方所争必须为同一论题，如果是两个不相干的论题，双方就构不成矛盾，无法互相否定，也就无需辩论了。在这种前提下，辩论双方其实是针锋相对，必然有是非可分，而从他们所举的例子可以看出，所争论的更是简单的对事物的判断，孰是孰非，很容易获得答案。庄子对辩论的论题并未做任何设置，但考察可知，庄子讨论辩论的背景为儒墨的是非之争，儒墨争论的是如何安邦治国，在这种情况下，就很难出现此是即彼非、彼是即此非的局面。安邦治国是无限复杂、无限庞大的系统工程，即使在两千年后的今天，人类也并没有找到完美方案，定出是非，单靠个人或者一个学派，只能获得如庄子所说的一曲之见，在不同学者或学派之间不免存在相互矛盾、相互否定的地方，但并不足以构成此是即彼非、彼是即此非的关系，因此说辩论即使分出胜负，也难以定夺是非。就像这里庄子和后期墨学所讨论的辩论问题，其实并非严格地属于同一个论题，所以就此问题而言，庄子与墨家并没有谁是谁非，墨家对庄子的批评也并不足以定庄子之非。

任继愈认为《墨子》"辩无胜，必不当"并非反对庄子，而是针对惠施。理由是《墨子》此段"讲的是诡辩论者如何混淆'犬'与'狗'、'牛'与'马'的概念。这里的典型例子不出于《齐物论》，倒是出于惠施。惠施明确地说过'狗非犬'，'犬可以为羊'，'黄马骊牛三'"①。任继愈批评冯友兰胶柱鼓瑟，其实他自己这里反而犯了这个毛病。牛马犬狗为当时辩论的共同话题，并非惠施专属，不能认为《墨子》所举例子与惠施相同，就是针对惠施。惠施作为辩者，其目的就在于争胜，《徐无鬼》篇云："惠子曰：今夫儒、墨、杨、秉，且方与我以辩，相拂以辞，相镇以声，而未始吾非也，则奚若矣？"《天下》篇云："惠施之口谈，自以为最贤。……以反人为实，而欲以胜人为名。"他怎么会主张"辩无胜"呢？这不是否定他自己吗？因而《墨子》"辩无胜，必不当"的批判对象绝非惠施。当时诸子百家无不以自己的见解为绝对真理，只有庄子主张齐同物论、辩不若默，所以，"辩无胜，必不当"所反对的对象只能是庄子。

冯友兰还拈出《墨子》中对悖论的讨论，认为也是对庄子的批判。这是正确的。当时诸子皆自是而非彼，只有庄子认为诸子"不该不遍，一曲之士也。判天地之美，析万物之理，察古人之全，寡能备于天地之美，称神明之容"，虽然可以说"无物不然，无物不可"，反过来也可以说"无物然，无物可"。冯友兰引《齐物论》"分也者，有不分也；辩也者，有不辩也。……大道不称，大辩不言，……言辩而不及"，认为"这就是说，一切的见解和主张都必

---

① 任继愈《中国哲学史论·庄子探源之二》，北京：人民出版社1981年，第297页。

然是片面的，代表这些主张的言论，必然都是错误的。这就是所谓'言尽悖'"①。

《墨子·经下》云："以言为尽悖，悖，说在其言。"《经说下》释云："（以）悖，不可也。出入（孙诒让云：当作"之人"）之言可，是不悖，则是有可也；之人之言不可，以当必不当。"意即认为所有的言论都是错误的，这句话本身在逻辑上就讲不通。《经说》详细讲解了这句话的矛盾之处：第一，假如这句话是对的，那么就存在不是错误的话，那么这句话说所有言论都错误就不能成立；第二，假如这句话是错误的，那么还认为它正确，这就不正确了。用在庄子身上就是，他认为一切言论都是片面的，不完全正确的，那么这句话本身就自相矛盾了。庄子的言论也在一切言论之中，那么这句话本身是否是片面的呢？若是，那就说明这句话错误，即并非一切言论都片面；若不是，则仍有言论不片面，那么一切言论都片面的言论也不能成立。

庄子齐是非的言论并非一般言论，其内涵别具意义。他说"欲是其所非而非其所是，则莫若以明"，是非不定又虚无，不如停止纷争，因此，从根本上来说庄子是反对争论、反对互相批评的。对此，后期墨学又揭示了其逻辑上存在的问题，《墨子·经下》云："非诽者悖，说在弗非。"《经说下》释云："不：诽非，已之诽也。不非诽，非可非也，不可非也。是不非诽也。"诽即批评，非诽，即反对批评，这又陷入了悖论，因为反对批评是对批评的批评，它本身就是一种批评，这就变成自己反对自己。

《墨子》从逻辑上对庄子的言论进行反驳，冯友兰也从逻辑上指出了《墨子》存在的问题：

　　一个命题所论断的是他的对象；它的对象不能反过来又

---

① 　冯友兰《再论庄子》，《哲学研究》编辑部编《庄子哲学讨论集》，第140页。

包括它自己。例如"一切的论断都是错误的"（"言尽悖"）这个命题的对象是一切其他的论断，但不能反过来包括这个命题本身。墨经的批判则假定这个命题也包括它自身，由此得出结论说，"以言为尽悖，悖"。这并不能彻底驳倒庄周一派的诡辩。①

其实，庄子对这个问题也有反省。他虽然在境界上要求齐是非、无是非，"独与天地精神往来，而不敖倪于万物，不谴是非，以与世俗处"，对待世俗的是非还是要两可两行，这是庄子的特殊之处。他并不以自己的齐是非、无是非为是，以他人的有是非为非，以此避免陷入逻辑悖论。同时，庄子还从语言的角度对此问题进行破解：

> 今且有言于此，不知其与是类乎？其与是不类乎？类与不类，相与为类，则与彼无以异矣。虽然，请尝言之。有始也者，有未始有始也者，有未始有夫未始有始也者。有有也者，有无也者，有未始有无也者，有未始有夫未始有无也者。俄而有无矣，而未知有无之果孰有孰无也。今我则已有谓矣，而未知吾所谓之其果有谓乎，其果无谓乎？（《齐物论》）

庄子指出，"类与不类，相与为类"，其意与《墨子》"非诽者悖"的命题几无二致。庄子对于语言及建立在语言基础上的辩论随立随扫，不落言筌，他并不承认语言有实在的意义，遑论诸子之间缴绕不清的是是非非。因此，他重视"卮言"的运用："卮言日出，和以天倪，因以曼衍，所以穷年。"（《寓言》）

至于冯友兰说的第四条："知知之否之是同也，悖，说在无以也。"《经说》云："知，论之，非知无以也。"确实如任继愈所说，

---

① 冯友兰《中国哲学史新编试稿》，北京：中华书局 2017 年，第 490 页。

这一条应当是针对孔子"知之为知之，不知为不知，是知也"而发，并非对庄子的批评，谭戒甫、孙中原、谭家健等墨学专家均如此认为，本书亦表赞同。

墨辩思想在整个中国思想史中都是极其独特的，它探索和发展了中国的认识论和逻辑学，同时以论辩逻辑审视诸子百家，使诸子百家思想上的逻辑漏洞显露无遗。它抓住了庄子齐是非思想中的三个问题，分别指出其逻辑悖谬，在庄子思想批判史上独树一帜。然而，由于墨辩思想本身晦涩难解，遂致中绝两千年，直到近代西方名学传入中国，其面貌才逐渐为人所知，在西方名学的对比下，其价值才逐渐显现，其对庄子的批判方式也才获得理解与传承。但是，不能否认，后期墨学对庄子的批判其精彩在于论辩逻辑，其局限也在于论辩逻辑，他们对庄子齐是非的思想背景及逻辑前提并未准确把握，因而其批判不免失于偏颇，难中肯綮。

魏晋时期，墨家思想已近绝灭，但名辩思潮又起，在这种思潮影响下，郭象对《齐物论》的解释与批判也不免带有一些逻辑意味。郭象认为，庄子齐是非仍是以语言、以辩论是非的形式展开，因而使其自身也陷入了一种是非之争，这就与庄子本身齐是非的要求恰成悖论。郭象为《齐物论》"故有儒墨之是非，以是其所非而非其所是。欲是其所非而非其所是，则莫若以明"数句注云：

> 儒墨更相是非，而天下皆儒墨也。故百家并起，各私所见，而未始出其方也。夫有是有非者，儒墨之所是也；无是无非者，儒墨之所非也。今欲是儒墨之所非而非儒墨之所是者，乃欲明无是无非也。欲明无是无非，则莫若还以儒墨反覆相明。反覆相明，则所是者非是，而所非者非非矣。非非则无非，非是则无是。[1]

---

[1] （清）郭庆藩《庄子集释》，第70—71页。

注中所云"无是无非也者"显指庄子。儒墨虽然互相是非，但正说明他们都认同"有是有非"，只不过两家的是非相反；庄子认为"无是无非"，则与儒墨相反，在"有是有非"的儒墨看来，庄子显然是"非"，这样庄子就搅入了是非之争中。只不过儒墨相争是具体的如何安邦治国的问题，这是一个层次；儒墨与庄子相争的则是是否有是非的问题，属于更高的层次。在这一层次中，庄子显然认为儒墨的"有是有非"是"非"，他自己主张的"无是无非"是"是"，郭象发现了庄子也像他自己所批判的那样自是而非彼。对此，庄子提出了"莫若以明"的解决办法，郭象则将之解为"反复相明"。"莫若以明"本是停止相明、停止争辩的意思，但郭注往往冲破庄子藩篱，自出机杼，此处亦复如是。郭象所谓反复相明，即是互换位置立场，站在对方角度重新思考问题，如此一来，原先认为的是非也随之改变，此处郭象还偷换概念，说"非非则无非，非是则无是"，将表示判断的"非"转换成表示存有的"无"，从而将反复相明的结果推到庄子主张的"无是无非"。

《齐物论》原文中，庄子对此也有反省，因而有"类与不类，相与为类，则与彼无以异矣"之叹，对此，郭象注云：

> 今以言无是非，则不知其与言有者类乎不类乎？欲谓之类，则我以无为是，而彼以无为非，斯不类矣。然此虽是非不同，亦固未免于有是非也，则与彼类矣。故曰：类与不类又相与为类，则与彼无以异也。然则将大不类，莫若无心，既遣是非，又遣其遣。遣之又遣之，以至于无遣，然后无遣无不遣，而是非自去矣。至理无言，言则与类，故试寄言之。有始则有终，谓无终始而一死生，夫一之者，未若不一而自齐，斯又忘其一也。有有则美恶是非具也，有无而未知无无也，则是非好恶犹未离怀。知无无矣，而犹未能无知。此都忘其知也，尔乃俄然始了无耳。了无，则天地万物，彼我是非，豁然确斯也。

谓无是非，即复有谓。又不知谓之有无，尔乃荡然无纤芥于胸中也。①

《天下》篇记载惠施历物十意，其一有云："大同而与小同异，此之谓小同异；万物毕同毕异，此之谓大同异。"庄子关于"类"的思想应当是由此而出。所谓"类"，实为"同"之一种，"类与不类，相与为类"，说明这个类与不类也是小同异，小不类。以庄子的齐是非而言，他虽然排遣是非，但自己也陷入更高一层次的是非之争当中，是谓类；他所陷入的是非之争与他所排遣的是非不属于一个层次，是谓不类，但这同样又都属于是非之争这一大类，所以其间差异并不大。郭象想要达到的是"大不类"，彻底摆脱是非之争，达到真正的齐是非。因此，他提出最根本的办法是"莫若无心"，即彻底忘记是非，追溯到宇宙根源，那里根本没有是非的概念。当你遣是非时，说明心中还有是非，这是不够彻底的，所以还要将遣是非的心理和行为再次遣去，如此反复无数次，最终到达无物可遣的境地，是非就彻底被遣去了。另一方面，是非之争皆是通过语言的形式，遣是非也需要借助语言，有语言则有滞，须将这层滞碍去掉而至于无言，才能与至理冥合。庄子对于语言这一层也进行了破解，但他的方式与郭象有异。庄子是从语言的意义上着手，对语言是否具有含义进行质疑："今我则已有谓矣，而未知吾所谓之其果有谓乎？其果无谓乎？"假如所说的语言并没有真实含义，那么是非自然也会消除，只是保留了语言的躯壳。这在郭象看来，仍然是滞于有，而不是彻底地排遣。

时至近代，西学东渐，名学传入，以逻辑思辨审视庄子齐是非的研究方法再次兴起。关锋在《齐物论解剖》篇末总结了庄子陷于相对主义的三个原因，第三条"强不类以为类"就是针对《齐物

---

① （清）郭庆藩《庄子集释》，第85—87页。

论》中的逻辑漏洞而发。①

所谓强不类以为类，是指《齐物论》"民湿寝则腰疾偏死，鳅然乎哉……"一段，庄子在居处、食物、审美三方面，以人与几种动物相比，但这三方面都得不到统一的意见，由此，庄子得出无正处、无正味、无正色的结论，比喻是非皆是主观，没有统一的客观标准。关锋认为，庄子的比喻里有一个漏洞，即强不类以为类，犯了逻辑错误。以居处来说，庄子以人与鳅与猿猴对居处的选择不同，比喻人对是非的看法不同。所谓"不类"，指喻体中人与鳅与猿猴并非同类，所谓"类"，则指本体中对是非看法不同的人同属一类，强不类以为类即以前者比喻后者，而实际上两者并不宜相比。人与鳅与猿猴并非同类，在生活习性上自然会有极大差异，以此说明同属一类的人在是非看法上也有极大差异，说服力并没那么强。这两件事前提条件并不完全吻合，所以不能得出相同的结论。按照正常的逻辑，应当在同一种类中进行比较，假若其间选择不同，方能说明问题。

单从逻辑上来说，关锋的看法是有道理的，庄子这里的例子确实不够严谨，不完全符合逻辑推理的法则。可是，庄子就完全没有道理吗？人、鳅、猿猴三种生物的生活习性天然就有差异，人类中不同的个体自然也有差异，但毕竟同属一类，其共通处自然较不同生物间的共通处为多，其差异自然较不同生物间的差异为小，这是一目了然的道理。可是庄子并不是客观地衡量人对是非看法的差异究竟有多大，而是表达人与人之间有不可调和的差异。《庄子·德充符》云："自其异者观之，肝胆楚越也；自其同者观之，万物皆一也。"从差异处看差异，自然是无比巨大，不可调和的，因而不管差异主体是同一种类还是不同种类，关系并不大。或者也可以

---

① 关锋《庄子内篇译解和批判》，北京：中华书局 1961 年，第 146 页。

说，庄子是用不同种类的生物之间的巨大差异，来形容人与人之间
是非看法的巨大差异。而即使按照形式逻辑的要求，在同一种类中
找例证，结论就与庄子不同吗？关锋显然认为，同一种类，生活习
性、审美习惯自然相同，他反问道："难道人的'正处'不是向阳
之室吗？由你庄子自己的实际生活就证明了。"①《孟子·告子上》
有云："口之于味也有同耆焉，耳之于声也有同听焉，目之于色也
有同美焉。至于心，独无所同然乎？心之所同然者何也？谓理也义
也。"②孟子这里明显是自说自话，假如真的存在心所同然，就不会
有战国的百家争鸣，更不会有是非之争，他自身也就不用费心尽力
辟杨距墨，庄子也就不用齐是非了。正如《齐物论》所说："是若
果是也，则是之异乎不是也亦无辩；然若果然也，则然之异乎不然
也亦无辩。"关锋的反问也不堪一击，只消举一个反例就足以将其
驳倒，比如赤道附近的房子就讲究避光。关键他将居处之"正"等
同于是否向阳这个问题上，其实是局限了这个问题的角度，比如还
可以问穴居、巢居、陆居哪个是正处，现在还可以问高层、中层、
低层甚至地下哪个是正处，等等，这些问题自然也不会有统一的答
案。可见，是否遵循形式逻辑，得到的答案都会和庄子一样：人的
差异确然存在，是非难以定夺，公是公非杳然难寻。

第四节 是非不乱：对庄子齐是非的现实批判

《齐物论》乃有感于现实中儒墨之是非纷争而作，庄子提出齐
同物论，是非两行，对儒墨的是非之争展开批评。但正如庄子自己
所预料的，"今且有言于此，不知其与是类乎？其与是不类乎？类
与不类，相与为类，则与彼无以异矣"，虽然他所言内容是要取消

---

① 关锋《庄子内篇译解和批判》，第 141 页。
② （清）焦循著，沈文倬点校《孟子正义》，北京：中华书局 1987 年，第 765 页。

是非，这个言论本身却与其他是非言论形成一种新的是非之争，所以，是非并未结束。对于庄子齐是非的思想，墨家后学从逻辑角度又进行反驳，儒家后学也从现实功利的角度展开了批驳，他们仍然坚持儒墨初期有是有非、是非必辨的观点。

《荀子》中明确提到庄子的仅"庄子蔽于天而不知人"一句，但荀子对《庄子》知之甚深，不少用词及观念皆因袭《庄子》①。何志华《荀卿论说源出庄周证》指出，《荀子·天论》"耳目鼻口形能，各有接而不相能也"之说，即出自《庄子·天下》"譬如耳目鼻口，皆有所明，不能相通"②。庄子本意，乃是借此比喻诸子百家"皆有所长，时有所用"，同时他又认为诸子"各得一察"，"不该不遍"，实为割裂大道的"一曲之士"。《荀子·天论》引用《庄子》只是论述心为天君，主宰耳目口鼻等天官。但荀子在其他篇章中继承了《庄子》关于诸子为一曲之士的理论，《荀子·解蔽》云："凡人之患，蔽于一曲而暗于大理。"③冯契认为荀子这两句"用的就是庄子的语言"④。《荀子·天论》又云："曲知之人，观于道之一隅而未之能识也，故以为足而饰之，内以自乱，外以惑人，上以蔽下，下以蔽上，此蔽塞之祸也。"这两处"蔽"的思想，何志华认为均是袭自《庄子·齐物论》"道恶乎隐而有真伪？言恶乎隐而有是非"二句⑤。荀子所论虽然以蔽与解蔽为名，但实际就是是非问题。对荀子来说，诸子蔽于一曲，虽然也持之有故、言之成理，实际却是"非"；孔子"得周道举而用之"才是"是"，是真理。解蔽实际就是辩诸子之非，认识圣王周全之道。

---

① 崔大华《庄学研究》，第 364—370 页。
② 此文收入何志华《庄荀考论》，香港中文大学中国文化研究所刘殿爵中国古籍研究中心 2015 年。
③ （清）王先谦著，沈啸寰、王星贤点校《荀子集解》，北京：中华书局 1988 年，第 386 页。本文所引《荀子》均出自此本，下文仅标明篇目，不再出注。
④ 冯契《中国古代哲学的逻辑发展（上）》，上海：东方出版中心 2009 年，第 157 页。
⑤ 详参何志华《荀卿论说源出庄周证》。

　　荀子关于诸子的思想既然以庄子为其中一个源头，却又不完全同于庄子，取舍之间就暗含了荀子对庄子的批判。

　　首先，荀子有着明确的是非观念："是是非非谓之智，非是是非谓之愚……是谓是、非谓非曰直。"（《荀子·修身》）荀子认为，既要在智力上能够明辨是非，又要在品格上能够坚持是非。前者属于智力范畴，后者属于道德范畴，荀子却将二者统一纳入道德范畴，作为君子的修身之道。能明辨是非是明智，能坚持是非是正直，明智与愚蠢相对，正直与邪曲相对，明智与正直显然是更好的品质，在价值上更高一筹，所以一个人必须明辨是非又坚持是非。

　　在荀子心目中，圣人就是能恰当地判断是非的人。《荀子·儒效》云："圣人也者，本仁义，当是非，齐言行，不失豪厘。"圣人并不仅仅是道德楷模，或者在智力上达到某种高度的人，他还要负责教化群伦，管理社会。圣人"当是非"，除了作为自身修身的要求，还是其社会责任的体现，因为是非是关乎国家治乱的重要因素：

> 听政之大分：以善至者待之以礼，以不善至者待之以刑。
> 两者分别，则贤不肖不杂，是非不乱。贤不肖不杂，则英杰至；是非不乱，则国家治。（《荀子·王制》）

是非分明，厘然不乱，国家才能拥有良好的秩序，这是要分清是非的根本原因。君子个人固然要讲究修身，但作为治国的贤良人才，还必须具备治国的相关才能和品质。明辨是非首先与国家治乱关系匪浅，所以治国之人需要把它作为一项必备修养。由个人与社会两方面来看，都不能不分是非。因此，荀子对不分是非的观点痛斥道：

> 若夫非分是非，非治曲直，非辨治乱，非治人道，虽能之无益于人，不能无损于人；……此乱世奸人之说也，则天下之

治说者，方多然矣。(《荀子·解蔽》)

引文所谓"非分是非，非治曲直，非辨治乱，非治人道"明显指庄子。荀子谓庄子"蔽于天而不知人"就是此处"非治人道"的另一种说法，"非分是非，非治曲直"所说的则是庄子的齐是非。《庄子·齐物论》云："是故圣人和之以是非，而休乎天钧，是之谓道枢。"又云："仁义之端，是非之涂，樊然淆乱，吾恶能知其辩？"庄子不持某一标准去分辨是非对错，荀子则对此展开批判。荀子谈是非，并不是单纯从认识论角度来谈，而是有社会功利目的："论法圣王，则知所贵矣；以义制事，则知所利矣。论知所贵，则知所养矣；事知所利，则动知所出矣。二者是非之本，得失之原也。"(《荀子·君子》)荀子从功利角度批评庄子齐是非不能给人带来任何好处，又将之与慎到、墨子、宋钘、惠施①的学说一并斥为"乱世奸人之说"，这就不是无关痛痒了，而是会对社会造成危害的邪说。因此，荀子要以圣王之道正是非。

《韩诗外传》卷四云："夫当世之愚，饰邪说，文奸言，以乱天下，欺惑众愚，使混然不知是非治乱之所存者，则是范雎、魏牟、田文、庄周、慎到、田骈、墨翟、宋钘、邓析、惠施之徒也。"②此说大旨来自《荀子》，部分用语亦袭自《荀子》。《荀子·非十二子》云："假今之世，饰邪说，文③奸言，以枭乱天下，矞宇嵬琐，使天下混然不知是非治乱之所存者，有人矣。"荀子批判的是它嚣、魏牟、陈仲、史鰌、墨翟、宋钘、慎到、田骈、惠施、邓析、子思、孟轲十二子，《韩诗外传》则对此有所增删损益，除了删去子思、孟子，将批判对象变为十子，又将它嚣、陈仲、史鰌替换为范雎、田文、庄周。今人对其删去子思、孟子多有讨论，认为是由于

---

① "此乱世奸人之说也，则天下之治说者方多然矣"两句杨倞注云："慎墨宋惠之属。"
② (汉)韩婴著，许维遹校释《韩诗外传集释》，北京：中华书局1980年，第150页。
③ "文"原作"交"，据文义及《韩诗外传》改。

其尊孟倾向，但对为何替换其余三人则罕有置喙。

《史记·孟子荀卿列传》云："荀卿嫉浊世之政，亡国乱君相属，不遂大道而营于巫祝，信機祥，鄙儒小拘，如庄周等又猾稽乱俗，于是推儒、墨、道德之行事兴坏，序列著数万言而卒。"[1] 猾稽，又作滑稽，司马贞《史记索隐》曰："邹诞解云：'滑，乱也。稽，同也。谓辨捷之人，言非若是，言是若非，谓能乱同异也。'一云滑稽，酒器，可转注吐酒不已。以言俳优之人出口成章，词不穷竭，如滑稽之吐酒不已也。"[2] 两种解释虽然根源上有所不同，所指却如出一辙，均表示能言善辩，出口成章，这正是庄子的特点。在荀子看来，庄子的滑稽善言又能颠倒是非，祸乱良俗。这与《韩诗外传》所云"饰邪说，文奸言，以乱天下，欺惑众愚"甚为相合，而《韩诗外传》此段显系袭自《荀子》，今本《荀子》对庄子的批判仅有《解蔽》篇"庄子蔽于天而不知人"一句，这显然与《史记》记载不符，这表明刘向整理的今本《荀子》有所脱漏，与韩婴、司马迁所见到的《荀子》相比就至少脱漏了荀子对庄子"猾稽乱俗"的批判。总之，从《韩诗外传》与《史记》的相关文句中可以看出荀子对庄子不分是非的态度的严厉斥责，这又可以反推出荀子明辨是非的严肃而坚定的态度。

其次，庄子认为是非无定，没有客观统一的标准，辩论并不能确定是非，荀子则不同意庄子的说法。荀子认为，是非曲直存在判断的标准，这个标准就是"道"，所谓"兼陈万物而中悬衡焉"，"道"就是圣人心中的那杆秤，是非皆决于此。这一说法也包含着荀子对庄子的批判。庄子的道并不是判断物论是非的标准，它仅仅是一种境界与眼光，由道观之，是非最初并不存在，双方也都有合理之处，并且可以共生并存，所谓的"是非"双方并不存在高下之

---

① （汉）司马迁《史记》，第 2348 页。
② 同上书，第 2307 页。

分，其间也并不存在真正的"是非"对错。荀子则以强烈的正邪不两立的观点否定了庄子齐是非的观点，荀子认为"道"可以判别是非，符合"道"的就为"是"，不合于"道"的则为"非"，荀子更赋予二者以鲜明的价值判断，合"道"者为正，悖"道"者为邪。

具体说来，荀子所谓的道就是王制：

> 传曰："天下有二：非察是，是察非。"谓合王制不合王制也。天下有不以是为隆正也，然而犹有能分是非、治曲直者邪？（《荀子·解蔽》）

> 应之曰：凡议必先立隆正，然后可也。无隆正则是非不分，而辩讼不决，故所闻曰："天下之大隆，是非之封界，分职名象之所起，王制是也。"故凡言议期命是非，以圣王为师。（《荀子·正论》）

荀子非常明确地指出王制乃是非之"封界"，是分辨是非的最高标准——"隆正"，也是必由之路，没有王制，就无法分辨是非。由此可见，荀子认为最根本的是非是关乎社会治乱、天下兴亡的圣王法度，而非一般的论说认识，更非名辩家苛察缴绕、逐物不反的争论。

荀子以正道自居，非毁十二子，认为他们虽然持之有故，言之成理，但不法先王，不合治道，只能给天下人带来认识上的混乱。他要以孔子之言"总方略、齐言行、壹统类"，息六说，化十二子，具有强烈的独断倾向。这种倾向中应当有来自孔子的影响。《论语·阳货》记载："子曰：'恶紫之夺朱也，恶郑声之乱雅乐也，恶利口之覆邦家者。'"朱子注云："朱，正色。紫，间色。雅，正也。"[①]在孔子或曰儒家的心目中，一类事物之中总存在着一种雅正

---

① （宋）朱熹《四书章句集注·论语集注》，北京：中华书局1983年，第180页。

的形态，这种状态就是这类事物的正统、标准，环伺在正统、标准周围的则为驳杂不纯的异端，且会对雅正造成损害，需要予以剪除，方能达到和谐统一的状态。颜色有纯驳，声音有雅俗。《论语·卫灵公》曰："颜渊问为邦。子曰：'行夏之时，乘殷之辂，服周之冕，乐则韶舞。放郑声，远佞人。郑声淫，佞人殆。'"①虽然孔子所说的夏时、殷辂、周冕、韶舞等是由各朝代的制度杂凑而来，但每种制度本身都是雅正而统一的。兴于诗，立于礼，成于乐，对于乐，孔子特别强调要远离郑声，原因在于郑国之音太过泛滥，古代舜时的韶乐则尽善尽美，因此孔子在齐闻韶，三月不知肉味。荀子、韩婴等儒门一派的学者即继承了孔子这种崇尚正统、排斥异端的思想。

再次，荀子特别强调心在认识道的过程中所起的作用。他认为，虽然有了道即圣王之制作为判断是非的标准，但道本身并不能发挥作用，它仍然需要人通过人心的作用去清楚地认识道，从而作出符合道的判断，明辨是非。如果心不知道，就会"不可道，而可非道"，颠倒是非黑白。"心者，形之君也，而神明之主也，出令而无所受令。"（《解蔽》）荀子认为心为天君，"居中虚，以治五官"。这也是荀子对庄子的一处反驳。《齐物论》篇云："若有真宰，而特不得其眹。可行已信，而不见其形，有情而无形。百骸、九窍、六藏，赅而存焉，吾谁与为亲？汝皆悦之乎？其有私焉？如是皆有为臣妾乎？其臣妾不足以相治乎？其递相为君臣乎？其有真君存焉。如求得其情与不得，无益损乎其真。"庄子认为，心为六藏之一，与百骸、九窍均并非真宰，并不足以相治，暗喻万物齐平、是非无定。与此相对，荀子主张心主管五官与形体，心可以知"道"，道则可以评判是非对错。在庄子那里，是非出于成心，成心显然是负

① （宋）朱熹《四书章句集注·论语集注》，北京：中华书局1983年，第163-164页。

面的，是造成是非的原因，所以他要摒弃成心，"游心于物之初"，返回到是非尚未产生之时。在荀子这里，心只是第三方工具，它自身并不产生是非，也不是辨别是非的标准，但是非的产生和辨别都需要心的作用。"凡万物异则莫不相为蔽，此心术之公患也"（《荀子·解蔽》），人的认识方法存在通病，对于存在差异的万物，往往认识了其中之一，就以此一为好、为是，因而认识不及其他，由此形成一偏之见，是为障蔽。尤其当两物相反时，其间的障蔽更为突出，荀子举例道："故为蔽：欲为蔽，恶为蔽；始为蔽，终为蔽；远为蔽，近为蔽；博为蔽，浅为蔽；古为蔽，今为蔽。"（《荀子·解蔽》）欲恶、始终、远近、博浅、古今，两两相对，却互相障蔽。荀子将此蔽归为"心术之公患"，从而将障蔽与"心"联系起来。同时，心在一定情况下也能克服这一通病，认识"道"，从而能够以"道"来明辨是非。心能知"道"的条件就是"虚壹而静"：

> 人何以知道？曰：心。心何以知？曰：虚壹而静。心未尝不臧也，然而有所谓虚；心未尝不两也，然而有所谓壹；心未尝不动也，然而有所谓静。人生而有知，知而有志；志也者，臧也；然而有所谓虚；不以所已臧害所将受谓之虚。心生而有知，知而有异，异也者，同时兼知之。同时兼知之，两也，然而有所谓一，不以夫一害此一谓之壹。心卧则梦，偷则自行，使之则谋，故心未尝不动也，然而有所谓静，不以梦剧乱知谓之静。未得道而求道者，谓之虚壹而静。作之，则将须道者之虚则人，将事道者之壹则尽，尽将思道者静则察。知道察，知道行，体道者也。虚壹而静，谓之大清明。（《荀子·解蔽》）

这里的虚，与老庄所讲的虚不同。老庄的虚，是为道日损，"体尽无穷，而游无朕，尽其所受乎天，而无见得，亦虚而已。至人之用心若镜，不将不迎，应而不藏，故能胜物而不伤"（《应帝王》），就是纯粹的空虚，不藏不受，最后达到"胜物而不伤"的目的。荀子的虚，则以进一步的容受为目的，是为学日益的积累过程，这与《易经》谦卦的理路更相近。当然，这主要取决于荀子之道与老庄之道的不同特性。老庄之道无为无形，不可认识，因而老庄否认知的作用；荀子之道则是圣王之制，有具体的原则与规范，可以认识，因而荀子推崇学习积累。

当"知"出现差异时，荀子要求同时兼知，全面掌握，不能因为偏好其一而偏废另外之知，而要将两者统一起来。这与庄子两行的思想既相近又不同。庄子并无意认识不同之知，他只是知道不同之知各有其合理之处，因而并不分辨是非对错，所以称之为两行。荀子则一定要分出是非，为此，他必须了解不同之知，从而能够正确地分出是非，荀子并不认为是非两可两行，不合于道者必然不可。

荀子认为，心需要自觉管控，不然就会自然乱行，睡觉时会做梦，放松时就不受拘束，役使时则会谋划，荀子总称之为动。心在动的状态下，无法正确地认识事物，因此荀子要求达到不被扰动的静的状态，此时心才能正常发挥作用，正确认识事物。这也与庄子不同，庄子认为："水静则明烛须眉，平中准，大匠取法焉。水静犹明，而况精神！圣人之心静乎，天地之鉴也，万物之镜也。"（《天道》）在庄子这里，平静的心只有鉴照反映的作用，事物并不停留在心上。荀子则认为平静的心有认识事物的作用，是一种积极主动的对事物的认识。

庄子齐是非，以儒家为主要针对对象，且语气中不无贬损之意。对此，荀子作为儒家学派中人，也针锋相对地提出反驳和批判。庄子以齐同是非、消弭是非为主张，荀子则力主明辨是非，在人类社会中，没有是非，社会就无法有效治理，从而失去秩序陷入混乱。问题在于是非如何评判，又以什么作为标准？庄子苦于是非樊然淆乱，找不到客观标准，因而"和之以是非，而休乎天钧"，任其自然发展，在世俗社会中，"不谴是非，以与世俗处"，因为万物皆有其"是"，待到合适条件出现，其"是"自然就能展现出来，无烦争辩。庄子太过强调变化，无视在一定时空内事物具有稳定性，因而无法找到相应的标准衡量比较。荀子找到的标准就是他所谓的道，即圣王之制。荀子认为，圣王之制既已制定，就不可更改，万世不易，这犹如烹调要遵循易牙的方法，作乐要遵循师旷的音律，若擅自改作，则"天下不待亡，国不待死"（《荀子·大略》）。实际上，哪里有万世不易之制呢？《庄子》外篇《天地》《天道》《天运》三篇不厌其详地阐述了法随时变的道理，批评的就是儒家一意恢复周礼而不顾世道已变，儒家所谓圣王之制已经不能适应社会了，若仍然推行此道，困难重重，庄子将之比作行舟于陆，十分恰切。就此来看，荀子对庄子的批判虽然很有道理，但他自己却走向另一极端，陷入误区。

西汉末期，扬雄模拟《论语》而撰《法言》，延续了荀子从社会治理方面讨论是非问题的思路。《汉书·扬雄传》记扬雄作《法言》之缘起云：

> 雄见诸子各以其知舛驰，大氐诋訾圣人，即为怪迂，析辩诡辞，以挠世事，虽小辩，终破大道而或众，使溺于所闻而不自知其非也。及太史公记六国，历楚汉，迄麟止，不与圣人同，是非颇谬于经。故人时有问雄者，常用法应之，撰以为十三卷，象《论语》，号曰《法言》。[1]

汉武帝罢黜百家、独尊儒术以后，六经成为群言之首，儒门掌握解经的权力，也以正道自居，对诸子百家的言论更加不遗余力地进行抨击。扬雄对诸子的看法和荀子如出一辙，认为他们形式上以析辩

---

① （汉）班固《汉书》，北京：中华书局 1962 年，第 3580 页。

为特点，内容则迂远诡怪，违背圣言，若不加以纠正辨明，就会愚惑群众，破坏大道。

《法言·吾子》云："古者杨墨塞路，孟子辞而辟之，廓如也。后之塞路者有矣，窃自比于孟子。或曰：'人各是其所是而非其所非，将谁使正之？'曰：'万物纷错则悬诸天，众言淆乱则折诸圣。'或曰：'恶睹乎圣而折诸？'曰：'在则人，亡则书，其统一也。'"①扬雄自比孟子，以捍卫儒家所认为的正道为己任。这里明言能够纠正奸言邪说的就是儒家之圣人，圣人肉身已逝，还有记录圣人之言的典籍，扬雄模拟圣人之书为《太玄》《法言》，其实也是以圣人自比，以己言为圣言，可以衡量纠正诸子的诡怪言论。而究其实质，扬雄不过继承孔、孟、荀诸子，以儒为高而与诸子相非，仍然没有逃出《庄子》所谓"故有儒墨之是非，以是其所非而非其所是"（《齐物论》），并未从根本上击破诸子。

北宋晁迥在讨论《齐物论》时，则接受了荀子一半的批评，认为是否需要辨别是非存在两种情况，他在《法藏碎金录》中道：

> 《庄子内篇·齐物论》注云："夫是非者，生于好辩，而休乎天均。"予详大意，人好横议分别，道家所忌。当息其言，奈何所见各异，禀于自然，固难一揆责之也。因思辨是与非，唯有涖官为政，分曲直之讼；事国治家，成规诲之道，如此则明是非可矣。若或真学之流，闲谈之际，未能顿绝商确评品，斯亦有妨道行者也。《左氏春秋》云："人心如面焉。"盖言各各不同，不可齐一尔。若也须责人心之非，令皆归于是，斯则何异须责人貌之陋，令皆同于美乎？②

---

① 汪荣宝《法言义疏》，北京：中华书局1987年，第81—82页。
② （宋）晁迥《法藏碎金录》卷三，《景印文渊阁四库全书》第1052册，台北：台湾商务印书馆1985年，第468—469页。

晁迥将世界分为俗、真两界，在世俗世界，作为管理者，需要明辨是非。尤其他提出曲直之讼，这是世俗世界常常遇到而且关乎社会治乱的问题，必须妥善解决。这似乎是出自晁迥独特的个人体验，《宋史》本传记载，晁迥举进士，为大理评事，后来做过刑部侍郎、刑部尚书①，因此对官司讼狱之事特别留心。这与荀子的观点非常吻合，荀子已经提出要依靠刑名法制保障是非之分。这无疑是富有现实意义的。但晁迥还提出另一个真理世界，在那里没有绝对的是非，不同意见可以互相商讨，少了些荀子的独断意味。晁迥并非一般儒者出身的能吏，《宋史》本传说他"善吐纳养生之术，通释老书"，四库馆臣谓其"性耽禅悦，喜究心内典"，此《法藏碎金录》"皆融会禅理，随笔记载，盖亦宗门语录之类"②。晁迥对世界作真俗之分就来自佛家真俗二谛的划分，并不互相否定，因而具有一定的包容性，这也是他本身融通三教的体现。

真俗之分在今天尤具启发意义，如荀子和晁迥所说，世俗世界，不得不借助法律明辨是非，统一管理，否则将陷入一片混乱，社会不仅不能向前发展，甚至连和谐安宁的环境都无法保证；今日所谓真理世界，不是宗教意义上的真理或彼岸世界，而是学术意义上的世界，在学术讨论尤其人文学科的学术讨论中，是非没有最终定论，也并不存在统一标准，而是自由创发，百家争鸣，过早作出定论，或设置统一的真理标准，无疑会扼杀学术生命。另一方面，学术讨论允许远离世俗观念，甚至与世俗观念相悖，所谓"真俗不同途也"，《肇论》云："谈真则逆俗，顺俗则违真。"③学术讨论不妨如此，摆脱羁绊，全力探索渺远未知，允许无用，允许玄虚，允许怪诞。同时，它也需有回真向俗的一面，以此提挈世俗世界，使

① （元）脱脱等《宋史》卷三〇五，北京：中华书局 1977 年，第 10085—10086 页。
② （宋）晁迥《法藏碎金录》卷三，《景印文渊阁四库全书》第 1052 册，第 425 页。
③ （晋）僧肇著、张春波校释《肇论校释》，北京：中华书局 2010 年，第 12 页。

之不致完全陷溺堕落；而世俗世界也会牵引住它，使之不致太过迥绝，以致丧失活力。

晁迥会通三教，对是非问题相对不那么决绝。宋末黄震，其学虽兼涉程朱理学与浙东事功之学，但仍在儒学藩篱内，且他处在蒙古灭宋的时代，社会矛盾尖锐，时代气象促狭阴沉，与晁迥所处的北宋开国初期的开阔明朗气象完全不可同日而语，因而他对于是非问题态度颇近于荀子。黄震论《庄子》曰：

> 《庄子》之可录者固过于《老子》，然其悖理者则又甚于《老子》。盖《老子》隐士之书，而《庄子》乱世之书也。其所以变乱天下之常者，不过借天下之不常以乱其常。如麋鹿食荐，则因谓民食刍粟者为非正味；如巨盗负箧，则因谓缄縢防盗者为盗积；如瞽者不见文采，聋者不闻钟鼓，则因谓文采钟鼓为无用。于是乎混而毂之，谓是即非，非即是，而是非之两忘……呜呼！此诚乱世之书，而后世禅学之所自出也。是非之理判然，安得而使之无？……此固天下所必无之理，童子犹将笑之，奈何其文奇说诞，人情易惑，虽老师宿儒反或溺之耶？呜呼，悲夫，盍火其书！①

黄震谓《庄子》是乱世之书，这有两个含义，一是其书出于乱世，一是其书变乱世道。庄子生长乱世，所见皆是变乱不常，因而认为这就是世界的常态；而在理学家看来，世界是有正有变、有常有乱的，变乱不常毕竟是"不常"，是暂时形态，世界的常态究竟还是和谐有序的，庄子明显犯了以偏概全、不分轻重的错误。在是非问题上，黄震认为庄子不能认识真理，遂以为是非无别，事实上，是非之间是有一个公理存在的，是非皆不能逃脱公理的审判。但庄子

---

① （宋）黄震《黄氏日抄》卷五五，《景印文渊阁四库全书》第 708 册，台北：台湾商务印书馆 1985 年，第 400—401 页。

文辞内容瑰丽奇特，竟使一些老师宿儒也晕头转向沉溺其中，这使黄震极为悲痛，倡言焚灭其书！

乱世充满斗争，但乱世也可以选择隐退，庄子就是如此，但他并不是逃避，而是希望没有斗争，取消斗争，因而提出了无是无非之论。而在选择和坚持斗争的人看来，这是消极，是退缩，是苟全，更无法取得胜利。在近代乱世中，相信社会进化的学者，相信进化须通过新旧的斗争才能完成的学者，又将批判的矛头对准了庄子。

胡适《中国哲学史大纲》是近代第一部真正意义上的哲学史著作，此书以先秦名学为研究对象，因此，关于《庄子》，他着重研究了其齐物论思想。胡适分析了庄子是非相依相转的精义，随即指出，庄子既然不能断定是非，因而选择"安分守己听其自然"。以自然之道观之，物无贵贱（《秋水》），亦即《齐物论》所说的"物固有所然，物固有所可，无物不然，无物不可"，价值上统统平等。既然如此，"世上种种的区别，纵横、善恶、美丑、分合、成毁、……都是无用的区别了。既然一切区别都归无用，又何必要改良呢？又何必要维新革命呢？庄子因为能'达观'一切，所以不反对固有社会；所以要'不谴是非，以与世俗处'。"①从理论上讲，无不然、无不可，则新可，旧亦可，新事物并不一定胜过旧事物，旧事物亦自有其价值，新事物并无取代旧事物的必要，这正与胡适信奉的进化论相抵牾。所谓进化，即事物和世界呈一直线向前发展，在价值上新事物也胜过旧事物，因而新事物就要取代旧事物。在新旧更替的过程中，人自然应当顺势而为，追求进步，追求新者、价值高者，甚至要主动参与改良和维新革命，推动这一过程。而庄子却说："适得而几矣，因是已。"因，胡适解为因仍旧贯，因循守旧，因此他说庄子是"依违混同，不肯出奇立异"，只待物之自化，这

① 胡适《中国哲学史大纲》，第220页。

是胡适难以容忍的。他引庄子之"与其誉尧而非桀也，不如两忘而化其道"，并评论道："这种极端'不谴是非'的达观主义，即是极端的守旧主义。"最后胡适总结道：

> 庄子这种学说，初听了似乎极有道理。却不知世界上学识的进步只是争这半寸的同异；世界上社会的维新，政治的革命，也只是争这半寸的同异。若依庄子的话，把一切是非同异的区别都看破了，说太山不算大，秋毫之末不算小，尧未必是，桀未必非：这种思想，见地固是"高超"，其实可使社会国家世界的制度习惯思想永远没有进步，永远没有革新改良的希望。庄子是知道进化的道理，但他不幸把进化看作天道的自然，以为人力全无助进的效能，因此他虽说天道进化，却实在是守旧党的祖师。他的学说实在是社会进步和学术进步的大阻力。①

胡适认为庄子和同时代的列子都是懂得生物进化论的，人类亦是生物之属，不能免于进化之律，按理庄子应该遵循进化论，但庄子同时又主张依乎天理，因其固然，人类即使进化，也须按照自然的节奏，"无以人助天"。胡适将庄子的进化论纳入自然天道之下，以此化解进化与守旧的矛盾。

其实庄子并无进化论的主张，这是显而易见的，甚至有人认为庄子是社会倒退论者，因为他认为上古是至德之世，三代以下，天下秩序每况愈下。胡适之所以认为庄子懂进化论，无非是本人受进化论的影响太深，外加与西方思想争高低的心理，后来他便否定了早年的这一看法②。庄子讲的是变化，守旧则无变，因而"因"

---

① 胡适《中国哲学史大纲》，第224页。
② 胡适《〈中国古代哲学史〉台北版自记》，欧阳哲生编《胡适文集》卷六《中国古代哲学史》，北京：北京大学出版社1998年，第159页。

也不完全是因循守旧。如果引入时间来解释"因"，那么可"因"的对象有两个，一是当下，一是过去，"因"于过去就是因循守旧，"因"于当下则有可能会引发变革。《天运》篇反复痛陈"礼义法度者，应时而变者也"，"仁义，先王之蘧庐也，止可以一宿而不可以久处"，就是"因"于当下，要求顺应时代进行变革。在当下不同于过去的新形势、新条件下，过去自然是要被排斥、被抛弃的，所以《天运》篇将孔子所取的周礼比作"已陈之刍狗"，认为六经是"先王之陈迹也，岂其所以迹哉"。此处的评判标准并不在于新旧，新旧只是客观的特点，本身并不包含价值，或者说与价值并不相关，无论新旧，其能与价值相连，只是因为合于时，是否合于时，才是判断价值高下的唯一标准。而在胡适信奉的进化论里，新旧与价值相应，新比旧天然具有更高的价值。如果从实用、从功利的眼光看，庄子的主张反而更加透彻合理，只是胡适处在"三千年未有之大变局"的时代，西方代表的新与中国代表的旧，差距太明显，加之当时进化论为席卷全球的强大思潮，至今犹且不衰，胡适遂以之衡量庄子，从而得出以上结论，其内心应与当时多数知识分子一样，是希望中国通过改良维新走出落后的局面。

胡适认为庄子以自然天道观统摄进化论，"把进化看作天道的自然，以为人力全无助进的效能"却是不错的，这一点其实与荀子批评庄子的"蔽于天而不知人"是一致的。根据庄子的理论，变化，不论是进化还是退化，都是自然而然发生的，人类并不能、也无须参与其中，人类一旦参与，就是私心显现，就会对天道作用造成干扰和破坏，反而会给人类带来更多灾难。胡适是"新文化运动"的主将，他及其同侪的隐含的前提思想就是通过他们的努力能够改良中国，再造中国文化，如果不承认人力的作用，那么他们的努力就一点意义都没有，甚至按照庄子所说就都是负面意义，这是胡适及其同侪万不能接受的。胡适之后，侯外庐、任继愈等以唯物辩证法研究庄子，对庄子齐是非的消极作用也进行了猛烈批评，但理论上并不能超越胡适，本文就不再予以展开论述。

第三章
对庄子养生思想的批判

第一节　庄子养生论

在庄子之前，早期道家已对养生思想多有关注，比如老子提出了俭啬、柔弱的主张①，子华子则有"全生为上，亏生次之，死次之，迫生为下"②的思想，杨朱贵生，主张"损一毫利天下，不与也；悉天下奉一身，不取也"③。相对而言，这些关于养生的言论与主张较为零散④，不成系统，只能算作先秦养生思想的萌芽阶段，直至庄子，才形成了明确而系统化的养生思想。

庄子的养生思想并未因袭早期道家的零星论述，而是具备了明显的独创性与个人特色。一般所说的养生思想，多着眼于养生方法

---

① 《老子》五十九章"治人事天莫若啬"，七十六章"人之生也柔弱，其死也坚强"。
② 许维遹著，梁运华整理《吕氏春秋集释·贵生》，北京：中华书局 2009 年，第 41 页。
③ 杨伯峻集释《列子集释》，北京：中华书局 1979 年，第 230 页。
④ 老子思想虽然对后世养生思想影响、启发很大，但他并无意养生，只是在讲其他道理时以养生为例，因而有所涉及。比如上文所引《老子》五十九章讲的是治国，七十六章是论打仗用兵。

的探求，注重饮食调理、运动呼吸等颐养形躯的外部条件，而庄子的养生论则更为关注生命本身的精神内核，并深入探讨了个体应当如何自处于乱世之中。

从逻辑上来讲，养生思想的产生，正说明了生命意识有所觉醒，而生命意识有所觉醒，则必然是在与生命的反面——死亡的对照之下发生的。在太平和煦的至德之世，个体虽仍然无法避免偶发的厄运与逆境，但总体而言，多数人的生命都能得以顺其自然地保全，因而人们很少会特意注重养生，也不太认为生命需要保养，社会自然也就不会产生贵生、养生的思想。反之，列国争雄、诸侯争霸的乱世之中，却日渐萌生了贵生、养生思想。当贵生、养生成为人们通行而普遍的追求，其历史背景往往是建筑在大量的死亡，尤其是非正常死亡之上。

庄子养生，首先注重的即是保住性命，避免因非自然因素伤害而丧生。《至乐》篇中，庄子道遇髑髅，于是连发数问："夫子贪生失理而为此乎？将子有亡国之事，斧钺之诛而为此乎？将子有不善之行，愧遗父母妻子之丑而为此乎？将子有冻馁之患而为此乎？将子之春秋故及此乎？"这些话看似询问髑髅死因，实则一一对应人世各种无常死祸：或为贪生失理，或因亡国，或有斧钺之诛，或因不善，愧遗家小，或有冻馁，最好的死因则是春秋年事已高，寿终正寝。庄子列出以上种种，可见乱世全身保命之不易，竟有无数条道路直取性命，而其中只有最后一条"将子之春秋故及此乎"，才与人为因素无关。

寓言中，庄子从"生"的角度探寻死，髑髅则抛开这些"生人之累"，直接与庄子言谈死境，曰："死，无君于上，无臣于下，亦无四时之事，从然以天地为春秋，虽南面王乐，不能过也。"对于经历过完整人生的髑髅而言，死较之生，最大的优越性即在于摆脱了君臣关系，而且此处不仅是臣子不再受君王极权的压迫（"无君于上"），也包含着君王不再受牵制于臣下诸事议论的烦扰（"无臣于下"）。"生"的世界中尊卑贵贱判然分明的等级秩序，在髑髅所处的"死"的境地中变得毫无意义。不仅如此，髑髅还指出，死之优越性也体现在不再受"四时之事"的束缚，这既可以理解为对春夏秋冬人间繁杂事务的彻底解脱，也可以视为不必再因年岁增长而经历青壮之累、老病之苦。《秋水》篇北海若论人生之长度，以为"其生之时，不若未生之时"，诞生之前与死后时光，大约都能算作是"未生之时"。比起有拘束、有负累的"生之时"，庄子借髑髅之口大赞"从然以天地为春秋"、超越于有限时空之上的死后境地，但倘若死境长乐如斯，贵生、养生之说又有何意义？殊不知髑髅梦此处正是以死之逸乐鉴照生之危难，不仅写保全性命之不易，更是在说苟活之人也难逃苦厄重重，由此确证贵生、养生之必须。

《养生主》篇谈养生，同样也是通过数则正言若反的寓言来阐明宗旨：庖丁解牛，本为杀戮之事，实则以刀喻生，以依循天理、游刃至虚、善刀而藏喻养生之道，并对应篇首正论部分"缘督以为经"一语；右师独足，呈现身形残缺之相，却由公文轩自问自答引出天人之论，对应正论"为恶无近刑"一语；泽雉啄饮，不蕲樊中，野物尚不服蓄养，何况于人？此处对应正论"为善无近名"一语；秦失吊老聃，更是由一场葬礼内外的道俗悬差，彰显庄子生死一贯、安时处顺之精神。按常理而言，杀戮、残疾、囚禁、丧葬，都是与"养生"主旨截然对立的行为与状态，庄子却能从中归纳出养生之理，并付诸于现实行动。

《秋水》篇与《列御寇》篇都记载了庄子却聘之事，庄子以楚国神龟①及太庙牺牛②譬喻丧生失性、受制于人的朝廷官吏，并以

---

① 《庄子·秋水》："庄子钓于濮水，楚王使大夫二人往先焉，曰：'愿以境内累矣！'庄子持竿不顾，曰：'吾闻楚有神龟，死已三千岁矣，王巾笥而藏之庙堂之上。此龟者，宁其死为留骨而贵乎？宁其生而曳尾于涂中乎？'二大夫曰：'宁生而曳尾涂中。'庄子曰：'往矣！吾将曳尾于涂中。'"

② 《庄子·列御寇》："或聘于庄子，庄子应其使曰：'子见夫牺牛乎？衣以文绣，食以刍叔，及其牵而入于太庙，虽欲为孤犊，其可得乎！'"

曳尾涂中之龟与孤犊表明自身对生命与自由的坚定选择。《人间世》篇的前三则寓言中，庄子同样谈到了为人臣子可能受到的生命威胁：颜回辞行欲赴卫国之时，孔子就断定他"殆往而刑耳"；叶公子高将使齐国，尚未出发，已受阴阳之患；颜阖将为卫灵公太子的师傅，却面临着危其国或者危其身的艰难选择。三则寓言所言，皆因君主性情阴晴不定，又拥有独断专行的权力，几乎没有任何约束，凡事若不能顺其脾性，令其满意，则为臣子者动辄即有丧生之虞。灾祸的降临是随时任意，不可预料的，对于臣子而言，全生自保反而成了最为险难的任务。当时天下，无不如此，即以庄子所处的宋国为例，《列御寇》篇"千金之珠"寓言即云："今宋国之深，非直九重之渊也；宋王之猛，非直骊龙也。"可谓苛政猛于深渊骊龙，上至朝臣，下至百姓，全都受制于君王权威。

有鉴于此，庄子提出了无用、不材说，认为士人若要保全性命，避免中道夭折，就必须摆脱政治组织、君臣关系及其背后的权力体制。有用之才之所以会被吸纳入政治组织、君臣关系之中，正是因为他能够给政治组织或者君主带来利益，具有实用价值；若能自处于无用之地，或将自身才能隐去，失去利用价值，自然不会有政治组织和君主再来招引，从而也就可以避免杀身之祸。不材，是就自身来说，没有可被利用的才能；无用，是就自身与社会的关系说，没有可被利用的价值。这不仅适用于朝堂，也适用于整个社会，社会也是由无数利益关系组成的网络，个人必须与他人交换价值，意即必须自身有材、对他人有用，方能实现双方的利益。在利益的算计、纠缠中，个人也就被捆绑束缚，不能实现逍遥之游。所以，无用、不材，在最低层次上即现实层面，能使人享其天年；在高级层次上，也是个人实现逍遥游的基础。然而，参与政治、成为人臣，却对普通士人具有极大的吸引力，高官意味着厚禄、意味着权力、意味着名誉，因此，即使知道出仕存在一定的危险，还是有大批士人为了追求名利而甘愿冒险。而在庄子看来，名利皆为身外之物，根本不能与宝贵的生命相提并论，这就是庄子的贵生思想。

所谓名，就是儒家所提倡的伦理价值，比如忠、孝、信、义、廉等。在一般人眼里，能够做到这些，实属难得，且也对家庭和社会具有一定的正面贡献，自当予以美誉嘉赏，然而庄子却指出：

> 世之所谓贤士，伯夷、叔齐。伯夷、叔齐辞孤竹之君，而饿死于首阳之山，骨肉不葬。鲍焦饰行非世，抱木而死。申徒狄谏而不听，负石自投于河，为鱼鳖所食。介子推至忠也，自割其股以食文公，文公后背之，子推怒而去，抱木而燔死。尾生与女子期于梁下，女子不来，水至不去，抱梁柱而死。此六子者，无异磔犬流豕、操瓢而乞者，皆离名轻死，不念本养寿命者也。世之所谓忠臣者，莫若王子比干、伍子胥。子胥沉江，比干剖心。此二子者，世谓忠臣也，然卒为天下笑。自上观之，至于子胥、比干，皆不足贵也。（《盗跖》）

庄子褒贬之意甚明，伯夷、叔齐、鲍焦、申徒狄、介子推、尾生，这六位世人称赞的贤士，各自获得了高尚的名声，但也失去了宝贵的生命，从这个角度来说，他们与惨遭杀害的猪狗、卑微下贱的乞丐无异，因为生命才是最为根本的所在。继而，庄子更指斥这些忠信廉义之名实为妨害生命的祸患：

> 比干剖心，子胥抉眼，忠之祸也；直躬证父，尾生溺死，信之患也；鲍子立干，申子不自理，廉之害也；孔子不见母，匡子不见父，义之失也。此上世之所传，下世之所语，以为士者正其言，必其行，故服其殃，离其患也。（《盗跖》）

在《至乐》篇，庄子更是揭示了名誉与生命不可兼得的矛盾：

> 列士为天下见善矣，未足以活身。吾未知善之诚善邪，诚不善邪？若以为善矣，不足活身；以为不善矣，足以活人。故曰："忠谏不听，蹲循勿争。"故夫子胥争之以残其形，不争，名亦不成。诚有善无有哉？

获得了烈士的名誉，就要付出失去生命的代价；但是如果不去力争，不失去生命，也就不会获得忠心的名声。所以，庄子怀疑烈士之名到底是不是好的、有价值的，并在段末以反问的形式做出了否定的回答。

对于作为身外之物的利，庄子同样认为，再大的利也不足以与生命本身的价值相比。《让王》篇云：

> 韩、魏相与争侵地。子华子见昭僖侯，昭僖侯有忧色。子华子曰："今使天下书铭于君之前，书之言曰：'左手攫之则右手废，右手攫之则左手废，然而攫之者必有天下。'君能攫之乎？"昭僖侯曰："寡人不攫也。"子华子曰："甚善！自是观之，两臂重于天下也，身亦重于两臂。韩之轻于天下亦远矣，今之所争者，其轻于韩又远。君固愁身伤生以忧戚不得也！"僖侯曰："善哉！教寡人者众矣，未尝得闻此言也。"子华子可谓知轻重矣。

在未经过理性思索考量时，人们的一般印象中，拥有天下、南面称王可算是极大的利益了，然而此处子华子通过身、两臂、天下、韩、韩魏相与争侵地这五者的层层比较，向昭僖侯阐明生命要比天下更为宝贵的道理，由此其他的利益也就不值一提了。

生命是主体、是根本，名利终究是附属于生命的外物。生命可以没有附属品，但是附属品没有了主体也就失去了任何意义，只是一堆死物。因而，庄子极度鄙夷被君主收买及参与政治的行为。面对高官，他持竿不顾，嘲笑惠施的宰相之位是腐鼠，而将自己比作品质高洁的鹓雏，"非梧桐不止，非练实不食，非醴泉不饮"（《秋水》）。面对厚禄，他要么讥讽那是出卖人格尊严舐痔得来（《列御寇》），要么警示这是凑巧遇上暴虐如同骊龙的君王昏睡时侥幸得到，而一旦君王醒悟过来，必将重新夺回赏赐，且对贪名好禄者施以严惩。

在确立了生命本身是最宝贵的这一观念之后，庄子进而破斥外物，以护卫生命。庄子将为名利或者其他外物而丧生殒命的现象称为"殉"，这一说法有针对儒家的倾向。利是众人普遍追求之物，但没有哪一学派公开提倡，因而破斥名利主要是针对名，而儒家便极为注重追求清誉美名。在儒家思想中，追逐利益其实是受到贬抑的，尤其否定以不正当手段获取利益，子曰："不义而富且贵，于我如浮云。"（《论语·述而》）① 但对于名，儒家却抱有极大的好感。子曰："君子疾没世而名不称焉。"（《论语·卫灵公》）"后生可畏，焉知来者之不如今也？四十、五十而无闻焉，斯亦不足畏也已。"（《论语·子罕》）儒者成名的方式，就是达到、实现儒家所推崇与倡导的仁、义、礼、智、信、忠、孝、节、廉等道德品质。但庄子却将儒家眼中的名利，这一贵一贱两种事物，等而视之为无价值甚至具有负面价值的事物：

> 小人则以身殉利，士则以身殉名，大夫则以身殉家，圣人则以身殉天下。故此数子者，事业不同，名声异号，其于伤性、以身为殉，一也。臧与谷，二人相与牧羊，而俱亡其羊。问臧奚事，则挟筴读书；问谷奚事，则博塞以游。二人者，事业不同，其于亡羊均也。伯夷死名于首阳之下，盗跖死利于东

---

① （宋）朱熹《四书章句集注》，北京：中华书局 1983 年，第 97 页。下引《论语》均出自此版本，仅标注章名，不再出注。

陵之上。二人者，所死不同，其于残生伤性均也，奚必伯夷之
是而盗跖之非乎？天下尽殉也。彼其所殉仁义也，则俗谓之君
子；其所殉货财也，则俗谓之小人。其殉一也，则有君子焉，
有小人焉；若其残生损性，则盗跖亦伯夷已，又恶取君子小人
于其间哉？（《骈拇》）

> 小人殉财，君子殉名。其所以变其情，易其性，则异矣；
> 乃至于弃其所为而殉其所不为，则一也。（《盗跖》）

儒家认为，君子是具有高尚品德的人，他们抱持某种正义善良的理
想信念并坚持实行，并非俗人可比。庄子却认为这只是世俗之见，
小人、君子乃至圣人，虽然追求不同，却都是为了外在的追求而损
耗、牺牲自己的生命，从这份损耗、牺牲来看，小人与君子并没有
什么区别。这就否定了儒家所推崇的伦理道德的价值。

无论是参与政治还是追求名利，庄子所反对的都是为此牺牲生
命。他认为生命有其自然的长度，人应当遵循自然，实现这一自然
长度，不能为外物所伤而中道夭亡。同时，庄子也反对那些导引之
士刻意修炼、人为延长生命的自然长度。《刻意》篇云：

> 吹呴呼吸，吐故纳新，熊经鸟申，为寿而已矣，此导引
> 之士，养形之人，彭祖寿考者之所好也。若夫不刻意而高，
> 无仁义而修，无功名而治，无江海而闲，不导引而寿，无不
> 忘也，无不有也，澹然无极而众美从之，此天地之道，圣人
> 之德也。

一旦刻意，就陷入人为，这是庄子所极力反对的。刻意延长寿命也
是如此。依庄子之意，生死犹如昼夜交替，只是气的状态的变化。
在"鼓盆而歌"寓言中，庄子这样描述生命的完整历程："察其始
而本无生，非徒无生也，而本无形，非徒无形也，而本无气。杂乎
芒芴之间，变而有气，气变而有形，形变而有生，今又变而之死，

是相与为春秋冬夏四时行也。"（《至乐》）因此，人们大可不必对生命中的自然变化包括生命本身的自然消亡大惊小怪，而应当对此保持"喜怒哀乐不入于胸次"（《田子方》）的态度。后世陶渊明说"纵浪大化中，不喜亦不惧"[1]，正是继承了庄子看待生死的自然精神。由这种生死观看来，刻意延长寿命没有任何意义，生和死都是气的变化，只是不同阶段不同状态而已。而且，希望延长寿命，深层观念就是认为生比死好，长生优于短命。庄子固然知道万物生命的长短有差别，《逍遥游》篇云："朝菌不知晦朔，蟪蛄不知春秋，此小年也。楚之南有冥灵者，以五百岁为春，五百岁为秋；上古有大椿者，以八千岁为春，八千岁为秋。而彭祖乃今以久特闻，众人匹之，不亦悲乎！"但万物的寿命都有各自的规定，不同的生命，其长度自然不同，没有可比性，万物只需享尽自己的天年就是最佳状态。一旦有所比较，就会失却逍遥，支遁认为斥鷃没能达到逍遥游境界的原因，就在于其"在近而笑远，有矜伐于心内"[2]，遑论因比较而卑己羡物者。

庄子养生思想的另一要点，则是养性重于养形。人的寿命长短、健康与否，都是就形体层面而言，并没达到生命的深入层次——生命的本质、人的本性。庄子认为，将形体保养完好，并不就是养生的全部，更不足以言养生的真谛。《达生》篇云：

> 达生之情者，不务生之所无以为；达命之情者，不务知之所无奈何。养形必先之物，物有余而形不养者有之矣；有生必先无离形，形不离而生亡者有之矣。生之来不能却，其去不能止。悲夫！世之人以为养形足以存生，而养形果不足以存生，

---

① （晋）陶渊明《形影神·神释》，袁行霈《陶渊明集笺注》，北京：中华书局2003年，第67页。

② （晋）支遁《逍遥论》，刘孝标注引《世说新语·文学》，余嘉锡《世说新语笺疏》，第260页。

则世奚足为哉！①

形体固然是生命的基础，但形体并不等同于生命，生命也不完全受形体限制，庄子指出，"形不离而生亡者有之"，人即使能保住形体，生命却有可能已经离去。这表明，形体在生命中居于次要地位，并非生命的本质。从另一面来说，人的形体可以有残缺，却不妨碍其生命的完整。《德充符》篇所载都是形体有残缺或畸形的人，但他们反而成为了境界高超的至德之人，受到君臣与百姓等各阶层的共同喜爱与推崇。庄子认为，这是因为"德有所长而形有所忘"。可见形体在给生命提供了寄托之所以外，便处在较低的层次，残缺、丑陋，甚至被忽略遗忘，也不会影响生命本身。

生命的本质不是外在形体，而是内在的性。《庚桑楚》云："性者，生之质也。"内篇《养生主》，除了陆德明等解为"养生以此为主"②外，后世诸家多解为养"生之主"，如林希逸云："主犹禅家所谓主人公也。养其主此生者，道家所谓丹基也。"③朱得之云："养其有生之主，而践形之责无愧矣，即孟子养性之旨。"④陆西星云："养生主，养其所以主吾生者也。其意则自前《齐物论》中

---

① 王叔岷《庄子校诠》引姚范语云："达生、务生，生本作性，《周官·司徒》：'办五土之物生。'杜子春读生为性。《淮南·诠言》篇引此文正作性，《泰族篇》亦有此语。"王叔岷又指出《天运》篇"性不可易，命不可变"与《淮南子》中《俶真》篇、《缪称》篇中"性命对举"两例。（王叔岷《庄子校诠》，中华书局2007年，第666页。）钟泰也以性命对举认为"达生"之"生"为"性"之义。（钟泰《庄子发微》，第64页。）按，庄子确实注重养性，但此处"生"不能通假作"性"，单独看"达生""务生"两个词，作"生"本字或通作"性"都可以，但后文"有生必先无离形""生之来不可却，其去不可止"明显作"生命"讲，所以，《达生》篇此段"生"字不能解作"性"解。
② （清）郭庆藩《庄子集释》，第121页。
③ （宋）林希逸《庄子鬳斋口义》卷二，方勇编纂《子藏·道家部·庄子卷》第20册，第585页。
④ （明）朱得之《庄子通义》卷二，方勇编纂《子藏·道家部·庄子卷》第31册，北京：国家图书馆出版社2011年据明嘉靖三十九年（1560）浩然斋刊本影印，第317页。

'真君'透下，盖真君者，吾之真主人也。"①那么这个生命的"主人公""真君""真宰"到底是什么呢？诸多注家均以为是"性"：

> 养生主，原是说性，守中则性得矣。（吴伯与《庄子因然》）②

> 此篇教人养性全生，以性乃生之主也。（释德清《庄子内篇注》）③

> 真性者，生之主也，养生者养此而已。世人但知养其形骸，而不知养其真性，以有涯之生，逐无涯之妄念，贪求不已，殉名入刑，何益之有哉？故惟断诸妄想，依天理之自然，不以外物伤己之性，则生之理得矣。生之理得，则生死超然，形尽而性不灭，薪尽火传，哀乐奚自而入其中乎？（高秋月《庄子释意》）④

> 此篇言人得此道，所以尽其性，人失性则不成人，故所以尽性者切于人。……性者，生之主，养生主，犹云养性也。（胡方《庄子辩正》）⑤

> 人之所以生者，性也。世上纷华靡丽，皆贼性之端，即皆伤生之具。养生主云者，养其天命之性，以定吾生之主，而又惩忿窒欲，谨言慎行，以峻其防，则内外交修而形神并寿矣。

---

① （明）陆西星《南华真经副墨》卷一，方勇编纂《子藏·道家部·庄子卷》第34册，第185页。
② （明）吴伯与《庄子因然》卷一，方勇编纂《子藏·道家部·庄子卷》第70册，北京：国家图书馆出版社2011年据明刊本影印，第69页。
③ （明）释德清《庄子内篇注》卷二，第363页。
④ （清）高秋月《庄子释意》卷一，方勇编纂《子藏·道家部·庄子卷》第98册，北京：国家图书馆出版社2011年据清康熙二十九年（1690）文粹堂刊本影印，第317页。
⑤ （清）胡方《庄子辩正》卷一，方勇编纂《子藏·道家部·庄子卷》第101册，北京：国家图书馆出版社2011年据清嘉庆十九年（1814）鸿桷堂刊本影印，第57页。

（刘鸿典《庄子约解》）[①]

其中，胡方的话最切要："人失性则不成人。"即性是人的本质之意。对此，可联系《庄子》中的"德"来理解，《德充符》篇题之"德"，其含义即与"性"相当[②]。德，从其命名与来源看，得于道之谓德，是每个个体从大道中分得的部分。老子云："道生之，德畜之。"（《老子》五十一章）庄子云："物得以生谓之德。"（《天地》）德具有辅助万物生长的作用。就性来讲，性来自天，是对事物的规定，是一物区别于他物的本质特点，因而具有个体性。从这一点来说，德与性也相通[③]。德性充足完满，不受损耗，便可与道相通，既保证自身的生长，也能使自身不与他物混杂。因而庄子认为，事物的价值在其本身，而不在其与外在他物的关系，尤其不在对于他物的利用价值。将自己的德性保持完好，发挥净尽，社会中自上至下各种人等均会被其感化，即使其形体残缺与丑陋，众人也

---

① （清）刘鸿典《庄子约解》卷一，方勇编纂《子藏·道家部·庄子卷》第122册，北京：国家图书馆出版社2011年据清同治五年（1866）威邑吕仙岩玉成堂刊本影印，第97页。

② 《庄子·在宥》："在之也者，恐天下之淫其性也；宥之也者，恐天下之迁其德也。天下不淫其性，不迁其德，有治天下者哉！""德""性"互文，其义相近。郑开认为："庄子所说的'德'有点儿像后世讲的'性'，却比一般意义上的'性'语感更强、更本质、更具穿透力。为了说明它的特点，不妨称之为'性之性'。……通过'德'的向度思考'物'的问题，自然不能回避'性'这个概念，这是一个在德与物之间建立内在联系的重要概念。通过这一方法，似乎可以更好地阐明道物关系，每个具体的物象、具体的东西都具有自身固然的本质属性，而德正是这种固然的本质属性的基础。"（《庄子哲学讲记》，南宁：广西人民出版社2016年，第160—161页。）

③ 杨国荣说："作为具体事物形成与化生的现实根据，'德'相应地与特殊的、个别的规定有着更切近的联系：它在实质的层面呈现为个体性的原理。在庄子看来，天地间一切存在物都有其特定的规定，这种规定构成了每一事物之'德'。"（《庄子的思想世界》，第161页）"德作为特定的规定，可以泛指事物的不同属性，在更内在的层面上，事物的独特性，个体性进一步展示为殊理：'万物殊理，道不私，故无名。'作为'物得以生'之条件，'德'包括广义的质料，与道相对的'殊理'，则涉及形式的规定，后者可以看作是'德'的深层形态，它从更本质的意义上，将一事物与另一事物区分开来。"（《庄子的思想世界》，第162页）

浑然不觉。

性既是生命的主宰，养生最关键的就是要保养本性。从正面说，就是要适性，顺适其本性；从反面说，就是不违反、不扭曲更不能破坏其本性。《至乐》篇中，鲁侯养鸟一则寓言即说明了违反本性对于养生之害：

> 昔者海鸟止于鲁郊，鲁侯御而觞之于庙，奏《九韶》以为乐，具太牢以为膳。鸟乃眩视忧悲，不敢食一脔，不敢饮一杯，三日而死。此以己养养鸟也，非以鸟养养鸟也。夫以鸟养养鸟者，宜栖之深林，游之坛陆，浮之江湖，食之鳝鲦，随行列而止，委蛇而处。彼唯人言之恶闻，奚以夫譊譊为乎！《咸池》《九韶》之乐，张之洞庭之野，鸟闻之而飞，兽闻之而走，鱼闻之而下入，人卒闻之，相与还而观之。鱼处水而生，人处水而死，彼必相与异，其好恶故异也。（《至乐》）

《达生》篇也以更为简省的文字记载了这则寓言①。庄子以养鸟为喻，阐述养生的道理，与《养生主》篇"泽雉十步一啄，百步一饮，不蕲畜乎樊中。神虽王，不善也"的寓言同一机杼②，意在表明存养生命有两种方式，适性或者违性。养鸟与养人同理，都必须尊重、遵循所要保养的对象的本性要求（"以鸟养养鸟"），让其自然生存，这样才是其正常生存的保证。如果不顾其本性，而以他者的本性强加于它，就是对其本性的漠视与违反，后果将是灾难性的，不仅本性不能得到保养，反而会因为本性的要求得不到满足而失去生命。

---

① 《庄子·达生》："昔者有鸟止于鲁郊，鲁君悦之，为具太牢以飨之，奏《九韶》以乐之，鸟乃始忧悲眩视，不敢饮食。此之谓以己养养鸟也。若夫以鸟养养鸟者，宜栖之深林，浮之江湖，食之委蛇，则平陆而已矣。"

② 此处可作为外杂篇为内篇传注之例。《至乐》《达生》两篇中的"鲁侯养鸟"寓言，比之内篇《养生主》"泽雉不畜樊中"寓言，叙事明理更为细致，且清晰点明了适性与违性两种存养生命方式及不同结果。

养鸟之喻展现的是外物强加的情况，还有自己迷失本性的。庄子认为，人的本性是自然的，而仁义并不属于人的本性。周公、孔子大力推崇仁义，将其设定为君子之标准，成为众人追求的目标，这在庄子看来就是人心的桎梏。人们对于周公、孔子的标准趋之若鹜，却忘了自己的本性，是之谓"适人之适"。《骈拇》篇云："夫不自见而见彼，不自得而得彼者，是得人之得而不自得其得者也，适人之适而不自适其适者也。夫适人之适而不自适其适，虽盗跖与伯夷，是同为淫僻也。"①伯夷之忠义固然令人钦佩，可这并非人的自然本性，人的本性中本含有忠义的成分，但也只是其中一部分。伯夷将这部分发挥到极致，并且为了忠义牺牲了本性中其他的部分，甚至牺牲了最为宝贵的生命，其错误就在于把他人设立的标准、外人所推崇的思想观念误当作自己的本性，这与盗跖为了追求财货而杀人放火同为淫僻其性。

总而言之，庄子养生论以贵生、重性为主，视内在大于外在，生命、真性高于名利，并认为在生命受到威胁、本性遭到侵害时，个体应当主动逃离躲避；相应的养生策略则是无用、不材，游虚适性。而后世学者也从各个方面对庄子的养生思想展开了相应的批判。

第二节 避害自私：对庄子隐逸养生的批判

后世儒家学者将贵生、养生思想视为自私并非新创，而是对孟子的继承。孟子云："杨氏为我，是无君也。……无父无君，是禽

---

① 伯夷、叔齐与周公是同时代人，更在孔子之前，他们义不食周粟，饿死首阳山，不可能是因为接受了周公、孔子提倡的仁义忠孝等观念。这里只是将伯夷作为为忠义这一思想观念而牺牲生命的代表，论证忠义并非自然本性，追求忠义因偏离自然本性而致丧生殒命的道理。

兽也。"①意在指责杨朱"为我"，即自私，从而乱了人伦大义，枉顾个人对社会、国家以及君主的责任。庄子的贵生、养生思想虽不像杨朱"拔一毛利天下而不为"这样极端，却也不免受到自私自利之讥。譬如明代理学家薛瑄就屡屡斥责庄子的养生处世思想为"巧免之计""揣摩之术"，并将其"卒归于自私"，其言曰：

> 老庄虽翻腾道理，愚弄一世，奇诡万变，不可模拟，卒归于自私，与释氏同。圣人之所以为圣人，以其公天地万物为一体，屈伸、消长、进退、存亡，一由乎理之自然而不自私也。老庄必欲外天地万物，极其智术为巧免之计，其自私也甚矣。老庄于道理非无所见，但不胜其避害自私之心，遂鄙薄而不为，是岂圣人大公至正之心乎？②

> 《庄子·人间世》篇，揣摩之术也。③

薛瑄认为，无论老庄如何以智术翻腾愚弄人世，其本质都是出于自私；庄子并非不见、不明大道至理，只是因为存有自私之心，才选择了不为、无用、避害的养生处世之道。相反，儒家圣人之心则是大公至正，"一由乎理之自然而不自私也"。薛瑄还化用《齐物论》篇"天地与我并生，而万物与我为一"一语，来形容儒家圣人"以其公天地万物为一体"。圣人之下，君子虽能力有所不及，但其追求的境界却与圣人一致。张载云："天地之塞，吾其体；天地之帅，吾其性。民吾同胞，物吾与也。"④君子在具体行动中将民胞物与的精神化为对仁、义、礼、智等的追求。在这个过程中，即使遇到困

---

① （清）焦循《孟子正义》，第 456 页。
② （明）薛瑄《读书录》卷一，《景印文渊阁四库全书》第 711 册，台北：台湾商务印书馆 1985 年，第 548 页。
③ 同上书，卷七，第 656 页。
④ （宋）张载著，章锡琛点校《张载集·乾称篇》（即《西铭》），北京：中华书局1978 年，第 62 页。

难，极端情况下需要舍弃生命，君子也会选择杀身成仁，舍生取义，显示出一种大公无私的精神。与之相对，《庄子》中无论是许由的"予何所用天下为"，还是神人的"孰弊弊焉以天下为事""孰肯以物为事"，抑或普通人的不材以存身、无用以保身，都是以己为贵而鄙薄天下的选择，却一概被庄子视为全生保性之举。庄子等道家人物见世道大坏，天下不可为，便归隐山林，无用自保，并未真正达到与万物为一的境界，而是如薛瑄所说"欲外天地万物"，自己与天地万物是二分的，当其他人在遭受磨难时，他们想到的是"先存诸己，后存诸人"①，而不是儒家的"治国去之，乱国就之，医门多疾"（《人间世》）。因此，薛瑄不能不从儒家立场对庄子一派的"自私"有所批判。

　　士君子追求仁义礼智，虽然会得到相应的美名、权力以及利益，但这些都是附带结果，并非君子所要追求的真正目的。庄子却认为士君子追求的目标就是名利，并且为了这个目标奋不顾身，有时甚至牺牲生命，这是颠倒轻重、抛弃根本的做法。《骈拇》篇曰："小人则以身殉利，士则以身殉名，大夫则以身殉家，圣人则以身殉天下。故此数子者，事业不同，名声异号，其于伤性以身为殉，一也。"庄子站在贵生、重性的立场，将这些小人、士、大夫乃至圣人的追求与选择一概视为"殉身""伤性"之举。不能否认，现实世界中存在着不少追名逐利、以身为殉之人，尤其庄子所在的战国时代，百家之士游说诸侯，纵说横说，无不是为了名利，庄子所批判的就是这类人。但他将现实结果而且是现实结果的一部分，认作君子原本的目标，这就犯了以偏概全和本末不分的错误，也拉低了君子的境界，将之等同于唯名利是图的小人。

　　试以庄子笔下以身殉名的典型伯夷为例。伯夷在儒家地位极

---

① 《人间世》中这两句虽出自孔子之口，却代表着道家之言。

高，孔子称其求仁得仁，是古之贤人①；孟子认为伯夷虽失之狭隘，却仍然是圣人一流的人物②。由儒家系统的记载来看，伯夷不食周粟、饿死首阳，是因为他认为周武王伐纣，以下犯上，以臣弑君，是不义之举，所以不愿与之为伍，逃到首阳山。可以看到，伯夷虽然获得了义士的美名，其本意却并非为了求义之名，而是为了他心目中真正的义。庄子在《骈拇》篇中却将伯夷与盗跖归为一类，认为"伯夷死名于首阳之下，盗跖死利于东陵之上。二人者，所死不同，其于残生伤性，均也"。宋代五峰先生胡宏对此不能苟同，有云："庄周曰'伯夷死名于首阳之下'，非知伯夷者也。若伯夷，可谓全其性命之情者矣，谓之'死名'，可乎？周不为一世用，以保其身可矣，而未知天下之大本也。"③胡宏认为，庄子只知"保其身"，却不知"天下之大本"，也不知伯夷并非以身殉名，而是"全其性命之情"。庄子之意在于批判汲汲于名利之人，因而痛陈名利使人丧生殒命的惨状，论述生命最为贵重的道理，但他激于时势，将本非求名求利者列入其中，并借以批判儒家建功立业的追求。

唐代牛僧孺曾著《养生论》，文中结合儒家思想，重新探讨了何谓养生："先人有求生以害人（仁），有杀生以成仁，又有患难以相死，此得则死，此则得道得死而为寿，不以非道得生而为寿也。

---

① 《论语·述而》云："冉有曰：'夫子为卫君乎？'子贡曰：'诺。吾将问之。'入，曰：'伯夷、叔齐何人也？'曰：'古之贤人也。'曰：'怨乎？'曰：'求仁而得仁，又何怨。'出，曰：'夫子不为也。'"

② 《孟子·公孙丑上》："孟子曰：'伯夷隘。'"《孟子·万章下》："伯夷，圣之清者也。"《孟子·公孙丑上》云："伯夷，非其君不事，非其友不友。不立于恶人之朝，不与恶人言。立于恶人之朝，与恶人言，如以朝衣朝冠坐于涂炭。推恶恶之心，思与乡人立，其冠不正，望望然去之，若将浼焉。是故诸侯虽有善其辞命而至者，不受也。不受也者，是亦不屑就已。"孟子所论较为翔实可靠，因而其总结"伯夷隘"，又称其"圣之清者也"，应属平实之论。

③ （宋）胡宏著，吴仁华点校《胡宏集·知言》，北京：中华书局1987年，第25—26页。

仁如比干而剖死，直如屈原而溺死，廉如介推而焚死，忠如萧望之而药死。死而道存，洋洋乎不已，予谓所存之生至（遂）大，是能养生者；若碌碌愚生，不以五常之道为人，予焉知其寿欤？焉知其昆虫欤？木石欤？灵蛇千年，予不知其寿也。石有时而泐，予不知其久也。……能养生于道者，生死长短可也。"①牛僧孺列举比干之仁、屈原之直、介子推之廉、萧望之之忠，认为此四者"死而道存"，青史留名，所实现的生命意义与价值至为广大，反而称得上是"能养生者"；而那些不追求仁义礼智信的庸碌之人，殆同于草木昆虫，其寿与不寿，都谈不上是真正的养生。子曰："朝闻道，夕死可矣。"（《论语·里仁》）牛僧孺强调，所谓"养生于道"，并不是以生命长短为衡量标准，而是通过所奉行的道以及所实现的生命价值来体现的。因而，是否遵行儒家五常，是否契合儒家伦理，变得比生命本身更为重要。究其实质，牛僧孺仍然是以宣扬儒家的伦理道德为目的，并将儒家的"五常之道"与养生之道强行扭合在一起，最终形成了一种志不在于养生的养生观。这就与庄子贵生、重性的观念完全相悖，相应地也就否定了庄子的养生思想。

儒家学者不仅反驳了庄子对儒家的批判，还进一步指出了庄子养生思想可能导致的祸患。元代理学家刘因《蠢斋说》一文有云：

> 近世士大夫多以顽钝椎鲁、人所不足之称以自号，彼其人未必真有是也，亦非故为是谦托而然也，盖必有所取焉耳。……或为老庄氏之说者则不然，以为天下古今必如是而后可以无营而近道，保啬而自全也。此则择而取之，非不得已也，而其意则将以自利而已。……若不幸而此说一炽，则天下

---

① （唐）牛僧孺《养生论》，（宋）李昉等编《文苑英华》卷七三九，北京：中华书局1966年影印，第3857页。

> 之人皆将苟简避事，而其为害庸有既乎？呜呼！一事之间，心术之微，其义利之分有如此者，不可不之察也。①

明人徐师曾《庄子论》亦云：

> 夫养生者，山谷枯槁之士无意于世者之所为耳。若天子，则以其身为天地民物之主，劳心殚虑，日不暇给，其心犹以博施济众为病，岂爱其身而区区焉养生是务乎？至若以无为为治，亦自有说，如曰帝王危身弃生以殉物，不如山谷枯槁之士足以完身而养生，则人之类灭久矣。②

刘因从对宋元士大夫"多以顽钝椎鲁、人所不足之称以自号"这一现象的观察出发，追溯其源头乃受老庄养生思想影响故而选择"无营而近道，保啬而自全"。刘因警醒呼吁，深恐此畏危避祸、自私自利之说盛行于世，祸害天下。徐师曾则直接批驳了养生思想本身，认为只有对人世无所关心的"山谷枯槁之士"才会追求所谓无为、养生，而真正对天下有所担当的帝王天子、圣人君子，他们的生命与身体都是"天地民物之主"，他们夜以继日、不惜其身苦心经营都是为了"博施济众"。徐师曾认为，如果将这样的行为反而视作"危身弃生以殉物"，而将那些高蹈远引的山林隐士认作"足以完身而养生"者，那么这种只顾自身的养生，终将导致"人之类灭久矣"的恶果。

当然，这也涉及另一个问题，儒道两家认为达到社会安定和谐的途径根本不同。庄子认为任其自然发展就可达到，人为干预反而会增乱；儒家则认为天下需要圣贤来治理才能安宁。因而，在庄子看来，人对社会是没有责任的，只要遵循、释放天性，自然地生长

---

① （元）刘因《蠢斋说》，《静修先生文集》卷二〇。
② （明）徐师曾《庄子论》，《湖上集》卷七，顾廷龙主编《续修四库全书》第1351册，上海：上海古籍出版社2002年影印明万历刻本，第137页。

发展即可，社会由众多个人组成，如果人人都能如此，那么整个社会便会实现大治。但儒家认为，国家社会的治理离不开人为，如果放弃人为，任其自然，天下必然大乱，因此，人对社会的治乱负有重大责任，尤其具备一定能力、地位的人，更是社会的中流砥柱，负有不可推卸的责任。不同的社会治理观念形成了两种人生态度，从各自的角度看也都有其道理。但单就社会治理角度来说，儒家的看法显然更为合理，庄子则有失于极端。假如真的放任自然，人人只图自保，社会就会变成丛林，强凌弱，众暴寡，毫无公正可言，在这种情况下，追求自保只能是一句空话，长此以往，人类也不无灭亡之可能。而社会之所以没有崩溃，虽然经历各种萧条、战乱，尚且能够维持，不能不归功于那些仁人志士，正是他们"博施济众，日不暇给"，不以个人生命的保养为首要任务，而是不断地奉献社会，甚至牺牲自己，才有了社会的安定与发展，百姓的安居乐业。

在批判庄子贵生思想具有自私自利的缺点的同时，必须追溯其社会根源。无疑，在诸侯争霸、天下失序的时代，正直、善良的士人不得重用，抱负无法施展，这就是能否行道的问题。即如儒家推崇的圣人孔子、孟子，周游列国，最终也都无功而返，退而著述。庄子则根本绝望，他借接舆之口唱道："天下有道，圣人成焉；天下无道，圣人生焉。方今之时，仅免刑焉。福轻乎羽，莫之知载；祸重乎地，莫之知避。已乎已乎，临人以德！殆乎殆乎，画地而趋！迷阳迷阳，无伤吾行！吾行却曲，无伤吾足！"（《人间世》）庄子认为，在这个时代，处在昏上乱相之间，能保住性命已是万幸，根本不可能行道。而且社会从上古时代至德之世不断退化衰落，后世还会沦落到人与人相食的地步。可以说，庄子对其时代的无道惨状彻底绝望了，"当桀、纣而天下无通人，非知失也，时势适然"（《秋水》），所以他主张不材、无用，与政治疏离。庄子不认为后世还有重返至德之世的一天，道术已为天下裂，这就引来了相应的批判。南宋易学家方闻一云：

> 孔子曰："用之则行，舍之则藏。"孟子曰："穷则独善其身，达则兼济天下。"是皆以止道应时也。庄子曰："宁其死而其骨贵乎？宁其生而曳尾于涂中乎？二大夫往矣，吾将曳尾于涂中。"是知止不知行，有我废时者也，欲孰甚焉？……故虽艮止之道，圣人不能废时，老庄氏未之知也。①

孔子虽然怀抱热情，是"知其不可而为之"的人物，但他也明白随时变通，曾说："道不行，乘桴浮于海。"（《论语·公冶长》）历代士人大多综合了儒家的进取有为与道家的退守无为两种精神，从而做到进退皆不失据，但其观念中的正统思想又使其很难承认退守无为是来自道家，因而退守无为也只能是儒家思想中的应有之义，他们也在经典中找到了圣人的话语作为证据。孟子曾评价孔子"可以速而速，可以久而久，可以处而处，可以仕而仕"，是"圣之时者也"②，儒家之道就既圆融又广大，包含了有为、无为两种态度。那么相较之下，道家的庄子只知退隐无为，就是执持一端，不知变通了。方闻一认为，儒家把握了时，时行则行，时止则止，而庄子则局限于一时，将一时的状况当作了永久的，所以知止而不知行，这是其错误所在。

后世儒家学者对庄子的批判，指出了庄子无功利的功利这一面向及其害处。但庄子养生思想并非如此单纯，而是具有一定的复杂多样性，庄子养生自保的方式也并非只有完全归隐、彻底无用于世一种，它也有入世的养生方式。《人间世》篇前三则寓言讲述的就

---

① （宋）方闻一《大易粹言》卷五二，《景印文渊阁四库全书》第15册，台北：台湾商务印书馆1983年，第534页。
② （清）焦循《孟子正义》，第672页。

是入世的方式，即使是颜回，孔子教他的心斋之道仍然是面对暴虐
人君的方式，"入游其樊而无感其名，入则鸣，不入则止"。孔子并
没有不让颜回去卫国，最初阻拦只是防止"若殆往而刑耳"，待将
心斋之法传授与他，使其不论能否成功劝谏卫君，都可保住性命，
终究还是会让颜回去卫国、谏卫君。孔子最后说："是万物之化也，
禹、舜之所纽也，伏戏、几蘧之所行终，而况散焉者乎！"禹、舜、
伏羲、几蘧，都是上古帝王，并非出世之人，心斋之法也是他们终
生服膺的，可见心斋并非要出世，而是虚心游世，在保全自己的前
提下尽量完成世俗的功业。

　　《养生主》篇庖丁解牛的寓言也蕴含着养生不离人间世这一思
想。庖丁的解牛刀是人的生命的象征，文惠君所谓："吾闻庖丁之
言，得养生焉。"刀用于解牛，而非密藏不用，因而才有保养的必
要，如果一直藏在鞘中，便永远是安全无损的，无须保养。庖丁解
牛的故事探讨的也正是在使用过程中如何保养解牛刀。不仅如此，
解牛的过程实际就是养刀的过程。褚伯秀《南华真经义海纂微》在
纂集诸家注释时进行了改写，他将郭象对文惠君之语的注释改为：
"刀以善用而全，生亦以善养而全也。"①而郭注原文作："以刀可
养，故知生亦可养。"②郭注仅在最一般的意义上指出了刀与生命、
养刀与养生对应的象征关系，对养刀与养生的方法未曾涉及。褚伯
秀的改写则将如何保养这一层次揭示出来，他认为，对刀来说，善
用就是善养，那么对生命来说亦是如此。按照一般的观念，用刀必
然会对刀造成损伤，用与养是一对矛盾，比如族庖、良庖，他们就
要不断地更换新刀，抛弃废刀。文中云："良庖岁更刀，割也；族
庖月更刀，折也。"更换的频率与刀的损坏程度成正比，割、折是

---

① （宋）褚伯秀《南华真经义海纂微》，《道藏》第15册，第222页。
② （清）郭庆藩《庄子集释》，第130页。

刀的损坏情状，而非用刀方式①，虽然程度不同，但用刀即损刀，体现了用刀与养刀的矛盾性。庖丁却不同，他追求道甚于技巧，懂得顺乎天理，因其固然，批隙导虚，以无厚入有间，刀反而得到更好的保养，十九年而若新发于硎，意即游于世间、不离世间，才是养生之道。明末陈于廷《广庄叙》云："庄生拯世，非忘世，其为书求入世，非求出世也。观夫投发硎之刃，意在游虚；运斫鼻之斤，必先存质。"②一般认为庄子养生主张无用、不材，隐居不出，儒家学者的批判也集中在这些方面。而从更深层次来看，庄子的养生思想并未完全脱离人间世。

第三节　严辨善恶：对庄子无近刑名说的批判

善恶是世间的道德评价，庄子论养生仍然不离人间世。《养生

---

① 高亨云："良庖岁更刀，割也；族庖月更刀，折也。亨按：割者伤缺也，谓刀刃伤缺也。今北土方言谓刀刃伤缺为豁，豁即此割字。又牙齿伤缺谓之齿豁，《韩文公集·进学解》'头童齿豁'是也。口唇伤缺谓之口豁，钱功《澹山杂识》'见婢子二人执酒器，口豁逾寸'是也。豁亦并即此割字。物有伤缺，其缺豁然而空，割与豁义正相因。《说文》：'割，剥也。'《尔雅·释言》：'割，裂也。'剥裂并有伤缺义。又割与害通。《书·大诰》：'天降割于我家。'《释文》：'割马本作害。'是其证。《书·尧典》：'洪水方割。'伪孔《传》：'割，害也。'《广雅·释言》：'害，割也。'二字互训。《说文》：'害，伤也。'则割有伤缺之义，审矣。此二句谓良庖岁必更刀，所以然者，其刃伤缺也。族庖月必更刀，所以然者，其刀折断也。良庖族庖之分，一在更刀之久暂，故有岁与月之别；一在刀坏之轻重，故有割与折之别。自割字之义昧，而《庄子》之恉晦，古今语亦莫能沟通矣。"（《庄子新笺》，《高亨著作集林》第六卷《诸子新笺　庄子今笺》，清华大学出版社2004年，第66页。）高亨仅就文字本身与这几句来训释割字，联系上下文更可以证明割训为豁的正确性。庖丁在叙述完族庖、良庖的用刀后，紧接着说到自己的刀："今臣之刀十九年矣，所解数千牛矣，而刀刃若新发于硎。"意在与族庖、良庖对比，这里说庖丁的刀用了十九年毫发无损，是其使用后的情况，不是庖丁的用刀方式，既然要与之对比，就要在同一层面上，因而割、折应该是对族庖、良庖的刀使用后的情况的描写，而不是族庖、良庖用刀的方式，所以从上下文看，高亨的解释超越古人最为合理。

② （明）袁宏道著，钱伯城笺校《袁宏道集笺校·附录三》，上海：上海古籍出版社1981年。

主》篇云："为善无近名，为恶无近刑，缘督以为经。"一般认为
"缘督以为经"是总原则，甚至是一篇的关键①。"督"为人身之督
脉，表示中，也意味着中间空虚之地。"缘督以为经"，即是在善与
恶中间，善不近名，恶不近刑。如果我们将为善为恶放置在一条直
线上，为善在正方向上，为恶在反方向上。依照庄子之意，为善超
过一定限度就会带来名声，而拥有名声则会带来一定的牵累，也不
符合道家无名的原则②；同样，为恶在一定范围内是安全的，超过
这个范围，则会受到社会的惩罚，因此要想保身全生，就必须"缘
督以为经"，待在善恶两边的限度之间。林希逸、林仲懿均指出
《骈拇》篇"余愧乎道德，是以上不敢为仁义之操，而下不敢为淫
僻之行"三句正与此三句呼应，其意相同③。至于善恶，庄子并不
以之为价值标准，而是认为善恶皆可为，并无伦理道德上的高低之
别。庄子不以伦理道德衡量人的行为，在他眼里，只要不遭遇刑与
名即可。

　　然而，人生活在世俗世界，不能不遵循世俗的规则，照顾他人
的利益。君臣之义是外在的关系与约束，善恶之辨则是个人内在的
道德原则，并关系到整个社会的治乱。所谓善恶，虽然归属于道德
价值，究其实质则是以对他人或者社会有益还是有害为准的，有益
就会被认为是善，有害则被认为是恶。因此，绝大多数人为了自己
的利益就会提倡善，贬低和防止恶。而在朱熹看来，善恶之分上关

①　如释德清曰："然养生之主，只在'缘督为经'一语而已。"（《庄子内篇注》）高嵣
　　曰："此节作正提，'缘督为经'句，一篇主脑。"（《归余钞·庄周》）宣颖曰：
　　"'缘督'二字，一篇妙旨。"（《南华经解》）
②　《列子·说符》："杨朱曰：'行善不以为名，而名从之；名不与利期，而利归之；利
　　不与争期，而争之；故君子必慎为善。'"此段可作为"为善无近名"的注脚。
③　（宋）林希逸《庄子鬳斋口义》，方勇编纂《子藏·道家部·庄子卷》第20册，第
　　727页；（清）林仲懿《南华本义》，方勇编纂《子藏·道家部·庄子卷》第105册，
　　第352页。实际上，《骈拇》篇三句专从"性"方面论养生，《养生主》篇三句则是
　　总原则，并不如此狭隘，二者略有不同。

天理，下关道德，需要严肃对待，严格区分，不能有丝毫含糊。朱熹《养生主说》一文有云：

> 老、庄之学，不论义理之当否，而但欲依阿于其间，以为全身避患之计，正程子所谓闪奸打讹者。……客尝有语予者曰："昔人以诚为人道之要，恐非易行，不若以中易诚，则人皆可行而无难也。"予应之曰："诚而中者，君子之中庸也；不诚而中，则小人之无忌惮耳。今世俗苟偷恣睢之论盖多类此，不可不深察也。"或曰："然则庄子之意得无与子莫之执中者类耶？"曰："不然。子莫执中但无权耳，盖犹择于义理而误执此一定之中也。庄子之意则不论义理，专计利害，又非子莫之比矣。盖迹其本心，实无以异乎世俗乡原之所见，而其揣摩精巧，校计深切，则又非世俗乡原之所及，是乃贼德之尤者。所以清谈盛而晋俗衰，盖其势有所必至，而王通犹以为非老、庄之罪，则吾不能识其何说也。"①

在朱熹等理学家眼中，义理就是根本原则，当与否泾渭分明，庄子的态度却依违其间，"循督为经"，与儒家的中庸之道在表面上非常相近。历史上也有以中庸解释"循督为经"的，从而认为庄子与儒家相通，其养生的根本原则就是中庸之道。如郭象以为是"顺中以为常"，成玄英疏曰："夫善恶两忘，刑名双遣，故能顺一中之道，处真常之德，虚夷任物，与世推迁。"②褚伯秀综合赵以夫的意见加以发挥道："夫为善恶而近名刑，不为善恶而无名刑，皆理之当然。今则为之而不近名刑者，世人视之以为善恶，而圣贤之心常顺乎中道，合天理之自然而已。故利害不能及，而道德之所归也。

---

① （宋）朱熹《养生主说》，《朱子全书》第 32 册，上海、合肥：上海古籍出版社、安徽教育出版社 2002 年，第 3284 页。
② （清）郭庆藩《庄子集释》，第 123 页。

督字训中，乃喜怒哀乐之未发，非特善恶两间之中也。苟于七情未发之时，循之以为常道，则虚彻灵通，有无莫系，吾与太极同一混成，又恶知身之可保、生之可全、亲之可养、年之可尽哉?"①褚伯秀将"缘督为经"理解为中庸之道，认为庄子与儒家相通，那么"为善无近名，为恶无近刑"也就不是朱熹所批判的奸猾狡诈的行为，而是圣贤顺乎中道之后达到的至高境界，不论为善为恶，都不会受到牵累伤害。究其原因，缘督为中，顺乎中道，是符合"天理之自然"的，也就是说其行为并不含有人为因素。

褚伯秀主张庄儒相通，他常用以儒解庄的方法牵合庄儒，但有时不免牵强，这里就是一例。"为善不近名，为恶不近刑"，显然不是养生境界达到一定高度后的结果，而是与"缘督以为经"并列的养生方法，对这两句的判断，朱熹是正确的。然而，在排佛黜道的朱熹眼中，庄子的缘督为经虽然与儒家的中道有类似的地方，但根本是两种境界、两个层次，不容混淆。

朱熹借助《中庸》君子之中庸、小人之反中庸的二分法，同时结合《大学》诚意的思想，将庄子的中定为小人之反中庸②。朱熹认为，君子与小人的行为都有中的特点，是否达到中庸之道，关键区别在于内心的诚与不诚。显然，在朱熹眼里，庄子的内在是不诚的。所谓诚，实也，不自欺也，其对象就是善恶。朱熹注"诚意"曰："实其心之所发，欲其一于善而无自欺也。"③朱熹注"所谓诚其意者：毋自欺也，如恶恶臭，如好好色，此之谓自谦"曰："言欲自修者知为善以去其恶，则当实用其力，而禁止其自欺。使其恶恶则如恶恶臭，好善则如好好色，皆务决去，而求必得之，以自快

---

① （宋）褚伯秀《南华真经义海纂微》，《道藏》第15册，第222页。
② 《中庸》有云："仲尼曰：君子中庸，小人反中庸。君子之中庸也，君子而时中；小人之（反）中庸也，小人而无忌惮也。"（宋）朱熹《四书章句集注·中庸章句》，北京：中华书局1983年，第18—19页。
③ （宋）朱熹《四书章句集注·大学章句》，第3—4页。

足于己，不可徒苟且以殉外而为人也。"①君子欲诚其意，前提是内心善恶分明，而且君子也能努力好善去恶，诚实用功，最后由好善而到达善。小人则不然。《大学》云："小人闲居为不善，无所不至，见君子而后厌然，舍其不善，而著其善。"朱熹分析道："此言小人不善，而阳欲揜之，则是非不知善之当为与恶之当去也，但不能实用其力以至此耳。然欲揜其恶而卒不可揜，欲诈为善而卒不可诈，则亦何益之有哉？"②将《大学》原文与朱熹注释对照，便可发现朱熹增字解经，原文只是小人遇到君子被感化而弃恶从善，朱熹则刻画了小人不善却在表面上掩饰的形象，从而推出小人也像君子一样知道善恶之分，但其独处之时，由于不诚于此，不能实实用功，便堕落至恶。然而朱熹也并没有错，从现实经验来看小人确实如此。在朱熹看来，小人与君子的差别就在诚与不诚，能做到诚，就能达到善；做不到就堕落为恶。所以不能以中易诚，用现代的语言与观念来看，中近于形式，诚近于内容，小人拥有的仅仅是中这种形式，在内容上是缺失的，君子则内容与形式完美统一。朱熹认为，庄子缘督为经的问题在于形式上是中，内容却不是儒家推崇的善，而是个人的利害。这样一来，相当于方向错误，但工具却是最好的，结果导致在错误的道路上越走越远。因此，朱熹说"其揣摩精巧，校计深切，则又非世俗乡原之所及"，乡愿是德之贼③，败坏道德，那么庄子对道德的伤害就更大了。

朱熹再传弟子真德秀曰："蒙庄氏以轩冕为寄，以形骸为逆旅，可谓达矣。然其弊也，举天下人伦物理，一以虚假目之。如此，则善不必勉，恶不必戒，此害道之尤者也。"④真氏也将善恶提到道的

---

① ② （宋）朱熹《四书章句集注·大学章句》，第 7 页。
③ 《论语·阳货》："子曰：'乡愿，德之贼也。'"
④ （宋）真德秀《跋南轩先生周氏寓斋诗》，《西山先生真文忠公文集》卷三六，张元济等辑《四部丛刊初编》影印明正德刊本。

高度，且将朱熹的结论更加推进一步，明确了庄子对待善恶的态度不仅违背了义理，更是对大道的危害。朱熹对庄子的分析批判尚停留在其错在何处的层面，真德秀则深入分析了庄子之所以如此的原因。他犀利地观察到庄子的生命观在这里起到了决定作用。在庄子生命观中，形体属于次要地位，可以抛弃，因而与形体相关的人伦物理，与人的真性相比，都被视作虚假不实，如此一来，世俗所谓善恶也只是附着其上的表象，其价值更不能与人之真性相提并论，为了养生保性，不计善恶就不足为虑了。

无论从什么角度分析，庄子在养生方面确如儒家学者所指出的，充满理性与现实精神；相反，儒家则秉承天下为公的理想，不计个人安危，富于理想主义。这与一般的庄儒两派的印象恰好完全颠倒。

以上是对善恶之间"缘督以为经"的批评。对于"为善无近刑，为恶无近刑"，朱熹也分别进行了分析。单独来看，"为善无近名"也是似是而非的，朱熹云：

> 然其"为善无近名"者，语或似是而实不然。盖圣贤之道但教人以力于为善之实，初不教人以求名，亦不教人以逃名也。盖为学而求名者，自非为己之学，盖不足道，若畏名之累己而不敢尽其为学之力，则其为心亦已不公而稍入于恶矣。[1]

善在义理上是正确的，是应然的，但在现实实践中，为善往往需要付出代价。孔子说："见义不为，非勇也。"（《论语·为政》）义是正确的、合理的、应当的，但义事并不是随便就能做的，它需要勇气，要克服一定的阻碍，甚至付出相当的代价。所克服的阻碍越大，事后所得的名声越大，但同时也意味着可能需要付出的代价越大，像孟子说的舍生取义之辈，往往青史留名。庄子说"为善无

---

[1] （宋）朱熹《养生主说》，《朱子全书》第 32 册，第 3284 页。

近名"，并非主张不为善，而是不要到获得名声的地步，更不能追求名声。因为做善事而获得名声，付出一定巨大，伯夷死名就是庄子常举的例子。单就为善来说，庄子的考虑也极为现实。

善之所以为善，就是因为它是合理、正确、应当的，这就是其价值所在，为了获得这种价值，受到牵累、做出牺牲也是值得的。《大学》云："大学之道，在明明德，在新民，在止于至善。"朱熹注云："至善，则事理当然之极也。言明明德、新民，皆当至于至善之地而不迁。盖必有以尽夫天理之极，而无一毫人欲之私也。"① 善，或云至善，是合乎天理的，为善是天理的要求，自当尽力做到极致，存天理，灭人欲，同时就要去除私欲、私心。庄子却为了保全性命，不尽力为善，消极应对，担心名誉带来的牵累，正是私心作怪，一方面可以说是不诚，一方面可以说是违背了天理的要求，破坏了天理。

至于为恶，在理学家看来，更是应当严防死守不可逾越的底线，朱熹对"为恶无近刑"驳斥道：

> 至谓"为恶无近刑"，则尤悖理。夫君子之恶恶，如恶恶臭，非有所畏而不为也。今乃择其不至于犯刑者而窃为之，至于刑祸之所在，巧其途以避之而不敢犯，此其计私而害理，又有甚焉。乃欲以其依违苟且之两间为中之所在而循之，其无忌惮亦益甚矣。②

朱熹此段评语活画出为恶无近刑者的奸猾猥琐之相。对于恶，理学的要求是应当如君子一样，"如恶恶臭"，是一种自然且当然的反应，是出自君子内心对于天理的遵循，与外在的刑罚无关。庄子却突破底线，敢于为恶，但又畏畏缩缩，害怕外在的刑罚而不敢为大

---

① （宋）朱熹《大学章句》，《四书章句集注》，第1页。
② （宋）朱熹《养生主说》，《朱子全书》第32册，第3284页。

恶。林自在注释《养生主》此句时云："为恶不近于刑，斯天下之真恶。"①此评论更加一针见血。

与此相对，林自对"为善无近名"的评论则是："为善不近于名，斯天下之真善。"原因是："天下之所以有善名，因不及者立。"②言下之意，至善无名，这近乎道家的思想。陈渊则认为："为善无求名，默而修之，不求人之知可也。……君子所不可及者，其惟人之不可见乎？此为善之诚也。何贵于近名乎？"③所说不无道理，却已经脱离讨论语境，纯粹讨论为善与名誉的问题，无关庄子的养生思想。但陈渊对"为恶无近刑"的讨论角度较为独特，其文云：

> 为恶无近刑，恶其可为乎？为是说者，盖不知人性本善，而未尝有恶也。……若夫为恶而不恃人之知，且以不近于刑为贵，此奸人之所为也，又可进耶？庄周之学出于老氏，老氏同善恶，而以翕张强弱为微明之术，且曰"国之利器不可以示人"，故庄周见而悦之，因发此论。杨雄遂以善恶混为人之性，至言"人伪特系乎作辍之间而已"。其说盖有取于老氏言道德之意，此为不知善恶之所以分也。④

陈渊从本性善恶来批判庄子的这一养生方法。显然，他认同孟子，认为人性本善，其中不含有恶，恶是由于欲望蒙蔽了本性而产生的，是违背本性的，所以恶不可为。由此，陈渊将为了养生的目的而"为恶无近刑"视为奸人所为。但是，陈渊从本性善来批判庄子的"为恶无近刑"并不合适，因为人性究竟如何，尚无定论。且不说荀子针对性的性恶论，扬雄认为善恶混有，即使推崇孟子的理学

①② （宋）褚伯秀《南华真经义海纂微》引，《道藏》第15册，第220页。
③④ （宋）陈渊《陈默堂先生文集》卷二十二，张元济等辑《四部丛刊三编》据景宋抄本影印本，上海：商务印书馆民国二十五年（1926）。

家也不得不有所妥协，发明出"天地之性"与"气质之性"，将本然之性二分，因为天地之性是纯善的，但这无法解释恶的产生问题，于是以气质之性进行弥补，认为气质之性是恶的根源，所以也不能说是性本善。而庄子认为人性自然朴素，不着善恶。那么在庄子思想里，善恶又是如何产生的呢？林自云："夫真性裂而有善恶。"[①]况且"为善""为恶"这两句，显然就行为而言，并不涉及本性。

通读陈渊全文，可知其本意并不在批判庄子，而是借批判庄子、扬雄关于人性善恶的观点批判王安石。他认为王安石有取于扬雄的善恶混之说，不明义利之辩，这为熙宁变法失败埋下根源。所以陈渊强调孟子的义利之辩云："孟子教人为善而去利，为利未必皆恶，然志在于利，而不明乎义，此恶所由起也。故曰：'欲知舜与跖之分，无他，利与善之间也。'……其恶利如此，盖以恶之所由起，不可不禁耳。……而王氏乃曰：'杨子之言性，兼性之不正者言之也。'盖有取于善恶混之说也。其曰'义者阳也，利者阴也。阴当隐匿，阳当宣著，利非不可为也，特不当宣著，为利之实而已'，此不知利之为害，将使善恶两行如庄周之所谓也。……吾故非庄周而是孟子，反之于正，以明王氏之不知道云。"[②]陈渊揭示了儒家批判庄子养生思想的总关窍，即庄子养生无论是其养生的目的还是其养生的手段，皆是为利，也就是说儒家学者将养生问题纳入义利之辩的架构中，实际已将养生问题转换成他们擅长的义利之辩。

后世对朱熹的批判也有不满者，如陈治安综合郭象、褚伯秀等多人意见，但仍以回护庄子为主，认为："朱子以为不大为善，不大为恶，专计利害，循中以为常，不但庄子之识决不浅陋如此，天下事亦必无不大为而又为得之理。朱子谓'解庄子者，无一人拈得

① （宋）褚伯秀《南华真经义海纂微》引，《道藏》第15册，第220页。
② （宋）陈渊《陈默堂先生文集》卷二二。

本义出，俱是臆说，某若拈出自别'。由此观之，使朱子尽数拈出，犹恐有臆说在也。"①关于"为善无近名、为恶无近刑"这两句如何理解，至今仍无定论，因为对这两句的理解不只是文本理解的问题，还涉及解者本身思想立场及对立学派的问题。就像朱熹与陈治安，朱熹是理学宗师，其解释与评判均以理学为准，推崇庄子的人就不能不怀疑朱熹的用心，是否夹杂私意，故意贬低庄子的思想境界；反过来也一样，像陈治安这样将庄子推到高处，也让人怀疑其是否出于私心。就"为善无近名、为恶无近刑"两句而言，朱熹的理解应该是没有问题的。庄子以此批判儒家，与儒家处在一种对话关系中，其概念含义应当与儒家相同，这是他们形成讨论的基础。因此，为善、为恶就是普通讲的为善、为恶，与儒家并无不同②。而在善恶之间这种含混两可的模式也是庄子常用的，"周将处夫材与不材之间"（《山木》），"无入而藏，无出而阳，柴立其中央"（《达生》），"可乎可，不可乎不可。道行之而成，物谓之而然。恶乎然？然于然。恶乎不然？不然于不然。物固有所然，物固有所可。无物不然，无物不可"（《齐物论》）③。所以，"为善无近名，为恶无近刑"就是朱熹所理解的意思，不必为庄子讳言。

---

① （明）陈治安《南华真经本义》附录卷七，方勇编纂《子藏·道家部·庄子卷》第82册，北京：国家图书馆出版社2011年据明崇祯五年（1632）刊本影印，第538页。
② 孙嘉淦以"顺境、逆境"解善恶，其在《庄子通》中云："夫此篇文势，原以善无近名，恶无近刑，缘督为经三句平提，而下分应之。庖丁一段，讲缘督为经也。右师一段，讲恶无近刑也。泽稚一段，讲善无近名也。但熟玩右师、泽稚之文，则知'善恶'二字当就境遇上说。人生之境顺逆不一，穷通异致。顺而且通者，所谓善境也；穷而且逆者，所谓恶境也。吾之境而为善与，此时易于有名，而吾无求名之心，不惟不求而已，即德辉所著，自然有名，而吾亦淡然忘之，不以动于中，如泽稚之神王而不自知其善也。吾之境而为恶与，此时难于免刑，而吾无致刑之道，不惟无以致之而已，即数奇命厄，卒不免刑，而吾亦恬然安之，不以伤吾神，如右师之刖足而以为天所生也。"这种解释就是仅就庄子讲养生，没有考虑到庄子对儒家的针对性，从而忽视了庄子的用词在概念上含义上是与儒家一致的，因而这种理解是不能成立的。现在的一些新解也常常有此缺陷。
③ 《寓言》篇则有相近之言："恶乎然？然于然。恶乎不然？不然于不然。恶乎可？可于可。恶乎不可？不可于不可。物固有所然，物固有所可，无物不然，无物不可。"

在人世中，庄子"为善无近名"的思想尚可接受，"为恶无近刑"则难以得到理解，但庄子如此养生却也别有意义。儒家追求伦理道德，以之为最高价值，必要时甚至会选择牺牲生命成全仁义，庄子则以生命本身为重，强调了生命的最高价值并不在伦理道德，从而将二者剥离开来，还生命以本真，是对儒家思想的大力反拨纠正。

第四节　长生修仙：对庄子自然生命观的批判

儒家学者对庄子养生思想的批判，源于他们根本不认同养生，故而对养生的价值予以否定。而道家、道教人物是认同养生的，他们对庄子养生思想的批判则是不认同其具体的养生观念，进而推出自己的一套。儒家学者是从外部整体地批判，道家、道教人物则是内部局部地批判。本节的论述即从后一个角度展开。

在齐物论思想的统摄下，庄子的生死观，与其对彼我、梦觉等概念的理解一样，也含有生死一齐的意蕴。庄子认为，人皆有死，寿必有终，死与生犹如"夜旦之常"（《大宗师》），又如"春秋冬夏四时行也"（《至乐》），都是气形变化的自然状态，因而得出"死生存亡之一体"（《大宗师》）的结论。庄子后学甚至认为死之逸乐胜于南面为王，生之忧劳却是日夜相随。

既然生死一齐，"故善吾生者，乃所以善吾死也。"（《大宗师》）庄子对于生命一任自然，既不希望中道夭折，也不刻意延长生命，只求度过它本该具有的自然长度①。胡朴安就以"尽其自然

---

① 李碪《广废庄论》指出《则阳》篇所载卫灵公故事表明人的寿数早已前定，养生并不能延年益寿，而在其他篇章中庄子又力倡养生，所以庄子养生思想自相矛盾，李碪因而认为庄子"研几于天命乃未及天命之源"。这其实是出于李碪的误会，庄子本身持自然生命论，并不追求长生。

之年"来概括庄子的生命观："庄子齐死生而一之。适来时，适去顺，安时而处顺，哀乐不能入，庄子的死生观念，可用尽年二字包括。所谓尽年者，尽其自然之年。任其自然，不贪生，所以不求长生；不祈死，所以不自残其生。"①因而，庄子反对通过人为的修炼追求延年益寿、长生不死。《刻意》篇云："吹呴呼吸，吐故纳新，熊经鸟申，为寿而已矣，此道引之士，养形之人，彭祖寿考者之所好也。若夫不刻意而高，无仁义而修，无功名而治，无江海而闲，不道引而寿，无不忘也，无不有也，澹然无极而众美从之，此天地之道，圣人之德也。"意在批评彭祖寿考，行气导引，失于刻意，违背自然。

然而，外杂篇所显示的生命观并非全部如此，因此本节讨论需要将内篇与外杂篇分开予以论说，并将内篇视为庄子本人所作，外杂篇视为庄子及其后学的作品。在庄子后学所著的外篇中，就已出现仙道杂流、追求长寿成仙的片段与章节。《在宥》篇中，广成子曰："我守其一，以处其和，故我修身千二百岁矣，吾形未尝衰。"《天地》篇中，华封人曰："夫圣人鹑居而鷇食，鸟行而无彰；天下有道则与物皆昌，天下无道则修德就闲；千岁厌世，去而上仙，乘彼白云，至于帝乡。"这未尝不可看作是庄子后学对庄子生命观的修正与批判，并不妨将其分为长生与成仙两部分展开论述。其中，成仙可以达到永生不死，已包含了长生的要素；而长生则并非永生，只是相对较自然寿命为久。因此二者既有关联，又不能等而视之。

庄子以后，医学方术渐次发展，神仙学说广为流行，且与道家的各种养生思想混合，这就使得后世学者的养生思想发生了复杂的变异。一些养生思想虽然出自庄子，却已经与庄子思想大异

---

① 胡朴安《庄子章义·总说》，民国三十二年（1943）安吴胡氏朴学斋刊《朴学斋丛书》本，第6页。

其趣。比如嵇康接受了庄子享尽天年的思想，其重点却与庄子大相径庭，庄子是要躲避政治的迫害，嵇康则认为享尽天年需要"导养得理"，实际就是借助方术锻炼与服食药物延长寿命，并不是仅仅顺其自然而已。嵇康虽然自称是庄子忠实门徒①，在养生方面吸收了庄子的部分思想，却也突破了庄子的藩篱，走向与之相反的道路。《文选》李善注引嵇喜《嵇康传》云："康性好服食，常采御上药，以为'神仙秉之自然，非积学所致。至于导养得理，以尽性命，若安期、彭祖之伦，可以善求而得也。'"②又嵇康《养生论》云："夫为稼于汤之世，偏有一溉之功者，虽终归燋烂，必一溉者后枯，然则一溉之益，固不可诬也。"③其以灌溉喻养生，意谓即使在极端险恶的生存环境中，生命或终归于消亡，然而养生的作用是不可抹杀的。这里强调的并不是通过养生可以获得健康的体魄，而是能够"后枯"，即延长性命，推迟死亡的到来，这就与庄子安时处顺的自然生命观背道而驰了。而嵇康所采用的养生功法，也包含了庄子所反对的刻意"呼吸吐纳，服食养身"（嵇康《养生论》）。

嵇康认为，人的自然寿命并不止于所谓上寿百岁，中寿八十。如果能够调养得当，人应该能够活到数百岁甚至上千岁。虽则如此，嵇康仍然反对修仙，因为在他看来，神仙不是靠修炼就能达成的，而是"特受异气，秉之自然"，其《养生论》云："夫神仙虽不目见，然记籍所载，前史所传，较而论之，其有必矣；似特受异气，秉之自然，非积学所能致也。至于导养得理，以尽性命，上获

---

① 嵇康《与山巨源绝交书》云："老子、庄周，吾之师也。"
② （梁）萧统编，（唐）李善注《文选》，北京：中华书局 1977 年影印清嘉庆十四年（1809）胡克家刻本，第 727 页。
③ 李善注："言种谷于汤之世，值七年之旱，终归是死，而彼一溉之苗，则在后枯，亦犹人处于俗，同皆有死，能摄生者则后终也。"

千余岁，下可数百年，可有之耳。"①《答难养生论》中，嵇康更是
认为生命可以有更长的长度："故顺天和以自然，以道德为师友，
玩阴阳之变化，得长生之永久，任自然以托身，并天地而不朽，孰
享之哉？"②对此，其友向秀尝有所质疑："若信可然，当有得者。
此人何在，目未之见。此殆影响之论，可言而不可得。纵时有耆寿
耇老，此自特受异气，犹木之有松柏，非导养之所致。"③向秀以松
柏长寿多秉受异气为喻，反驳嵇康所提倡的导养之功对长生的影
响。嵇康则力证长寿之人的存在，认为长寿之人从外形上与一般人
无异，无法辨别，常人只能生存数十年，更无法验证长寿之人的寿
命，这与朝菌不知晦朔一个道理。而一般人囿于常识的偏见与仄
陋，无法认识妙理，即使有书籍记载，也不肯相信长寿之人的真实
存在。

　　嵇康对庄子的养生思想并没有刻意进行批判，他只是采取一种
拿来主义，将庄子与前人的养生思想吸纳进来，为我所用。从两篇
论养生的文章看，其最主要的任务还是申张养生之利，陈述不养生
之弊，至于具体养生思想中包含与庄子的养生思想相抵牾的，多为
无伤大雅的小问题。

　　与嵇康不同，葛洪对整个道家、道教的养生思想作了总结，对
其中的矛盾、错误有意识地挑出来进行批判。对于庄子，葛洪抓住
其生死态度的矛盾展开了批判：

　　　　俗人见庄周有大梦之喻，因复竞共张齐死生之论。盖诡道
　　强达，阳作违抑之言，皆仲尼所为破律应煞者也。今察诸有此
　　谈者，被疾病则遽针灸，冒危险则甚畏死。然末俗通弊，不崇

---

① （三国魏）嵇康著，戴明扬校注《嵇康集校注》，第252—253页。
② 同上书，第304页。
③ （三国魏）向秀《难养生论》，（三国魏）嵇康著，戴明扬校注《嵇康集校注》，第
　285页。

真信，背典诰而治子书，若不吐反理之巧辨者，则谓之朴野，非老庄之学。故无骨殖而取偶俗之徒，遂流漂于不然之说，而不能自返也。老子以长生久视为业，而庄周贵于摇尾涂中，不为被网之龟，被绣之牛，饿而求粟于河侯，以此知其不能齐死生也。晚学不能考校虚实，偏据一句，不亦谬乎？①

　　庄周之书，以死生为一，亦有畏牺慕龟、请粟救饥。②

　　庄子思想虽然是葛洪思想的来源之一，但葛洪对庄子的观点也并未全然接受。葛洪认同长生，认为神仙是存在的，这就与庄子齐生死的观点龃龉，因而他起而对庄子进行批判。庄子既然视生死齐一，那就应该不加区别，不分高低，不好此恶彼，但是庄子又显然具有贵生的思想：他宁愿活着曳尾涂中，也不愿死去骨贵庙堂；当生命受到饥饿的威胁时，他也会到监河侯那里借钱买粮，以维持其生命。葛洪揭示庄子在生命观上的矛盾甚至虚伪之处，实质是痛斥魏晋以来附庄子骥尾的俗人，他们不能崇信儒家圣人的真言，也无法辨别《庄子》书中的错误所在，崇尚巧辩，且言行不一。

　　从葛洪的论述来看，庄子的齐生死与贵生思想确实有矛盾。然而《庄子》内七篇既然是庄子自撰，其篇章次序也存在着严谨的逻辑顺序，并非随意为之，而《养生主》篇又紧接着《齐物论》篇，很难相信两个相连的篇章思想上会互相矛盾。那么该如何解释葛洪提出的问题呢？这依然需要建立在准确理解庄子文意的基础上。

---

① 王明《抱朴子内篇校释·勤求（增订本）》，北京：中华书局1985年第2版，第253—254页。

② 杨明照《抱朴子外篇校笺》（下），北京：中华书局1997年，第438页。此篇举庄子此例虽然意在说明书中的小瑕疵、小矛盾并不能掩盖整本书的光彩，但实际仍然承认《庄子》本身是有自我矛盾之处的。

首先，庄子的确是具有齐生死与贵生两种思想的。齐生死是以道观之，从大道的眼光来看，万物的生死并不存在价值上的差异，也没有可比性，它只是气形变化的两个相邻的阶段，从一个变化成另一个。在生的阶段，物认为自己存在，认为死后自己不存在，这在庄子看来不过是由于无知带来的偏见。对于死后之物来说，死就是其存在状态，并非不存在，不存在的是它前一阶段的"生"之物。庄子云："予恶乎知说生之非惑邪？予恶乎知恶死之非弱丧而不知归者邪？丽之姬，艾封人之子也。晋国之始得之也，涕泣沾襟；及其至于王所，与王同筐床，食刍豢，而后悔其泣也。予恶乎知夫死者不悔其始之蕲生乎！"（《齐物论》）此例表明，死只是大的变化之后大的未知，面对未知，人们总会心生恐惧，也会因之而生厌恶。但即使生之时，也会发生大的变化，这个变化大到足以颠覆人的认识与好恶。生死之变，不过是建立在异质的两物之上带来的认识与好恶的不同。如能认识到这些，就不会产生好生恶死的念头了。贵生思想前文已经有所论述，从字面看，齐生死与贵生明显水火不容，但这是由于对思想的概括总结必须简略，因而并不准确。齐生死无贵贱，贵生则有贵贱，关键在于贵生的贵贱是否是贵生贱死？从庄子本身的论述看，并不是这样。对于生死，庄子的看法是一贯的，齐一平等，随任自然。在贵生思想中，与生相对的不是死，而是生命的附带物，比如名利、政治权力等，以及为追求附带物而导致的中道夭折。中道夭折确实也是生命的灭亡，但其含义却不同，它是非自然的，庄子最反对、最厌恶的就在于此。葛洪所举的例子可以证明这一论断：庄子却聘，宁做曳尾之龟，并不是一般意义上的贪生怕死，而是进入庙堂容易有杀身之祸，从而导致生命的非正常终结，不能享尽天年。借钱买粟也是同样的道理。如果齐生死是将生与死两个阶段进行比较，贵生则是局限于生这一阶段内，将生命本身与生这一阶段内的事物比较，与齐生死根本是不相干的两码事。由此可见，贵生与齐生死并无根本性的矛盾。

事实上，真正与齐生死相矛盾的是葛洪追求的长生。追求长生的根本原因就是贵生，但葛洪的贵生与庄子不同，葛洪的贵生是相对于死而言的，生比死宝贵，所以才要不断延长生命，推迟死亡的到来甚至避免死亡。在玄风劲扇的魏晋时代，庄子齐生死思想深入人心，这对追求长生的理论及实践显然是个重大威胁，只有破了齐生死，追求长生才能没有阻碍。葛洪将自己贵生贱死的贵生与庄子的贵生贱物的贵生混淆了，不知这是出于批判庄子的策略需要，还是出于他自己的误解。从葛洪的描述来看，与他同时代的很多人虽然口头上追求齐生死，实际却是贪生惜命之徒，他们对于贵生的理解应属贵生贱死，与葛洪的说法一致，这很可能是时代风尚，共同的理解。

齐生死的观点被驳倒之后，与之矛盾的贵生贱死的观点自然占领上风，这也为长生修仙的思想铺平了道路。修仙与长生不同，长生仍然为人，仍然有生老病死，仙人则不同，除了长生，还拥有种种神异，比如容颜永驻甚至返老还童，且无病无灾，没有尘世的烦恼。战国时便有神仙家，其神仙的追求为道教所继承，道教经典《太平经》有云："三万六千天地之间，寿最为善。……天者，大贪寿常生也，仙人亦贪寿，亦贪生；贪生者不敢为非，各为身计之。"[1]葛洪便大张其神仙长生之说，《抱朴子·释滞》有云：

> 至于文子、庄子、关令尹喜之徒，其属文笔，虽祖述黄老，宪章玄虚，但演其大旨，永无至言。或复齐死生，谓无异以存活为徭役，以殂殁为休息，其去神仙，已千亿里矣，岂足耽玩哉？[2]

---

① 王明编《太平经合校》，北京：中华书局1960年，第222—223页。
② 王明《抱朴子内篇校释·释滞（增订本）》，第151页。

葛洪将齐死生思想与神仙思想相比较，认为神仙可以长生不死，齐死生之论与之相比，简直是错到极致，对二者的褒贬也达到极致。蒙文通云："此见道家之学，于神仙之事原相违隔，故葛书诋之。……葛氏既斥齐死生之说，而又讥其未能齐死生，是道家与神仙，几同冰炭，于此益明。"[①]意在区分庄子与神仙之说。

　　这里需要说明的是，《庄子》内篇确曾出现不少对神人的描写，如《逍遥游》篇"藐姑射之山，有神人居焉，肌肤若冰雪，淖约若处子，不食五谷，吸风饮露。乘云气，御飞龙，而游乎四海之外。其神凝，使物不疵疠而年谷熟"，《齐物论》篇"至人神矣：大泽焚而不能热，河、汉沍而不能寒，疾雷破山、风振海而不能惊。若然者，乘云气，骑日月，而游乎四海之外。死生无变于己，而况利害之端乎！"但是庄子提到的神人、至人如果不止将其视为一种境界，那也只是具有某种超能力，神秘莫测，并没有长生不老的功能与特点。然而，神仙最主要的特点就是长生不老，《说文解字》云："仙，长生仙去。"[②]《释名》云："老而不死曰仙。"[③]即在最初时候，甚至庄子生存的时代，神与仙是两个概念，后来才慢慢合流演变为神仙概念，所以不能将神与仙混淆，从而认为庄子崇尚后世所谓的神仙，尤其是为长生而修仙。《大宗师》篇也有得道者长寿成仙的说法[④]，但这只是得道的副产品，庄子只是借来说明道的作用，并非意在长寿成仙。从内篇来看，长寿成仙与其自然生命论相矛盾。

---

① 蒙文通《晚周仙道分三派考》，《蒙文通全集·诸子甄微》，成都：巴蜀书社 2015 年，第 102 页。

② 段玉裁《说文解字注》云："仙去，疑当为䙴去。"上海：上海古籍出版社 1988 年 2 月第 2 版，第 383 页。

③ （汉）刘熙《释名·释长幼》卷三，王云五主编《丛书集成初编》，北京：中华书局 1985 年影印本，第 43 页。

④ 《庄子·大宗师》："黄帝得之，以登云天；颛顼得之，以处玄宫；禺强得之，立乎北极；西王母得之，坐乎少广，莫知其始，莫知其终；彭祖得之，上及有虞，下及五伯。"

综合可知，庄子承认神仙与长寿者的存在，也不否认神仙可以通过修道而炼成，但他反对为了延长生命的目的而修仙[①]。

葛洪与蒙文通精准地把握了庄子的养生思想与普通养生、修仙的思想并不同。自然生命与长生修仙之争，只是两种不同的养生理念，隶属于两个派别，从中国整个养生大传统来看，长生修仙更加普遍，而庄子的自然生命论反而可说是异类，因此也少有应和者。至于孰是孰非，我们无法验证也无从置喙。即使现代人，不也一直讲究养生、追求长寿吗？科学家、医学家不断研制新药物，一方面减少、消灭疾病，提高生命质量，另一方面发掘寿命长短的原理，尽量延长生命，这是人们共同的追求，并非贵族的特权专利。侯外庐等《中国思想通史》认为："神仙思想原是封建贵族想延长他的生前享受至生命的极限以外、甚至延长至永远（与天相毕）的一种荒唐的想望，在乱离之世，封建贵族的生活被震撼着的时候，神仙思想更帮助他们追求超人间的永远幸福。"[②]而且他们从葛洪的"此道至重，必以授贤。苟非其人，虽积玉如山，勿以此道告之。……无神仙之骨，亦不可得见此道也"，及"命属生星，则其人必好仙

---

① 后世一些学者，尤其信奉道教者为了弥合理论裂隙和《庄子》内篇与外杂篇的差异，强行从《庄子》中解读出长生修仙的内容，这是不符合庄子原意的。如吴筠《玄纲论》云："或问曰：'道之大旨，莫先乎老庄。老庄之言，不尚仙道，而先生何独贵乎仙者也？'……愚答曰：'玄圣立言，为中人尔。中人入道，不必皆仙。是以教之先理其性。理其性者，必平易其心。心平神和，而道可冀。故死生于人最大者也，谁能无情？情动性亏，只以速死。……'"吴筠认为老庄的接受对象分为上、中、下等，老庄立言仅为中人，故书中不言上等修仙之法，实际却认同仙道。这显然是强词夺理，即使这能解释老庄书中为何不言仙道，仍与老庄认同仙道距离尚远。又如陈治安在《南华真经本义叙五》中云："庄子一味凝神御气，何止去病，竟是神仙不死之大药。然又时时言死之乐，谓悦生者为'弱丧而不知归'，若相矛盾。盖'生生者不生，杀生者不死'，欲存其身，故必外其身；将住乎世，先出乎世。言死之乐，正其所以为生之长也。故此之所谓住世，实同佛之所谓无生者矣。"凝神御气只是碰巧与后世神仙修炼术暗合，或者后世之人从这里发展出神仙修炼之功法，并不能据此认为庄子已有神仙修炼的思想。

② 侯外庐、赵纪彬、杜国庠、邱汉生《中国思想通史》第三卷，北京：人民出版社1957年，第291—292页。

道，好仙道者，求之亦必得也。命属死星，则其人亦不信仙道，不信仙道，则亦不自修其事也"两段话中解读出神仙也有阶级性，神仙是贵族专属，"绝不是每一个人连农民在内都有缘（有福或有可能）做得到的"，神仙之骨也被解读为非"被压迫阶级的凡夫俗子的贱骨"①。无疑，历史上最著名的求仙者都是权力顶峰的统治者，如秦始皇、汉武帝，他们长生不老，是要延续人世间的享受。照此说来，庄子等主张尽其天年原因在于地位低微无法享受，那些主张生为徭役死为休息、寿则多辱的更是生时备受摧残、无可系恋的下层人物，然而普通人大多也羡慕长生成仙，理由与王公贵族并无不同。况且按照葛洪之说，成仙要有仙缘，基本是前定的，王公贵族并不比平民百姓有何优先。将仙骨视为王公贵族的特权是带有时代特色的有意的曲解，并不能论定这种养生思想的优劣。

---

① 侯外庐、赵纪彬、杜国庠、邱汉生《中国思想通史》第三卷，北京：人民出版社1957年，第293—294页。

第四章
对庄子道论的批判

第一节　庄子道论

　　《庄子·天下》论列先秦诸子，并进行了学派分类。文中以老聃为"古之博大真人"，而以庄子为理会道之宗本、"独与天地精神往来"者，两者并未划归于一派。但后世学者仍然认为老子与庄子同属道家。《淮南子·要略》最早以"老庄"并称①，司马迁也将庄子与老子同列一传，并说："其（庄子）学无所不窥，然其要本归于老子之言。"②班固在《汉书·艺文志》中将庄子与老子同列为道家者流。自是而后，庄子就被视为道家人物，是仅次于老子的第二宗师③。

　　道家以道为名，是因为老子首先确立了道的至高地位。从宇宙

① 《淮南子·要略》云："《道应》者，揽掇遂事之踪，追观往古之迹，察祸福利害之反，考验乎老庄之术，而以合得失之势者也。"
② （汉）司马迁《史记·老庄申韩列传》，第 2143 页。
③ 后世也有部分以儒解庄、调和儒道的学者认为庄子出自儒家，如韩愈、章太炎、钟泰、郭沫若等。

创生论讲，道先于万物而存在，是产生万物的根源，《老子》二十五章云："有物混成，先天地生。寂兮寥兮，独立不改，周行而不殆，可以为天下母。吾不知其名，字之曰道，强为之名曰大。"天地创生万物，故先于万物，而道却更先于天地，昭示了道对于天地万物的优先性。"为天下母"即《老子》四十二章所云"道生一，一生二，二生三，三生万物"之意，天地万物皆由道产生。因此，道也是天地万物生长变化的总原理，天地万物皆依道而行。《老子》六十二章即云："道者万物之奥。"人世社会的治理，也须依道而行。《老子》二十五章云："人法地，地法天，天法道，道法自然。"人（指人中圣王）之上有天地，天地之上还有道，所以归根到底，人还须效法大道，最根本的则是效法大道自然而然的方式。依道而行，天下方能大治。《老子》三十二章云："道常无名。朴虽小，天下莫能臣也。侯王若能守之，万物将自宾。天地相合，以降甘露，民莫之令而自均。"《老子》三十七章云："道常无为而无不为。侯王若能守之，万物将自化。化而欲作，吾将镇之以无名之朴。无名之朴，夫亦将无欲。不欲以静，天下将自定。"侯王守道，要把握道的特点，模仿道的特点而行，比如无为、不争、处下等等。

庄子继承了老子关于道的论述，但侧重有所不同，且有新的发挥。庄子同样认为道是宇宙万物产生的总根源。《大宗师》篇云："夫道，有情有信，无为无形；可传而不可受，可得而不可见；自本自根，未有天地，自古以固存；神鬼神帝，生天生地；在太极之先而不为高，在六极之下而不为深；先天地生而不为久，长于上古而不为老。"此段历来被视为庄子论道的代表性文字，庄子在本段中论述了道的根源性：天地皆为道所生，万物自然也包括在内；也谈到了道的特点：无为无形，广大长久。这些都与老子的说法相同。而庄子的独特之处则在于他指出了道自身是如何产生的：道超越时间，"自古以固存"，道根源于自己，"自本自根"，这是老子未曾涉及的。

老子在确认了道的根源性之后，企图得道以董理国家，平治天下。庄子则志不在此，他更看重得道对个人的作用。虽然庄子"不谴是非，以与世俗处"（《天下》），面对政治问题时也能以道的方式理会天下，写下《应帝王》篇，但他认为只有上古至德之世才是合乎大道的时代，战国政治模式与道相悖，早已去道甚远，因而该篇结以七窍开而浑沌死的寓言。这正与《天下》篇"道术将为天下裂"的判断前后相应，可以说，庄子在政治方面是存着一种"未济"的态度①，并未给出最终论断。《逍遥游》篇为《庄子》根本宗旨，庄子借神人的形象表明了他对政治的态度："之人也，之德也，将旁礴万物以为一，世薪乎乱，孰弊弊焉以天下为事！之人也，物莫之伤，大浸稽天而不溺，大旱、金石流、土山焦而不热。是其尘垢秕糠，将犹陶铸尧、舜者也，孰肯以物为事！"庄子对道的重要性的认识与老子相同，但对得道、守道的作用却与老子方向迥异。老子以政治为指向，得道的主体是治理天下的圣人、侯王；庄子则认为得道最重要的是对个人境界的提升，主体是个人。

《大宗师》篇在叙述了道为万物的总根源后云："豨韦氏得之，以挈天地；伏戏得之，以袭气母；维斗得之，终古不忒；日月得之，终古不息；堪坏得之，以袭昆仑；冯夷得之，以游大川；肩吾得之，以处大山；黄帝得之，以登云天；颛顼得之，以处玄宫；禺强得之，立乎北极；西王母得之，坐乎少广，莫知其始，莫知其终；彭祖得之，上及有虞，下及五伯；傅说得之，以相武丁，奄有天下，乘东维，骑箕尾，而比于列星。"段中主语除了维斗、日月

---

① 陈赟《庄子哲学的精神》，上海：上海人民出版社 2016 年，第 204 页。

属于自然事物，其余均为历史上的神仙以及具有传奇色彩的帝王贤相，庄子强调的是这些个人得道之后的情况。即使对于其中的帝王贤相，庄子所关注的也是道对其本人所起的作用，而不是其得道之后所治天下的状况。由此，亦可见庄子对得道者的关注点侧重在个人，而非社会、国家。

庄子将得道之人称为真人，真人达到了极高的境界，自适无忧，超脱生死，能够知天、合天。《大宗师》篇首即论天人：

> 知天之所为，知人之所为者，至矣！知天之所为者，天而生也；知人之所为者，以其知之所知，以养其知之所不知，终其天年而不中道夭者，是知之盛也。虽然，有患。夫知有所待而后当，其所待者特未定也。庸讵知吾之所谓天之非人乎？所谓人之非天乎？且有真人，而后有真知。

所谓大宗师，即指道。名为论道但却以天人开篇，这是为什么呢？钟泰云："《大宗师》，明内圣也。内圣之功，在通于天道。未有不通于天道而能为圣人者。……以人言，则所宗所师者，圣也。以圣人言，则所宗所师者，天也。《天下篇》曰：'不离于宗，谓之天人。'又曰：'以天为宗，以德为本，以道为门，兆于变化，谓之圣人。'是宗者，宗天也。《则阳篇》曰：'圣人达绸缪，周尽一体矣，而不知其然，性也。复命摇作，而以天为师，人则从而命之也。'是师者，师天也。宗天师天，则宗师云者，直天之代名耳。惟天为大，故曰'大宗师'也。顾天而又曰道者，何也？对人言则曰天，对事言则曰道。天道者，对人事之称也。故或合而言之，或分而言之，其实一也。"[①]从钟泰所引《天下》篇两处对"天"与"宗"的关系的描述看，"宗"确实指的是"天"。"师"即后文"吾师乎"之意，亦与《老子》"人法地，地法天，天法道，道法自然"

---

① 　钟泰《庄子发微》，第128页。

之"法"同为师法、效法之意。综合而言，大宗师亦指天。所以，庄子所说的道有时也与天的概念相当，这个天不是天地之天，而是表示一种自然的、客观的、崇高的、整全的存在，它是整个宇宙包括自然与人类社会的总的法则。尤其在天人相对之时，天就是道的代名词。

这一含义早在《德充符》篇就已有所展现，篇末有云："道与之貌，天与之形。"庄子将天与道平列，认为都是万物的创生者。这里无论从文法还是从意义上，都不应将天与道分开解释，更不能将天机械地理解为由道派生并且受其统辖的天地之天。《大宗师》篇描述真人"不以心捐道，不以人助天"，这里的天与道同样呈现了上述结构，其解释也应当相同。

值得注意的是庄子对于天人的态度与选择。《大宗师》篇还有两处论到天与人："其耆欲深者，其天机浅。""故其好之也一，其弗好之也一。其一也一，其不一也一。其一，与天为徒；其不一，与人为徒。天与人不相胜也，是之谓真人。"嗜欲属于人的范畴、人的机制，嗜欲深厚就会削减天机，在这里人与天处在一对矛盾关系中，此消彼长，并且庄子强调的是人的机制对天道机制的单向侵害作用。天道是宇宙万物的总根源与根本法则，它创造了人，滋养着人，也统辖着人，天道机制应该也能覆盖人的机制，但人另有一套独特的机制，在这套机制里，人是主宰，是最大、最重要的，因此人也成了自己的局限，忘记了其后或其上还有更为广大的天道机制，因而为所欲为，"以心捐道，以人助天"。捐，损坏之意，朱桂曜、卢文弨、王叔岷等人认为捐是损之坏字①。心，代表的仍然是人，道与天同义，普通众人顺从人心，损害天道。助，则与捐相反，但其言下之意则认为天道本身存在不足，故而需要人的帮助，

---

① 崔大华《庄子歧解》，北京：中华书局 2012 年，第 213 页。

而人也具有这种本领、能力，可以弥补天道机制之不足。这在庄子看来当然是滑天下之大稽，天道创生并统辖万物，可以说是无所不能。如果说天道都有缺陷，那么人更是渺小不足道。所以以人助天，无非是自作聪明，最终不免聪明反被聪明误，仍然归结到"以人损天"。

实际上，天道、人道之分不始于庄子，老子就已经区分并描述了天道、人道各自的特点：

> 天之道，不争而善胜，不言而善应，不召而自来，繟然而善谋。天网恢恢，疏而不失。（《老子》七十三章）

> 天之道，其犹张弓与？高者抑之，下者举之；有余者损之，不足者补之。天之道，损有余而补不足。人之道则不然，损不足以奉有余。孰能有余以奉天下，唯有道者。是以圣人为而不恃，功成而不处，其不欲见贤。（《老子》七十七章）

> 天之道，利而不害；圣人之道，为而不争。（《老子》八十一章）

通过天道与人道的对比，老子已经开始褒崇天道而贬抑人道，原因在于天道具有公平、正义、谦让、强大、有利无害等特征，人道则有违公平正义。老子的评价完全是建立在功利主义之上的。老子完成区分与褒贬之后，又进行了选择，结果自然是选择天道，而人能模仿天道、达到天道境界，便可成为圣人。这些都为庄子所承袭，但庄子除了对天道、人道进行区分、褒贬，又进一步从二者的关系进行阐发，指出人道对天道实有侵害作用，更凸显出摈斥人道的必要性与紧迫性。

老子将达到天道境界的人称为圣人，庄子则称之为真人。圣人能够超越人道，克服自身的欲望与自私自利的缺点，奉行天道。在庄子的描述中，真人对天道与人道各自的特点、彼此的关系有着清楚的认识，真人的行为就建立在这种认识上，"不以心捐道，不以人助天"，"其一也一，其不一也一"，"天与人不相胜"（《大宗师》），达到所谓天人合一之境，实际就是舍弃人道、遵行天道，以人合天。

从认识上讲，真人能够拥有真知。普通人之知虽然也能达到一定境界，但其知是有对待的，是对外物的认识，换言之，乃是对人道的认识。这里隐含了庄子对之前的天道人道关系以及儒家的批判。春秋时期，人们已经冲出天道的束缚，发现人道的价值，有所谓"天道远，人道迩"①；儒家开创者孔子罕言天道性命，却要求尽人事②。但是从现实来看，儒家虽然讲求人道，社会却愈加混乱，因而人道的价值颇值得怀疑。且外物、人道是变化不定的，无法作为坚实的基础，那么建立在外物之上的普通人之知，就如同罔两一样是影子的影子，更是一个有待的事物，即使达到极致，也不是真知。真人之知称为真知，有两层含义：一是这种认识达到了极致；二是认识的对象是天之所为，即天道，它是宇宙万物的根本法则，是不变的③。天道铺展到人身上，就构成人的本性、本真。认识了天道，才能认识人自己，认识人的本性、本真，此时天与人是合一的。庄子说："庸讵知吾所谓天之非人乎？吾所谓人之非天乎？"（《大宗师》）因而这种认识才是真知。

我们也可以从真的反面理解真，《齐物论》篇云："道恶乎隐而有真伪？"但文章转而开始讨论言与是非的问题，直到《人间世》篇，庄子才给出了答案。篇中孔子教导颜回心斋之术时说："为人使易以伪，为天使难以伪。"伪与人相关，是人道机制的特点；与

---

① （周）左丘明传，（晋）杜预注，（唐）孔颖达疏《左传正义》，《十三经注疏》六，台北：艺文印书馆 2007 年影印嘉庆二十年（1815）江西南昌府学刻本，第 841 页。
② 《论语·公冶长》："子贡曰：'夫子之文章，可得而闻也；夫子之言性与天道，不可得而闻也。'"《论语·子罕》："子罕言利与命，与仁。"
③ 天本身是变化运转的，其运转却是有轨则的，即天道。

之相反，天道机制下呈现的则是真，《渔父》篇说"圣人法天贵真"，表明了天与真的关联。众所周知，真这一概念在先秦多见于道家典籍，是道家将之发展为一种具有独特内涵的概念，《老子》中只出现三次①，直到《庄子》才大规模使用，并将其内涵确定下来："真者，精诚之至也。"（《渔父》）庄子主张人的主要任务就是要保真守真，如果已经失去就要反其天真。庄子提出真以贬斥伪，实际也是对儒家的批判，全书中的伪多指儒家，如《知北游》篇曰："仁可为也，义可亏也，礼相伪也。"《徐无鬼》篇曰："君虽为仁义，几且伪哉！"《盗跖》篇中，盗跖更是直斥孔子为"鲁国之巧伪人"，并指责其"缝衣浅带，矫言伪行，以迷惑天下之主，而欲求富贵焉"，其道"狂狂汲汲，诈巧虚伪事也，非可以全真也，奚足论哉？"庄子的批判确实击中了儒家的要害，当时及后世遵行儒学之人就有陷入虚伪之病。对于庄子的这一思想，儒家其实是有所采纳的，如荀子就在《礼论》中说："故曰：性者，本始材朴也；伪者，文理隆盛也。无性则伪之无所加，无伪则性不能自美。性伪合，然后成圣人之名，一天下之功于是就也。"不过荀子对此已有所改造，转而将伪视作一种正面的行为。

真人既然超越众人，以天为宗，以道为师，换言之就是虚无无为。从宇宙的起源来说，道就是无。《老子》四十章云："天下万物生于有，有生于无。"《齐物论》篇中，庄子则以追问的形式发挥道："有始也者，有未始有始也者，有未始有夫未始有始也者。有有也者，有无也者，有未始有无也者，有未始有夫未始有无也者。俄而有无矣，而未知有无之果孰有孰无也。"庄子超越了无，将之向前推到无无、无无无，但无无、无无无甚至还可以向前追溯到更久远的时候，已然超越了时空，与我们所说的宇宙没有关系

---

① 分别是《老子》二十一章"其精甚真"，《老子》四十一章"质真若渝"，《老子》五十四章"修之于身，其德乃真"。

了。论宇宙万物之起源，确切地说是直接起源，仍然是无，而且道在其他众多方面都具有无的特点。《老子》中有无名①、无欲②，无形、无声、无体③，上引《大宗师》篇"夫道，有情有信，无为无形；可传而不可受，可得而不可见"数句也强调了道之无，而最重要的是道的行为方式：无为。因此，老庄宗天、师道，重在师道之无。

不过，老庄侧重点有所不同。老子师无，均以世俗之用为目的，《老子》十一章云："三十辐，共一毂，当其无，有车之用。埏埴以为器，当其无，有器之用。凿户牖以为室，当其无，有室之用。故有之以为利，无之以为用。"尤其无为，在老子思想里，是帝王治理天下的方式，无为的主体是帝王，并非普通个人，无为对于个人有何意义并不在老子考虑范围内，如《老子》三章云："是以圣人之治……为无为，则无不治。"《老子》三十七章云："道常无为而无不为。侯王若能守之，万物将自化。化而欲作，吾将镇之以无名之朴。无名之朴，夫亦将无欲。不欲以静，天下将自定。"《老子》五十七章云："故圣人云：我无为而民自化。"《老子》六十四章云："是以圣人无为，故无败。"庄子则就个人而论无，师无以通达大道的境界。《逍遥游》篇有云"至人无己，神人无功，圣人无名"，《齐物论》篇主张"吾丧我""嗒焉似丧其耦"，《人间世》篇提出"唯道集虚，虚者心斋"，《大宗师》篇提出"堕枝体，黜聪明，离形去知，同于大通"的"坐忘"，《应帝王》篇旨在无为而治，其中所谓"丧""虚""忘"也都与"无"相通，且除了无为而

---

① 《老子》首章："无名，天地之始。"《老子》三十二章："道常无名。"《老子》四十一章："道隐无名。"
② 《老子》三十四章："大道泛兮……常无欲，可名于小。"《老子》三十七章："无名之朴，夫亦将无欲。"
③ 《老子》十四章曰："视之不见，名曰夷；听之不闻，名曰希；搏之不得，名曰微。此三者不可致诘，故混而为一。其上不皦，其下不昧。绳绳不可名，复归于无物。是谓无状之状，无物之象，是谓惚恍。"

治是关乎天下的，其他均是就个人的境界而言。庄子所谓"无己""丧我""心斋""坐忘"，均是摆脱世俗世界的自己，捐弃功名之心，跳脱是非之争，超越肉体与感官知觉，回归天性本真，一任自然，实质也是弃人而从天、以人合天。《庚桑楚》篇云："忘人，因以为天人矣。"这就是庄子称道的真人游心于物之初而与道相合的境界，它以"无"为工夫①，超脱人世的羁绊，进入了遗物离人而立于独的逍遥游境界。

以上仅就《庄子》内篇和部分外杂篇而言，《庄子》外杂篇关于天道、人道的观点与内篇不尽相同，因此有必要将内篇与外杂篇分开讨论。这些不同的思想可视作庄子后学对庄子观点的批判性发展，由他们开启了后世对庄子道论的批判。

第二节 有无之辨：对庄子以无为首的批判

有无之辨是魏晋玄学的主题之一，但它发源于老庄对有无的讨论。老子的论述极其简略，并不涉及儒家等其他学派，庄子则对老子的思想有所改变，且有意针对儒家发论。魏晋玄学的论辩则围绕自然与名教——即道与儒二者的关系，所以反而与庄子思想更为切近。

老子首先提出了道与有无的关系，道是天地万物的总根源与总法则，但道不是有，道与无关系复杂。《老子》首章说："无，名天地之始；有，名万物之母。故常无，欲以观其妙；常有，欲以观其徼。此两者，同出而异名，同谓之玄。玄之又玄，众妙之门。"②又

---

① "无"是达到极致，是彻底的境界，中间的过程则是老子说的"损之又损之"。
② 此段有两种不同的句读方式，一种如上，另一种将"无名""有名""无欲""有欲"连读，此处从第一种，具体请参见陈鼓应《老子注译及评介》（中华书局1984年，第55—61页）。

说"天下万物生于有，有生于无。"（《老子》四十章）无有时与有平列，有时又超越有，在有之上而与道同一。

在庄子那里则没有这种矛盾，无始终与道等同。《天地》篇云："泰初有无，无有无名，一之所起，有一而未形。"①《庚桑楚》篇云："有乎生，有乎死，有乎出，有乎入，入出而无见其形，是谓天门。天门者，无有也，万物出乎无有。有不能以有为有，必出乎无有，而无有一无有。圣人藏乎是。古之人，其知有所至矣。恶乎至？有以为未始有物者，至矣尽矣，弗可以加矣。其次以为有物矣，将以生为丧也，以死为反也，是以分已。其次曰始无有，既而有生，生俄而死；以无有为首，以生为体，以死为尻。孰知有无死生之一守者，吾与之为友。"在宇宙创生论上，庄子永远都持有生于无的观点，无高于有，不与有并列。《则阳》篇云："道不可有，有不可无。道之为名，所假而行。"在这里，无就等同于道，遑论道的无为、无形、无名等特性。

老庄的这些思想无疑已经有贵无之实了，但仍然以道为名，何晏、王弼在老庄思想的基础上推出了贵无论。《晋书·王衍传》记载："何晏、王弼等祖述老庄，立论以为：'天地万物皆以无为本。无也者，开物成务，无往不存者也。阴阳恃以化生，万物恃以成形，贤者恃以成德，不肖恃以免身。故无之为用，无爵而贵矣。'"②何晏、王弼认为，无是天地万物的本体，也是其存在的根据。《晋书》的总结将何晏、王弼有关无的思想完全归为本体论，

---

① 此数句历来有两种句读方法，另一种为"泰初有无无，有无名"，若如此标点，"无无"与"无名"应当是相对的，但二者并不相对，"无无"在"无"更上一层，是独有无对的，"无名"与"有名"相对，因而不能如此标点。王叔岷则从上下文意说明不能如此标点："惟据下文'一之所起，有一而未形'，未形，即承无而言，不能承'无无'。由无乃能上推至'无无'也。仍从旧读断句为是。无，喻道。"（《庄子校诠》，第 433 页。）

② （唐）房玄龄等《晋书》，第 1236 页。

然而由于何晏、王弼上承汉朝，相去不远，仍然带有宇宙创生论的意味。王弼注《老子》首章云："凡有皆始于无，故未形无名之时，则为万物之始。及其有形有名之时，则长之、育之、亭之、毒之，为其母也。言道以无形无名始成万物，万物以始以成，而不知其所以然，玄之又玄也。"①这里的无与老庄的道毫无二致，但何晏、王弼却用无，而不用道作为指称，他们认为无更为本质，也更为全面，道只能描摹天地本根的一个侧面②。那么天地万物作为有，与无相比，无是体是本，有则是用是末。鉴于有无二者的地位悬殊，所以有崇本举末，甚至崇本息末的思想。

在魏晋玄学发展过程中，贵无论遭到了裴頠、郭象等人的崇有论与独化论的双重挑战。从宇宙创生论看，贵无论认为宇宙从无开始，万物由无产生；崇有论则认为无就是彻底虚无，是非存在，无法产生有，也无法作为起始。郭象进而推出独化论：既然无不能产生有，不能创造万物，有只能由其自生，万物是自生自化的，不须依赖外物。这又进一步推翻了以无为本体的本体论，无也不能作为万物存在生化的根据。

独化论是郭象的理论创造。由于历史上存在着郭象剽窃向秀《庄子注》的公案，今存向秀注中又有一段文字涉及万物的产生，且有"自生""自化"字样，所以向秀被认为持万物自生自化的观点，这一思想也被当作由贵无论到独化论的过渡。实际上，经过今人研究，郭象对向秀注只能算作"述而广之"，谈不上剽窃③，独

---

① （三国魏）王弼《老子道德经注》，楼宇烈《王弼集校释》，第1页。从注释可以看出，王弼采用的是"无名""有名"的断句方式。

② 王弼《老子指略》云："夫道也者，取乎万物之所由也。……然则道、玄、深、大、微、远之言，各有其义，未尽其极也。"意谓道非宇宙万物本根的最贴切的名称。但无却能概括它这种无名无形的特性，成为无名无形的概括与省称。详参王晓毅《王弼评传》（南京大学出版社1996年，第241—247页）。

③ 具体可参见王叔岷《庄学管窥·庄子向郭注异同考》，汤一介《郭象与魏晋玄学》第七章《郭象与向秀》。

化论也自有其理论来源，并非向秀注今存的这段文字①。《列子》"故生物者不生，化物者不化"二句张湛注引向秀语云：

> 吾之生也，非吾之所生，则生自生耳。生生者岂有物哉？（无物也，）故不生也。吾之化也，非物之所化，则化自化耳。化化者岂有物哉？无物也，故不化焉。若使生物者亦生，化物者亦化，则与物俱化，亦奚异于物？明夫不生不化者，然后能为生化之本也。②

向秀这段话看似存在矛盾之处，"生自生""化自化"表明万物自生自化，而后面数句又表明存在一不生不化者为万物生化之本。③其实，这段话讨论的主题是生生者、化化者，即造物主、生化之本，这表明，向秀认为万物的生化需要依赖不生不化的造物主，而这个造物主又是"无物"，本身是不生不化的。而"吾之生也，非吾之所生，则生自生耳""吾之化也，非物之所化，则化自化耳"数句意谓，吾（指万物）之生化不是由于"吾"也不是由于外物，而是自己自然而然地发生的，但这生化背后有一本体。万物生化与造物不生不化两部分应该合起来解释，而不应该分开来当作相互矛盾的

---

① 严遵《老子指归》已经明确提出独化之说，但他并没推翻道的本体地位。详参袁朗《严遵、向秀、郭象"独化"思想之演进》，《诸子学刊》第8辑，上海：上海古籍出版社2013年。

② 杨伯峻《列子集释·天瑞》，北京：中华书局1979年，第4页。括号内"无物也"三字，从王叔岷说补。

③ 王晓毅也怀疑如此解释的正确性，他说："文中的'吾之生也'与'吾之化也'的'吾'，是指宇宙本体，而非万物，全文仅仅在解释宇宙本体的性质。'非吾之所生'的'吾'，是同音错字，应为'物'，指万物（下文"非物之所化"是其证）。"（《郭象评传》，南京：南京大学出版社2006年，第87页。）如此一来，前面数句意为："宇宙本体的生成，不由外物，而是自生；……本体的变化，不由外物，而是自化。"既然是本体，自然不是物且超越物，其生其化当然不可能由于外物，相反，外物是要依赖它的。然而问题在于，若"吾"果真指宇宙本体，那么文中"吾之生也""吾之化也"，证明宇宙本体与万物一样也有生有化，后文又说宇宙本体不同于万物"不生不化"，这是更加明显的前后矛盾。而从注释的用语习惯来看，宇宙本体不可能用第一人称"吾"来指称。所以王晓毅的解释并不正确。

两部分看。张湛说《庄子》亦有此言，故而引用。今本《庄子》只有《大宗师》篇"杀生者不死，生生者不生"二句与之相近，庄子本意为说明道不同于物，物有生死终始，道作为掌握生杀大权的造物者本身却不生不死，从而超越生死，无始无终。将前后两部分合起来看，也符合庄子之意。

裴頠鉴于当时贵无之害，著《崇有论》以破斥之，其文有云：

> 夫至无者无以能生，故始生者自生也。自生而必体有，则有遗而生亏矣；生以有为己分，则虚无是有之所谓遗者也。故养既化之有，非无用之所能全也。理既有之众，非无为之所能循也。①

裴頠指出，无是有之空缺，不具备生有的能力，不可能生有。有只能由有而来，因此，世界最初的源头必定是有，不能是无，而最开始的有也只能是自生，而不是产生于他物。事物产生存在以后，就面临长养治理的问题，既然事物不是由无产生，无就不能发挥本体作用，无为、无用等以无为本体而衍生出来的原则、方式也对长养、治理事务没有效果。无既然没有本体作用，就必须转而依靠有，在现实社会中，则必须依靠名教的礼法，废黜道家的自然无为之说。这才是裴頠《崇有论》的弦外之音。《晋书》本传有云："頠深患时俗放荡，不尊儒术，何晏、阮籍素有高名于世，口谈浮虚，不遵礼法，尸禄耽宠，仕不事事；至王衍之徒，声誉太盛，位高势重，不以物务自婴，遂相放效，风教陵迟，乃著崇有之论以释其蔽。"②可见裴頠著《崇有论》有很强的现实针对性，也许正因如此，裴頠在理论的论证上并不周全。

裴頠《崇有论》主要通过有无之辨批判贵无论：其一，无不能

---

① （晋）裴頠《崇有论》，（唐）房玄龄等《晋书·裴頠传》卷三五，第1046页。
② （唐）房玄龄等《晋书》卷三五，第1044页。

生有；其二，有无完全对立，裴頠以有为存在，则无乃是"有之所谓遗者也"，即不存在、非存在。而在贵无论中，无的实质是道，道虽无形无相，却是实实在在地存在着的，它不同于一般之物的有，所以才能超出万有，作为其本体。正如余敦康所说："裴頠把有解释为存在，把无解释为非存在，这只是贵无论玄学的歧义，而不是它的本义。"更为重要的是，"贵无论玄学的主题是现象与本体的关系，而不是存在与非存在的关系。"裴頠抛弃了贵无论的无，而将有作为本体，余敦康追问道："如果有既是本体又是现象，那么二者之间一系列复杂的关系又如何通过这个孤立无偶的有来展开呢？"①这个问题裴頠未能解决，因而留下了理论上的缺憾。

裴頠关于有无的讨论，现存仅一篇《崇有论》②，未能将问题详细展开。郭象却在《庄子序》中明言："然庄生虽未体之，言则至矣。……上知造物无物，下知有物之自造也。"③郭象认为庄子已经论及万物独化的思想。所谓独化论，从宇宙创生论讲，万物自生，并非由无创造；而当万物产生之后，也是自足无待，不需要依赖外在条件，也不依赖所谓道作本体。从创生到存在，一切都是万物自己而然地发生。

郭象更为彻底地否定了无的创生能力，他在《庄子注》中反复陈述：

> 无既无矣，则不能生有；有之未生，又不能为生，然则生生者谁哉？块然而自生耳。自生耳，非我生也。我既不能生物，物亦不能生我，则我自然矣。自己而然，则谓之天然。天然耳，非为也，故以天言之。以天言之，所以名其自然也，岂

---

① 余敦康《魏晋玄学史》，北京：北京大学出版社 2016 年第 2 版，第 360—361 页。
② 据记载裴頠还著有《贵无论》，已佚。
③ （清）郭庆藩《庄子集释》，第 3 页。

苍苍之谓哉！①

　　世或谓罔两待景，景待形，形待造物者。请问：夫造物者，有耶无耶？无也，则胡能造物哉？有也，则不足以物众形。故明众形之自物而后始可与言造物耳。是以涉有物之域，虽复罔两，未有不独化于玄冥者也。故造物者无主，而物各自造，物各自造而无所待焉，此天地之正也。②

　　在郭象看来，无是彻底虚无，因而无不能产生有，即不能产生万物。反过来说，假如无能生有，那么无就不是真正的无了。《庚桑楚》注有云："此所以明有之不能为有而自有耳，非谓无能为有也。若无能为有，何谓无乎！"③从郭象的逻辑推理过程来看，并没有问题，然而却与《庄子》原意明显相悖，原文云："天门者，无有也，万物出乎无有。有不能以有为有，必出乎无有。"（《庚桑楚》）庄子一以贯之地认为有出于无，郭象则在注释中以相反思想解释，这无异于入室操戈式的批判。郭象在《知北游》注中说："谁得先物者乎哉？吾以阴阳为先物，而阴阳者即所谓物耳。谁又先阴阳者乎？吾以自然为先之，而自然即物之自尔耳。吾以至道为先之矣，而至道者乃至无也。既以无矣，又奚为先？然则先物者谁乎哉？而犹有物，无已，明物之自然，非有使然也。"④郭象认为，无既然是无，是非存在，也就不可能在时间之前存在，不能先于万物存在。

　　郭象与裴颁的不同之处在于，裴颁认为无不能生有，始有者自生，这是宇宙初创时的整体情形，有可理解为万物的总和，也可理解为万物的抽象统称。宇宙创生之后，万物中的个体如何产生？由

---

① （清）郭庆藩《庄子集释》，第 55—56 页。
② 同上书，第 117—118 页。
③ 同上书，第 797 页。
④ 同上书，第 759 页。

何而来？裴颀并未给予解释。这似乎是默认之前传统的天地生万物的说法。然而郭象独化论与此不同，郭象认为，无不能生有，万物产生之前是无的阶段，空无一物，有自然也不存在，这表明万物不是由有产生的，所以只能是"块然自生"，"造物无主，而物各自造"。

郭象还发现了道的局限性，在庄子对一系列往古神圣得道后的神奇效验的富有赞美意义的描述之下，郭象注云：

> 道，无能焉。此言得之于道，乃所以明其自得耳。自得耳，道不能使之得也；我之未得，又不能为得也。然则凡得之者，外不资于道，内不由于己，掘然自得而独化也。夫生之难也，犹独化而自得之矣，既得其生，又何患于生之不得而为之哉！①

一般来说，道的作用是广大的，即使否认了道（无）对万物的创生作用，其作为万物的本体作用也难以消除。郭象采取了一个策略，在直言道之无能以后，他从能动性上再次否定道的作用。虽然庄子在《知北游》篇通过道在屎溺之语表明道无所不在，但郭象巧妙地发现道并没有能动作用，它不能使人得道，意即道不能主动进入个人，让个人自动得道、达到大道的境界。在他看来，人得道，与道本身无关，都是靠人自得，当然，人自得也并非指其主动追求就能得道，得道也是一个自然而然的过程。②

郭象的独化论比较接近稷下学派季子的"莫为"说。《则阳》篇中，少知向大公调请教"季真之莫为，接子之或使"哪种理论更接近宇宙万物生存变化的真相，大公调指出："或使则实，莫为则

---

① （清）郭庆藩《庄子集释》，第 256 页。
② 关于有、无问题，宋明理学家也有讨论，如张载、王廷相、王夫之等，但他们并未明言针对庄子或延续魏晋玄学的话题，这只是他们自己的思想体系的一部分。详参王中江《道家学说的观念史研究·"有无之辨"》，北京：中华书局 2015 年。

虚。有名有实，是物之居；无名无实，在物之虚。"莫为、或使，仍然滞于有形之物的层面，远没达到无形而又神妙的道的高度①。郭象的独化论亦更偏向于物的层面。

汤用彤认为，玄学的中心问题，"在辨本末有无之理"②，有无问题贯穿了整个玄学发展过程，在玄学最后一个阶段——东晋玄佛合流阶段也仍然是讨论的焦点之一。此时佛家有所谓七宗，其中本无宗、心无宗、即色宗均涉及有无之辨，僧肇又著《不真空论》以综合批判这些观点。由于中土人士对印度佛学义谛了解不深，所以僧人学者以中土与之相近的老庄玄学概念进行比附阐释，谓之格义，因而这些佛学思想也不免受到老庄的影响。

《中论疏》引竺法深语云："本无者，未有色法，先有于无，故从无出有，即无在有先，有在无后，故称本无。"③照此看来，撇却术语的不同，本无宗对有无的观点与庄子颇为一致。色、法指事物或者现象，相当于有，万有从无而出，且无在时间上先于万有，所以称为本无。而按照吕澂的观点，本无宗以竺法汰为代表，其主要观点为"诸法本无，壑（豁）然无形，为第一义谛；所生万物，名为世谛"，结合当时玄学已经发展到万物自然而生说，吕澂认为本无宗之意并非万物由无所生，"而是万物本身就是无，这就是性空，这就是第一义谛"，而且是"以无为本的非有非无"，"用意是偏于无的"④。对于本无说，僧肇在《不真空论》中批评道：

> 本无者，情尚于无多，触言以宾无。故非有，有即无；非

---

① 详参郑开《道家形而上学研究（增订版）》，北京：中国人民大学出版社 2018 年，第 78—81 页。
② 汤用彤《魏晋玄学论稿及其他·魏晋玄学流别略论》，北京：北京大学出版社 2010 年，第 36 页。
③ 转引自汤用彤《汉魏两晋南北朝佛教史》，北京：中华书局 2016 年第 2 版，第 179 页。
④ 吕澂《中国佛学源流略讲》，北京：中华书局 1979 年，第 53—54 页。

无，无即无。寻夫立文之本旨者，直以非有非真有，非无非真无耳。何必非有无此有，非无无彼无？此直好无之谈，岂谓顺通事实，即物之情哉？①

僧肇指出，本无宗对无的偏好与推崇，"情尚于无多"，而且本无宗对非有非无的理解也不正确，他们认为非有非无是有无皆不存在②，实际佛经所论有无的关系并非如此。僧肇云："所以然者，夫有若真有者，有自常有，岂待缘而后有哉？譬彼真无，岂待缘而后无也？若有不能自有，待缘而后有者，故知有非真有。有非真有，虽有不可谓之有矣。不无者，夫无则湛然不动，可谓之无。万物若无，则不应起，起则非无，以明缘起故不无也。……言有，是为假有以明非无，借无以辨非有。此事一称二，其文有似不同，苟领其所同，则无异而不同。"③僧肇认为，非有是非真有的意思，即万法本无自性，只是因缘和合的产物，因缘消散，万法也就不存在了，从这个角度而言，万法是虚幻的，是无、是空，那么这个有就是非真有，也称为假有；万法在根本上无自性，但也不是完全彻底的空无，在世俗世界中毕竟存在，所以也不是真无，这是非无的准确含义。所以，万法都是非有非无的统一，反过来也可以说是有与无的统一。从这种标准看，本无宗之失在偏于无而忽略有。

虽然佛家的本无宗与庄子对无的推崇、王弼的贵无论并不完全相同，僧肇对本无宗的批判也未必全然适合于批判庄子，且并未直接针对庄子，但僧肇的思想与裴頠、郭象有相应之处，而且僧肇等

---

① （东晋）僧肇著，张春波校释《肇论校释》，第 41—42 页。
② 从竺法深之语、僧肇之批评以及吕澂的解释等可以看出，对本无宗思想的理解存在一定的混乱，这一方面是由于资料匮乏，一方面大概也是由于佛学与玄学纠缠交融，无法分明。比如佛学的无只是一般的不存在的含义，表示色法在自性方面是空无，并非玄学中本体论上的无，不具备生化功能，因而也谈不上无生有与否，文中所引本无宗几条材料却都涉及有生灭关系，显示佛学尚未脱离玄学而独立。本文仅借佛学对有无的批判反照庄子有无之义的不足。
③ （东晋）僧肇著，张春波校释《肇论校释》，第 54—55 页。

其实是沿袭了王弼、裴頠、郭象等所关注的有无的问题，僧肇不少用语与思想即出自《庄子》，因此可以视为对庄子的广义的批判，它山之石，可以攻玉，僧肇的理论对评判庄子思想不无启迪。宇宙万物虽然空无自性，却并非彻底虚无，其作为假有、假象的存在不容否定，因而是有与无的统一。但与裴頠、郭象一样，佛家的无已经不具备生化的意义，也没有本体的意味，而是纯粹的空无，特指自性的空无。庄子思想中作为本体的无已经荡然无存了。

总之，从有无之辨这一角度看，魏晋玄学接续老庄的思想，何晏、王弼以宇宙创生论与本体论探讨有无问题而有贵无思想，发展到裴頠、郭象时，他们从宇宙创生论否定无的创生作用，从而推翻无对有的本体作用，建立崇有论和自然论，以实现名教与自然合一、体用一如的目的。此时的佛学吸收玄学思想，延续有无之辨的论题，讨论般若性空问题，无特指自性之无。无的内涵在逐步缩小，地位也慢慢滑落，无的含义与地位的变化象征着魏晋玄学对庄子思想的批判与革新。

第三节 人道有为：对庄子天人观的批判

有无这对概念是魏晋玄学讨论道所使用的核心概念，它更偏向道家化，但在中国思想史上，更普遍的是天人这对概念。下面即以此为中心揭示历代学者对庄子道论的批判。

一、无为而无不为：道家内部的批判

在庄子思想中，道是派生天地万物的总根源，也是天地万物存在与运行的总法则。天地万物都要遵道而行，否则将会导致错乱、招来灾患。人作为天地万物之一，也必须以人合天，抛弃世俗所谓人道，人的价值来源与价值所在都在天道。就这一点而言，庄子的部分后学已然不能同意，他们吸收了别家思想对此进行了改造。

《在宥》篇云：“何谓道？有天道，有人道。无为而尊者，天道也；有为而累者，人道也。主者，天道也；臣者，人道也。天道之与人道也，相去远矣，不可不察。”作者认为人道也是道之一种，包含于其中，这与庄子的道仅指天道已经不同。无疑，作者认识到人道与天道的巨大差距，但他并没有因此蔑弃人道、否定人道的价值，而是相反去承认其价值。天道与人道也呈现出一种新的关系，作者将二者比喻成主与臣，表明二者是相辅相成的，主虽为主，却是臣之主，无臣便无所谓主；臣虽然卑贱，却也不可或缺，而自有其独立价值，相应地，人道也是如此。

天道无为，人道有为，《天道》篇则结合现实政治从有为无为的角度论证天道、人道相互配合、不可分离，其文云：“夫帝王之德，以天地为宗，以道德为主，以无为为常。无为也，则用天下而有余；有为也，则为天下用而不足。故古之人贵夫无为也。上无为也，下亦无为也，是下与上同德，下与上同德则不臣；下有为也，上亦有为也，是上与下同道，上与下同道则不主。上必无为而用天下，下必有为为天下用，此不易之道也。”这里将君臣分为上下两个等级，君为上，执天道，无为以用天下；臣为下，执人道，有为以为天下用。君之无为虽然是模仿天道，处于尊贵的地位，但仍需要以臣之有为为基础、前提。君与臣、无为与有为，存在一种分工的意味，臣、有为也是世界运行的不可或缺的一环。别出心裁的是，此处强调上下等级的不可错乱，上下不能同时无为，也不能同时有为。如果说君上接于天，是天道的代表，那么臣出于人，体现的是人道，这种天道、人道的关系对庄子本身的天人思想是一种极大的改造。众所周知，注重上下等级秩序，君臣名分与相应的职责，是儒家的思想主张，庄子已经处于战国中后期，其后学更是接近战国后期，其时诸家思想经过不断交锋，已经互相吸收融合，扬长避短，这就是典型的一例。

承认人道的价值，根源在于承认世俗世界的价值，承认生活在其中的人的价值。除庄子之外，道家其他派别与儒家、墨家、法家等学派均承认人的价值，都以各自的思想与行为积极干预现实世界。《在宥》篇云："贱而不可不任者，物也；卑而不可不因者，民也；匿而不可不为者，事也；粗而不可不陈者，法也；远而不可不居者，义也；亲而不可不广者，仁也；节而不可不积者，礼也；中而不可不高者，德也；一而不可不易者，道也；神而不可不为者，天也。故圣人观于天而不助，成于德而不累，出于道而不谋，会于仁而不恃，薄于义而不积，应于礼而不讳，接于事而不辞，齐于法而不乱，恃于民而不轻，因于物而不去。物者莫足为也，而不可〔不〕为。"法、仁、义、礼等均是人道机制中的一部分，在庄子后学看来，这些不可不用，意即均是有价值的，因而将它们尽数吸收进来，纳入天道人道的架构当中。

道家内部的黄老派对待社会的取向也与庄子不同。黄老派继承并发扬了老子经世致用的一面，将虚无的道转化为实用的术，以无为为手段，以无不为为最终目的。司马谈《论六家要指》论黄老派云："道家……其为术也，因阴阳之大顺，采儒墨之善，撮名法之要，与时迁移，应物变化，立俗施事，无所不宜，指约而易操，事少而功多。……道家无为，又曰无不为。其实易行，其辞难知，其术以虚无为本，以因循为用，无成势，无常形，故能究万物之情；不为物先，不为物后，故能为万物主；有法无法，因时为业；有度无度，因物与合。故曰：'圣人不朽，时变是守。虚者道之常也，因者君之纲也。群臣并至，使各自明也。'"①司马谈曾经从黄生学习道论，本人就是黄老派学者，因而在《论六家要指》中对黄老派评价最高，也最能准确透辟地理解与阐述黄老派的思想。转道为术

① （汉）司马迁《史记》，第3289—3292页。

的过程，就是大道下降的过程，大道本是虚无无为的，在术化过程中它又吸收了儒、墨、名、法等有为的人道机制，这就是所谓无不为。无不为与有为略有区别，有为更侧重过程，无关结果；无不为则涵盖过程而侧重结果。但在道家思想中，有为的过程往往指违背自然、不顾规律与客观条件地胡作非为，造成不良后果，与预期目的常常南辕北辙。无不为则不同，从过程看，它不是毫无作为，而是依乎天理，根据客观规律与条件，有限地作为，这样得到的结果往往会符合预期。而其中的关键便是无为与有为的结合方式。

　　与庄子后学稍有不同，黄老派虽然也主张无为与有为的结合，但他们更注重从无为的角度出发去探究无为与有为的结合方式，这个结合方式就是因循。《管子·心术上》论心统摄九窍之道，心虚静无为，洒智去欲，九窍各司其职，以此喻无为之道。其中特地讨论了因循之道，这也是该篇及黄老派的特有思想，其文云：

> 无为之道，因也。因也者，无益无损也。以其形，因为之名，此因之术也。名者，圣人之所以纪万物也。人者立于强，务于善，未于能，动于故者也。圣人无之，无之则与物异矣，异则虚，虚者万物之始也，故曰：可以为天下始。……其应，非所设也。其动，非所取也。此言因也。因也者，舍己而以物为法者也。感而后应，非所设也。缘理而动，非所取也。过在自用，罪在变化。自用则不虚，不虚则仟于物矣。变化则为生，为生则乱矣。故道贵因。因者，因其能者，言所用也。①

这里直接将因定性为无为之道，具体表现为"无益无损""以物为法"，即主宰者完全尊重、依凭施为者。从内心上讲，主宰者要保持虚静之心，不为欲望堵塞充斥，更不为欲所动；从行为上讲，主宰者不将任何私意与私智加诸施为者，任凭其发挥自己的能力，也

---

① （清）黎翔凤《管子校注》，第771—776页。

只有如此，施为者才能充分施展其能力。一旦主宰者不安于静，私意萌动，起而干涉施为者，从而使其无法有效发挥其才能，这就变成了有为。在黄老思想以及庄子后学思想中，这就犯了"上与下同道"的错误①。《管子·心术上》云："故曰：上离其道，下失其事。毋代马走，使尽其力；毋代鸟飞，使弊其羽翼。"②只有主宰者虚静无为，其下的各类人才方能如马与鸟一样各尽其力。主宰者偏离其道，代替施为者而行，只会增加妨碍。

同样是黄老派，淮南子以人弥天、以有为补无为的策略有所不同，他是直接改变无为的定义，将部分有为加入无为中，从而承认部分有为是合乎天道的。淮南子首先否定了"无为者，寂然无声，漠然不动，引之不来，推之不往。如此者，乃得道之像"（《淮南子·修务训》）的说法，他认为无为并不是毫无作为，端拱而坐。《要略》篇概括《修务》篇之主旨云："《修务》者，所以为人之于道未淹，昧论未深，见其文辞，反之以清静为常，恬淡为本，则懈堕分学，纵欲适情，欲以偷自佚，而塞于大道也。今夫狂者无忧，圣人亦无忧。圣人无忧，和以德也；狂者无忧，不知祸福也。故通而无为也，与塞而无为也同，其无为则同，其所以无为则异。故为之浮称流说其所以能听，所以使学者孳孳以自几也。"③在淮南子看来，无为分为两种，一种可以通达大道，一种则否塞不通，表面看起来一样，但二者与大道的关系大异其趣。前者真正抓住了清静恬淡的本常，后者则出于懈怠放纵、苟且偷安。实际上，后者就是完全放弃地彻底不为，前者则不断学习修炼自己，以接近大道。对于二者之取舍，也是显而易见，《主术训》云："无为者，非谓其凝滞

---

① 《庄子·天道》云："下有为也，上亦有为也，是上与下同道，上与下同道则不主。"
② 同上书，第759页。
③ 刘文典撰，冯逸、乔华点校《淮南鸿烈集解》，北京：中华书局1989年，第705—706页。

而不动也，以其言莫从己出也。"①这更是对彻底无为的直接否定。

如此一来，无为就不再等同于自然。自然是任凭事物自己发展，不加任何外力，不论是逆向的阻挠抑或正向的帮助；无为则可以根据客观条件与规律，循顺事物变化趋势，适当加以助推或者抑制，以达到趋利避害的目的。《淮南子·修务训》云："若吾所谓'无为'者，私志不得入公道，嗜欲不得枉正术，循理而举事，因资而立，权自然之势，而曲故不得容者，事成而身弗伐，功立而名弗有，非谓其感而不应，攻而不动者。若夫以火燥井，以淮灌山，此用已而背自然，故谓之有为。若夫水之用舟，沙之用鸠，泥之用辋，山之用蔂，夏渎而冬陂，因高为田，因下为池，此非吾所谓为之。"②淮南子明确地将因循与有为划为两端，因循归于无为，可以通达大道，有为则师心自用，违背自然。

依《庄子》之意，马之良驽，皆源自自然，其天性奔放，龁草饮水，翘足而陆，不是为了供人类驱使之用，甚至连良驽之分都不应该，因为这是人类从利用价值的角度给马做的分类标签。《淮南子·修务训》则云："夫马之为草驹之时，跳跃扬蹄，翘尾而走，人不能制，啮咋足以嚼肌碎骨，蹯蹄足以破颅陷匈；及至圉人扰之，良御教之，掩以衡扼，连以辔衔，则虽历险超堑弗敢辞。故其形之为马，马不可化；其可驾御，教之所为也。……今有良马，不待策锤而行；驽马，虽两锤之不能进，为此不用策锤而御，则愚矣。"③淮南子认为，即使是良马，其自然本性对于人类之利用已经足够便利，也仍然需要人类使用马棰加以鞭策。这是顺应马之本性，使之能够更好地供人类驱使所采取的措施，仍然属于无为的范围。《庄子·秋水》云："牛马四足，是谓天；落马首，穿牛鼻，是

---

① 刘文典撰，冯逸、乔华点校《淮南鸿烈集解》，北京：中华书局1989年，第295页。
② 同上书，第634—635页。
③ 同上书，第638—640页。

谓人。故曰，无以人灭天，无以故灭命，无以得殉名。谨守而勿失，是谓反其真。"郭象注则云：

> 人之生也，可不服牛乘马乎？服牛乘马，可不穿落之乎？
> 牛马不辞穿落者，天命之固当也。苟当乎天命，则虽寄之人
> 事，而本在乎天也，穿落之可也。若乃走作过分，驱步失节，
> 则天理灭矣。不因其自为而故为之者，命其安在乎！①

此处与上引《淮南子·修务训》可谓如出一辙。庄子认为，落马首、穿牛鼻是人之有为，是对牛马天性的破坏。郭象却反其道而行，认为人驱使牛马是天命的合理安排，既然如此，就必须落马首、穿牛鼻，虽然出于人为，但因为合乎天命，就并无妨碍，不会对牛马的天性有所损害。在郭象看来，过度地役使牛马才是违背天理。落马首、穿牛鼻只是因循牛马自己的行为，并非人之有为，"因其自为而故为之"，这里郭象又借鉴了《管子》思想。

　　有无讨论的是道之体，有为、无为讨论的是道之用。庄子崇天道，因而尊无为而斥有为。可是这对于个人来说过于蹈虚，对于国家来说也无法正常运转，因而后世学者在承认道本无为的前提下，吸收了庄子对有为的批判，将具有破坏性的任意蛮干妄为排除出去，将建立在尊重客观条件与规律基础上的积极有为吸纳进来，调和、改造了庄子思想，使之落到实处，而非空悬高天，让人不可企及。

二、异端：儒家视野中的庄子道论

　　客观而论，庄子思想所批判的主要是当时的显学儒家，而儒家思想后来逐渐成为统治思想，占据主要地位，因而对庄子的反批判也最为广泛强烈。

---

① （清）郭庆藩《庄子集释》，第589—590页。

就道论而言，儒家最初不言形而上之道，孔子罕言性与天道，儒家所谓道，均指人道。庄子之后，荀子批评庄子"蔽于天而不知人"，《荀子·儒效》明确表示："道者，非天之道，非地之道，人之所以道也，君子之所道也。"①此道即修饰个人与治理国家的礼。然而荀子与孔子一样，仍然不谈形而上之道，但奠定了后世儒家对庄子道论批判的基础。

中唐时期，儒学衰微，佛道强势，安史之乱以后，藩镇割据，中央统治力每况愈下，佛道虽盛，却以出世为主，于危机的解决起不到丝毫作用，这时有识之士起而重振儒学。最突出的是古文家韩愈，他借鉴禅宗传法的故事，创立儒家道统说②，从而确立正统与异端的关系。其《原道》一文有云："博爱之谓仁，行而宜之之谓义；由是而之焉之谓道，足乎己，无待于外之谓德。……曰：斯道也，何道也？曰：斯吾所谓道也，非向所谓老与佛之道也。尧以是传之舜，舜以是传之禹，禹以是传之汤，汤以是传之文武周公，文武周公传之孔子，孔子传之孟轲，轲之死，不得其传焉。"③韩愈重申了道是儒家的仁义之道，而非"清净寂灭"的佛老之道，"故学者必慎其所道，道于杨墨老庄佛之学，而欲之圣人之道，犹航断港绝潢以望至于海也"④。但杨、墨、老、庄、佛五家，庄子稍微特殊一些，韩愈认为，其余四家均与儒家没有渊源关系，庄子却是儒家门徒，其《送王秀才序》云："盖子夏之学，其后有田子方；子方之后，流而为庄周：故周之书，喜称子方之为人。"⑤尽管如此，庄子与孔子所传的真正的大道相去甚远，原因在于"孔子之道大而

---

① （清）王先谦《荀子集解》，第122页。
② 陈寅恪《金明馆丛稿初编·论韩愈》，北京：生活·读书·新知三联书店2009年第2版，第319—321页。
③ （唐）韩愈著，马其昶校注，马茂元整理《韩昌黎文集校注》，上海：上海古籍出版社2014年第2版，第15—20页。
④⑤ 同上书，第293页。

能博，门弟子不能遍观而尽识也，故学焉而皆得其性之所近；其后离散分处诸侯之国，又各以所能授弟子，原远而末益分"①。韩愈此处说法与《庄子·天下》《荀子·解蔽》二文一致，均认为道广大完备，但后学诸子仅得其一偏，只不过对谁得其全、谁得其偏的具体判断不同。韩愈梳理了儒家思想内部传承的三个系统：一为子夏到田子方再到庄子，一为商瞿到子弓再到荀子，一为曾参到子思再到孟子。韩愈以为，这三个系统只有孟子一系是真正传续了孔子之道，为大道之正统，其文曰："自孔子没，群弟子莫不有书，独孟轲氏之传得其宗，故吾少而乐观焉。"②

　　一般认为庄子属于道家，韩愈将庄子视为儒家弟子，且流传有序，这是一种破天荒的"奇谈怪论"，很多现象与问题都无法解释③。因而这种观点并未得到广泛认同。然而韩愈对庄子之道的不认可却被继承了下来。"宋初三先生"之一的石介出于卫道之心，认为庄子之道破坏了圣人之道，是大祸患，对庄子大加挞伐。他在《读原道》中云："去孔子后千五百年间，历杨墨韩庄老佛之患，王道绝矣。虽曰《洪范》、曰《周官》、曰《春秋》、曰《孟子》存，而千歧万径，逐逐竞出，诡邪淫僻，荒唐放诞之说，恣行于天地间，无有御之者。大道破散销亡，睢睢然惟杨墨之归而佛老之从，吏部此时能言之难。"④石介此文思想出自韩愈《原道》，却青出于蓝而胜于蓝，对庄子更加不客气。石介并未采纳韩愈关于庄子为儒门弟子的观点，而且韩愈只是认为庄子为儒门分支，得道之一偏，

---

① （唐）韩愈著，马其昶校注，马茂元整理《韩昌黎文集校注》，上海：上海古籍出版社 2014 年第 2 版，第 292 页。

② 同上书，第 293 页。

③ 比如《庄子》中孔子形象问题，直至今日，庄子究竟是尊孔还是讥孔的问题仍然没有确切答案，而以儒解庄者的答案倾向性就特别强，如晚明觉浪道盛、方以智、今人钟泰等认为庄子是儒教别传。

④ （宋）石介《徂徕集》卷七，《景印文渊阁四库全书》第 1090 册，台北：台湾商务印书馆 1985 年，第 226 页。

仅是非正宗之意，言下之意认为庄子之道仍然属于正道。石介则完全回归传统，认为庄子与老子、韩非等为一类，已经脱离正途而入于邪道，而且孔子去世以后，庄子与老、韩、杨、墨以及佛诸家同为败坏儒家之道的罪魁祸首。在其他文章中，石介不断强调庄子对儒家大道的破坏，且极力传播这种思想，如他在《上张兵部书》中说："孔子之道始剥于杨墨，中剥于庄韩，又剥于秦莽，又剥于晋隋（宋）齐梁陈五代，终剥于佛老。"[①]在《上孔徐州书》中说："周公死数千年矣，圣师没亦数千年矣，经于秦，历于晋宋梁隋，至于五代，曾几何不被发而左衽矣。遭乎老，汩于庄韩，乱于杨墨，逼于佛道，几何而不绝纽而坠地也！"[②]在《上孙少傅书》中说："杨墨佛老之下，诸子且数百家，乖而离之，合诸妖妄邪诞之说，复有纵横家者、杂家者、刑名家者、小说家者，仪、秦、商鞅、韩非、庄周之徒蜂起，而莫之御也。"[③]在石介的大力排斥下，庄子真正成为儒家尤其理学家眼中的异端。

然而，韩愈、石介作为理学先驱，并未达到后来理学在理论上的深度。就道论而言，韩愈、石介只是在文化思想以及社会实践等大的层面批判庄子，在形而上层面不免有所疏忽。而道论本身探讨的是形而上者，若要对其有真正切中的批判，必须达到形而上层面。儒家本不讲形而上，但是一方面自魏晋以来受到佛道濡染数百年，一方面出于与佛道争胜的需要，儒学发展到理学阶段时，便从佛道二家探骊得珠，借鉴了其思维方式及理论结构，后出转精，更加圆融。与此同时，理学又要复兴儒学，重振其思想文化的主体地位，因此，它又反过来批判佛道，以显示其正确性，从而巩固其地位。

---

① （宋）石介《徂徕集》卷一二，《景印文渊阁四库全书》第 1090 册，第 265 页。
② （宋）石介《徂徕集》卷一四，《景印文渊阁四库全书》第 1090 册，第 284 页。
③ （宋）石介《徂徕集》卷一五，《景印文渊阁四库全书》第 1090 册，第 286—287 页。

　　道论方面，理学已经达到了内外、有无、本末、体用兼宗的阶段，故而，在理学家看来，庄子思想不免偏颇。二程就批评庄子隔断内外来论道：

> 心迹一也，岂有迹非而心是者也？正如两脚方行，指其心曰："我本不欲行，他两脚自行。"岂有此理？盖上下、本末、内外，都是一理也，方是道。庄子曰"游方之内""游方之外"者，方何尝有内外？如此则是道有隔断，内面是一处，外面又别是一处，岂有此理？①

　　理学将理认作道，认为理是贯通内外的，并不偏在于内或者偏在于外，内外也并非存在两种理、两种道。而庄子在《大宗师》篇借孔子之口论述儒家修方内之道，道家修方外之道，"外内不相及"，将儒道看作两种道而割裂开来。此处所谓方，指儒家所重的礼②。在理学家看来，道内外通融，无所不包，既有宇宙本体的内涵，又有人世的仁义礼智等伦理道德作为一个非常重要的组成部分。甚至有人分析了庄子道分内外的原因："大要周于圣人之道，略见圭角，遽欲广己造大而不能自持，至分游方之内外以为二，岂知夫圣人精义入神者，乃所以致用，利用安身者乃所以崇德乎？"③

　　陆九渊则从天人的统一性来批判庄子对天人的割裂。他认为天理、人欲之分是错误的，而这种分法根源在于老子，由此他谈及庄子对天人的观点：

> 庄子云："眇乎小哉！以属诸人；謷乎大哉！独游于天。"

---

① （宋）程颢、程颐《河南程氏遗书》卷一，《二程集》，第3—4页。

② 《礼记·经解》云："是故，隆礼由礼，谓之有方之士；不隆礼、不由礼，谓之无方之民。"

③ （宋）朱松《韦斋集·杨遵道墓志铭》，《原国立北平图书馆甲库善本丛书》第670册，北京：国家图书馆出版社2003年影印明弘治十六年邝璠刻本，第1760页。

又曰："天道之与人道也相远矣。"是分明裂天人为二也。①

理学超越佛道的地方就在于其天人合一的主张，既不否定现实世界，也不贬低人的主体作用。虽然理学内部各个派别对天人合一的论述取径不同，但无不以天人合一为追求鹄的。陆九渊的天人合一论则富有心学的色彩，他"从'本心'出发，建立其道德主体论，同时以心为宇宙本体，建立其'天人合一论'。心之所以为心，是'天之与我者'，只是他把天之所以为天者完全主体化，变成了主体原则，不离心体而存在，因此反对有天人之分，也反对天人'异化'之说"②。而其天人合一论十分强调人的地位，"天地人之才等耳，人岂可轻，人字又岂可轻？"③人与宇宙相通，尽其本性，就能与天同一，"宇宙内事，是己分内事，己分内事，是宇宙内事。"④陆九渊的批评与荀子"蔽于天而不知人"实有相通之处，他们都认为庄子相对较为轻视人的价值，但荀子将自然界之天分离出来，并无形而上的意义，也不讲天人之相合。张载更为严厉，认为将天人分裂不仅不知人，也是不知天，他在《与吕微仲书》中说："浮屠明鬼，谓有识之死，受生循环，亦出庄说之流，遂厌苦求免，可谓知鬼乎？以人生为妄见，可谓知人乎？天人一物，辄生取舍，可谓知天乎？"⑤张载此处虽是针对佛教，却认为佛教生死轮回之说出自庄子，所以他的批判对象自然包含庄子。张载强调天人相合，不能分裂天人进而在天人中进行取舍。

从有无方面讲，庄子以道为虚无，同样遭到了激烈的批判。在理学家看来，道是有实际内容的，也是实实在在的存在。真德秀

① （宋）陆九渊著，钟哲点校《陆九渊集·语录上》，北京：中华书局1980年，第396页。
② 蒙培元《理学范畴系统》，北京：人民出版社1989年，第440页。
③ （宋）陆九渊《陆九渊集·语录下》，第463页。
④ 同上书，第273页。
⑤ （宋）张载《张载集·与吕微仲书》，第350—351页。

云："盖自荀杨氏以恶与善混为性而不知天命之本然，老庄氏以虚无为道而不知天理之至实，佛氏以刬灭彝伦为教而不知天叙之不可易。"①以道为虚无则必然伴随一定的害处，危害真正的大道："蒙庄氏以轩冕为寄，以形骸为逆旅，可谓达矣。然其弊也，举天下人伦物理，一以虚假目之。如此，则善不必勉，恶不必戒，此害道之尤者也。"②

《庄子·知北游》借道在屎溺的寓言说明道无所不在，寓于万物之中，但庄子之道仍然是自本自根，块然独立的。理学中的道，无论就道气言抑或就道器言，道均不能离开另一方而存在、显现，可以说道气或道器是一体的。对此，陈淳有详细的分析：

> 老庄说道，都与人物不相干，皆以道为超乎天地器形之外。如云"道在太极之先"，都是说未有天地万物之初，有个空虚道理。且自家身今见在天地之后，只管想像未有天地之初一个空虚底道理，与自家身有何干涉？佛氏论道，大概亦是此意。但老氏以无为宗，佛氏以空为宗，以未有天地之先为吾真体，以天地万物皆为幻化，人事都为粗迹，尽欲屏除了，一归真空，乃为得道。不知道只是人事之理耳。"形而上者谓之道，形而下者谓之器。"自有形而上者言之，其隐然不可见底则谓之道。自有形而下者言之，其显然可见底则谓之器。其实道不离乎器，道只是器之理。人事有形状处都谓之器，人事中之理便是道。道无形状可见，所以明道曰："道亦器也，器亦道也。"须著如此说，方截得上下分明。③

道不是空虚的道理，而是人事之理，虽然它本身是无形的，但离不

---

① （宋）真德秀《南雄州学四先生祠堂记》，《西山先生真文公忠文集》卷二六。
② （宋）真德秀《跋南轩先生周氏寓斋诗》，《西山先生真文公忠文集》卷三六。
③ （宋）陈淳著，熊国祯、高流水点校《北溪字义》卷下，北京：中华书局1983年，第38—39页。

开有形的人事。因而未有天地之初就不存在一个空悬着的道理。假设存在，此时人事尚未产生，道便与人事无关，这就违背了道是人事之理的根本宗旨。

关于庄子"道在太极之先"的看法，赵汝楳在《易雅》中也提出不同意见："庄周袭吾夫子太极之名而不明其体，其曰'在太极之先而不为高，在六极之下而不为深'。曰高与深皆指形迹，遂认太极为六极之俦，彼盖习其师'有物混成，先天地生'之说。不知老氏曰无、曰惚恍、曰先天地生，皆道之别名。亦《大传》所谓太极也。太极与道安有先后？今云在太极之先，是太极与天地皆有形之物，其失远甚。"①赵汝楳的批判无疑漏洞百出，如太极一词最早出现在《庄子》中，而非《易大传》，因此不是庄子袭取孔子。《庄子》中的太极，其含义与《易大传》中的太极含义并不相同，且《庄子》中太极出现在前，更不能以《易大传》中太极的含义衡量前者。当然，以此要求赵汝楳也是以今度古，过于苛刻了，在他生存的时代，《易大传》仍被认为是孔子所作，自然要早于庄子，他如此批评在当时是相对合理的。在理学思想中，太极即道，二者异名同实，所以说道先于太极是错误的认识。

理学在建立道统、排斥异端时，主要是对佛家的批判，对道家、对庄子有时还会有一些赞词。但正因如此，一些儒家学者认为庄子的迷惑性反而更大，沈一贯《读庄概辨》有云：

> 程子谓"佛之言近理而害甚，学者当比之于淫声美色"，以余观于庄，其近理而害甚也愈于佛。何也？佛之起教在出世，故其言非无与吾合者，而穷竟旨归，则出世焉，止矣。故曰易辨也。庄则不然。亦以内圣自许，而放于逍遥之场；亦以

---

① （宋）赵汝楳《易雅》，《景印文渊阁四库全书》第19册，台北：台湾商务印书馆1985年，第311页。

外王自许，而终不可施之实用。引而置之门墙，谓其语天而遗
人可也；麾而摈之夷裔，谓其罪浮于桀纣可也。毫芒之际，最
难辨哉！①

沈一贯对儒、道、佛的看法确实更合乎情理，事物之间差别越大越
容易分辨清楚，越相近越难分辨。

理学毕竟吸取了庄子的很多思想，周敦颐、二程、朱熹等理学
家都对庄子的一些思想赞赏有加，在一定程度上不得不承认庄子思
想具有部分的合理性，因而庄子虽然被判为异端，其书却不可不
读。于是这又引出了《庄子》读法的问题，即怎样读《庄子》既能
体会其合理处，又不被其异端外道所动摇、侵害。朱熹的学生曾向
他请教如何读《老》《庄》，朱熹认为："自有所主，则读之何害？
要在识其意所以异于圣人者如何尔。"②所谓自有所主，就是先抱定
儒家思想为宗旨，并以之作为标准来评判庄子思想。无独有偶，王
安石也曾有过类似观点："庄生之书，其通性命之分，而不以死生
祸福累其心，此其近圣人也。自非明智不能及此。明智矣，读圣人
之说，亦足以及此。不足以及此，而陷溺于周之说，则其为乱大
矣。"③王安石虽非理学家，但他仍然属于儒家，以孔子为圣人，护
卫孔子之道。王安石认为，扬雄虽然《墨子》《晏子》《庄子》《韩
非子》等书无所不读，却依然保守正道，原因就在于扬雄"致其知
而后读，以有所去取，故毕学不能乱也。惟其不能乱，故能有所去
取者，所以明吾道而已"④。

关于天人，庄子又何尝不清楚二者的关系以及其中的复杂问

---

① （明）沈一贯《庄子通·读庄概辨》，方勇总编纂《子藏·道家部·庄子卷》第 41
册，北京：国家图书馆出版社 2011 年据明万历十五年（1587）至十六年（1588）蔡
贵易刊、二十七年（1599）重修《老庄通》本影印，第 333—334 页。
② （宋）黎靖德编《朱子语类》卷九七，第 2498 页。
③ （宋）王安石《答陈枢书》，《临川先生文集》卷七七，第 818 页。
④ （宋）王安石《答曾子固书》，《临川先生文集》卷七三，第 779 页。

题。《大宗师》篇云："畸人者，畸于人而侔于天。故曰：天之小人，人之君子；人之君子，天之小人也。"畸，异也，奇特、不同寻常，异于人，应当可以理解为异于常人。异人在《庄子》文中接近真人，庄子无疑认为真人、异人才是人应当有的样子。在特殊的时刻，人已经被外物异化之时，庄子试图把人从外物中剥离出来，树立真正的人的形象。但是，他又不免矫枉过正，将人本身也剥离掉，从而使人与价值分开，形成对立。由于庄子借助天以寻找人，因此其问题便在于"蔽于天而不知人"。庄子后学、道家其他派别以及儒家学者均发现了庄子的这一问题，或展开批判或进行弥补，重新发现并肯定人的价值，使这一思想渐趋完善。

第五章
对庄子政治思想的批判

第一节 庄子的政治思想

　　《庄子·天下》评论庄子云："独与天地精神往来，而不敖倪于万物，不谴是非，以与世俗处。"庄子追求逍遥游，却仍不离人间世，也论及人间的政治社会问题，相关表述集中于内篇《应帝王》篇，外篇则从《骈拇》篇以至《天运》篇均有论述，其他篇目亦有散论，可见庄子及其后学对政治社会问题的关注。

　　庄子论政治社会，多从反面立论，从对当时的显学儒墨两家的批评展开，又在批评中建立自己的观点。不论是儒墨两家，抑或名法两家，其讨论政治的出发点及立场均在国家社会，追求的是国家的长治久安，社会的和谐稳定，其次才是百姓的幸福安康。庄子则不同，其立场在个人，目的也在个人，国家、社会并不是目的，而是保障和促进个人生存的手段，国家及政治（国家的组织与运行）存在的最终目的是为其中的成员提供保障，保障其生命健康不受人为侵害，保障其自然本性不受干扰破坏，这是最低要求；更高的则是个人生命受到威胁时提供防御和保护，促进个人依照其本性自由发展。而当时的社会现实却是，战国诸侯为了一己私欲，利用礼乐刑罚统治管理百姓，经济上剥削，政治上压迫，甚者为了争夺地盘，连年征战，以致生灵涂炭，死者以国量乎泽。所以庄子强烈呼吁要回到至德之世，《庄子》中多次描写了至德之世百姓的生活状态：

> 彼民有常性，织而衣，耕而食，是谓同德；一而不党，命曰天放。故至德之世，其行填填，其视颠颠。当是时也，山无蹊隧，泽无舟梁；万物群生，连属其乡；禽兽成群，草木遂长。是故禽兽可系羁而游，鸟鹊之巢可攀援而窥。夫至德之世，同与禽兽居，族与万物并，恶乎知君子小人哉！同乎无知，其德不离；同乎无欲，是谓素朴。素朴而民性得矣。（《马蹄》）

> 子独不知至德之世乎？昔者容成氏、大庭氏、伯皇氏、中央氏、栗陆氏、骊畜氏、轩辕氏、赫胥氏、尊卢氏、祝融氏、伏戏氏、神农氏，当是时也，民结绳而用之，甘其食，美其服，乐其俗，安其居，邻国相望，鸡狗之音相闻，民至老死而不相往来。若此之时，则至治已。（《胠箧》）

> 南越有邑焉，名为建德之国。其民愚而朴，少私而寡欲；知作而不知藏，与而不求其报；不知义之所适，不知礼之所将；猖狂妄行，乃蹈乎大方；其生可乐，其死可葬。（《山木》）

至德之世与建德之国，都是庄子对理想社会的描摹。可以看到，庄子对理想社会的称呼都含有"德"字，这表明在理想社会中，"德"处于突出的地位，也反映了庄子最为关注现实社会中"德"的问题。《在宥》篇云："闻在宥天下，不闻治天下也。在之也者，恐天下之淫其性也；宥之也者，恐天下之迁其德也。天下不淫其性，不迁其德，有治天下者哉！"这里明明在谈天下，庄子却转到个体之性、个体之德，其言下之意就是，在宥天下的目的是保持个体的德性不被改变，换言之，个体的德性高于一切，其德性实现了，儒家、墨家等所追求的天下太平、百姓安泰等目标也会自然实现。

在道家思想系统中，道无疑是更为根本的，它是宇宙的根源，是天地万物存在的总原理，与之相比，德则次一等。但庄子并没用"道"给理想社会命名，赋予其"有道之世"或类似的名称，而是将"德"与理想社会联系起来，这中间大有深意。与道的普遍性、整体性相对，德与个体相关，是对个体的规定，其内涵与性大体相同。至德之世当然也是有道之世，但有道之世这一名称更倾向于对天下的整体状态的概括，看不到个人在其中的生存状态。至德之世则不然，它注重的是个体本性不受干扰侵害，自然舒展，在这里，人们保持着朴素的本性，内心无知无欲，外在也没有物质诱惑，人与人和谐共处，没有争斗，不受礼乐文明的宰治，也没有君子、小人的人为区分。

《缮性》篇云：

> 古之人在混芒之中，与一世而得澹漠焉。当是时也，阴阳和静，鬼神不扰，四时得节，万物不伤，群生不夭，人虽有知，无所用之，此之谓至一。当是时也，莫之为而常自然。逮德下衰，及燧人、伏戏始为天下，是故顺而不一。德又下衰，及神农、黄帝始为天下，是故安而不顺。德又下衰，及唐、虞始为天下，兴治化之流，浇淳散朴，离道以善，险德以行，然后去性而从于心。心与心识知而不足以定天下，然后附之以文，益之以博。文灭质，博溺心，然后民始惑乱，无以反其性情而复其初。

庄子认为，随着时间的推移，圣人帝王的出现，至德之世渐渐被破坏。在这个过程中，庄子最关注的无疑还是德，世道变坏的过程就是德衰落的过程，庄子用德的衰落作为世道变坏的标志。《人间世》篇借接舆之口感叹当时世道："凤兮凤兮，何如德之衰也！来世不可待，往世不可追也。天下有道，圣人成焉；天下无道，圣人生焉。方今之时，仅免刑焉。福轻乎羽，莫之知载；祸重乎地，莫之知避。已乎已乎，临人以德！"世衰道丧，无以复加，德不仅本身衰落非常，还沦为统治者压迫人的工具。

德之衰落，皆因有"为"。燧人、伏羲、神农、黄帝、尧、舜，一代代的帝王，均对天下采取了"为"的方式。为，即有为，亦即人为，庄子将之归入人的范畴，与之相对的则是天，天的运行原则就是自然无为。这一观念承自老子"人法地，地法天，天法道，道法自然"（《老子》二十五章）。老子已经将道分为天道、人道，并且将二者对立起来论述，《老子》七十七章云："天之道，损有余而补不足。人之道则不然，损不足以奉有余。"这里已经是天人殊途，且隐含了人道低于天道因而要弃人道从天道的意思。老子认为，虽然天地不仁，天道无亲，但它仍然是公平的，维持了一种相对的平衡，而人之道只会离平衡越来越远，加深不平衡。庄子则更明确点出天道与人道的差别："何谓道？有天道，有人道。无为而尊者，天道也；有为而累者，人道也。主者，天道也；臣者，人道也。天道之与人道也，相去远矣，不可不察也。"（《在宥》）这里的主与臣不必是实指，可以看作对天与人地位的比拟。在天和人的对比中，庄子更突出了人道有为的危害，反映了庄子生存的时代人为的危害更为严峻。

庄子认为，人的本性朴素自然。《天道》篇云："夫虚静恬淡，寂寞无为者，万物之本也。"《刻意》篇亦云："夫恬惔寂寞，虚无无为，此天地之平而道德之质也。"人之本性对于个人来说是正正好好，不多不少的，因而不须增加，也不能减少。但当时的显学，即公推的儒墨两家，却对人的自然本性随意改造。儒家认为，仁义为人之本性，如孟子主张人皆有仁、义、礼、智四端，不发展此四端，则不能算作是人①。墨家则要求"腓无胈，胫无毛，沐甚雨，栉疾风"，"以自苦为极"（《庄子·天下》）。前者是"淫其性"，后者是"削其性"②。庄子重点批判的是儒家，他认为仁义并非人之本性，准确地说，并非人本性的全部。仁，爱也，庄子曰："虎狼，仁也。"（《天运》）即使虎狼这样凶恶的猛兽，也存在父子亲情。在庄子看来，父子之情是自然情感，人和动物都天然具有，是其本性中不可或缺的一部分。人的本性中包含儒家所说的仁义的成分，但人的自然本性并不只有仁义。儒家将仁义认作人的本性的根本，就是以偏概全，同时，儒家又将仁义推而广之，施及全体人类，这不免画蛇添足、续凫之胫。儒家错认仁义为人之本性，又将之伦理化、道德化，成为君子的追求目标，其后果就是使众人迷惑，不知本性所在，然后汲汲然群趋之，为仁为义，改变了本性的朴素自然，失去了本性的平静恬淡。而仁义本身又需要外在的担负，仁者爱人，义者合宜，要使万事万物都保持在合理的范围内，对不合理者要尽量纠正过来，因此，在追求仁义的过程中，充满艰辛，必须付出不同寻常的代价。庄子说："彼仁人何其多忧也！……今世之仁人，蒿目而忧世之患。"（《骈拇》）庄子准确抓住了儒家的特点，仁义仿佛与忧患共生，从《周易·系辞》"作《易》者其有忧患乎"，到孟子的"生于忧患"，再到范仲淹"先天下之忧而忧，后天下之乐而乐"，无不如此。甚者为了追求仁义，成为君子，杀身成

① 《孟子·公孙丑上》云："恻隐之心，仁之端也；羞恶之心，义之端也；辞让之心，礼之端也；是非之心，智之端也。人之有是四端也，犹其有四体也。有是四端而自谓不能者，自贼者也；谓其君不能者，贼其君者也。"
② 郑开《庄子哲学讲记》，第163页。

仁，舍生取义，不惜牺牲自己的宝贵性命。然而，这在庄子看来，却与儒家所不齿的为利丧生的小人是同样的性质，他们都丧失了本性，并不值得赞扬。

追根究底，儒家主张仁义为人之本性，并不单纯因为它是真理，而是因为这一主张有助于国家社会的治理。但仁义之治并非不受时间、空间限制的大道，它只是某一时间、某个地方产生的治理方式，能否复制、能否成功施行，则需要一定的外部条件。庄子以为，条件合适，仁义的确有所助益，然而这只是一时的，外部条件一旦改变，仁义不能适应，它起到的就是反作用，带来的就是灾祸。因而，"仁义，先王之蘧庐也，止可以一宿而不可久处，觏而多责"（《天运》）。不能因为仁义曾经起到过好的作用就认为它万世不替，会一直起到好的作用，能够解决所有问题。其实，只消简单的推理就能明白，如果仁义能够解决问题，按照儒家的说法，从文武周公以来所行的就是仁义之法，那么世界是怎么变坏的呢？可见条件时势变化了，仁义的作用便也穷尽了。如果不顾条件与时势的变化，坚执仁义不变，就如同到了陆地上仍然以船为行驶工具，寸步难行。由此看来，儒家所缺乏的就是变革。这在与仁义思想相配的礼乐制度上有更为明显的体现。

仁义思想是意识形态，礼乐制度是上层建筑，它将仁义实体化，但更易僵化。孔子就曾指出制度的因袭与变革，《论语·为政》记载孔子说："殷因于夏礼，所损益，可知也；周因于殷礼，所损益，可知也；其或继周者，虽百世可知也。"颜渊向孔子请教为邦，他则说："行夏之时，乘殷之辂，服周之冕，乐则韶舞。"（《论语·卫灵公》）以上均体现了礼乐制度随着时代变化需要变革的思想。但是到了战国中后期，庄子认为，不是礼乐制度中具体的规范需要变革，而是整个礼乐制度已经适应不了时代，需要整体抛弃。甚而至于，礼乐制度已经成了祸乱之源。老子和庄子都对它进行了控诉。《老子》三十八章云："故失道而后德，失德而后仁，失仁而后义，失义而后礼。夫礼者，忠信之薄，而乱之首。"《庄子·马蹄》则云："道德不废，安取仁义！性情不离，安用礼乐！"

儒家推崇仁义思想与礼乐制度，虽则初心甚善，然而一旦落于实处，不免沦为统治工具，被人利用。《胠箧》篇云："为之斗斛以量之，则并与斗斛而窃之；为之权衡以称之，则并与权衡而窃之；为之符玺以信之，则并与符玺而窃之；为之仁义以矫之，则并与仁义而窃之。何以知其然邪？彼窃钩者诛，窃国者为诸侯，诸侯之门，而仁义存焉，则是非窃仁义圣知邪？"最具讽刺意味的是，被儒家严厉斥责的大盗盗跖在偷盗过程中所奉行的也是仁、义、礼、智、勇等儒家所提倡的道德品质，盗跖还义正词严地说："盗亦有道。"（《胠箧》）同样，有国之君施行仁义，并非真的认为仁义为人之本性，而是借仁义以笼络人心。宣称仁义治国，就可以得到百姓的爱戴，这是实实在在的利益。至于人君本身却不行仁义，他掌握着最高权力，即使行为完全与仁义精神相悖，也可以宣称自己是仁义的，就像盗跖一样，以仁义之名行盗窃之实。因此，庄子要"焚符破玺""掊斗折衡""绝圣弃智""攘弃仁义"（《胠箧》），破除一切制度化、符号化的东西，这样才能免于被有心者利用以残害天下。

儒家圣人之治，还有一项最为庄子所恨，即它开启了人们的智巧，这同样破坏了人的平静恬淡的心性，使之波澜起伏，争竞不已。道家向来主张"其政闷闷，其民淳淳；其政察察，其民缺缺"（《老子》五十八章）、"古之善为道者，非以明民，将以愚之。民之难治，以其智多。故以智治国，国之贼；不以智治国，国之福。"（《老子》六十五章）余英时将之与儒家相对比，并归结为道家的反智论①。这并非持平之论，老子所重在民众的朴素本性，本性不

---

① 余英时《中国思想传统的现代诠释·反智论与中国政治传统——论儒、道、法三家政治思想的分野与汇流》，南京：江苏人民出版社 2006 年。

变，则天下不待治而治，儒家所谓智以及由此引发的文化、文明，都会对人的朴素本性造成破坏，这是单纯从心性论上来讲。庄子自然继承了老子的这一观点，《齐物论》在描写了众窍生风、吹万不同之后，摹写了真正要说明的参差不同的人心："大知闲闲，小知间间；大言炎炎，小言詹詹。其寐也魂交，其觉也形开，与接为构，日以心斗。缦者，窖者，密者。小恐惴惴，大恐缦缦。其发若机栝，其司是非之谓也；其留如诅盟，其守胜之谓也；其杀如秋冬，以言其日消也；其溺之所为之，不可使复之也；其厌也如缄，以言其老洫也；近死之心，莫使复阳也。喜怒哀乐，虑叹变慹，姚佚启态；乐出虚，蒸成菌。日夜相代乎前，而莫知其所萌。"庄子随后揭示，这是由于人们具有成心，因而产生了是非，造就了参差不同之状。《天地》篇则讲到人心的另一种形态：机心。其文云："有机械者必有机事，有机事者必有机心。机心存于胸中，则纯白不备；纯白不备，则神生不定；神生不定者，道之所不载也。"机即机巧①，机巧之心不仅挤占了朴素之心的灵明纯白，也与道日渐远离。机巧之心带有功利目的，与之相连的是儒家的教导："事求可、功求成、用力少、见功多者，圣人之道。"（《天地》）机心蕴藏在机事、机械之中，因而庄子借抱瓮丈人之口否定机械，以防机心萌生。

　　智巧的应用以知识的拥有为前提。然而在庄子眼中，知识分为两种：世俗之知与真知。与智巧相关的是世俗之知，世俗之知往往会蒙蔽真知，越是运用智巧，越是远离真知，最终导致与大道暌违。庄子认为："不知深矣，知之浅矣；弗知内矣，知之外矣。"（《知北游》）世俗之知以清楚明晰为特点，且能转译成语言，真知乃体道之知，特点与道相近，浑沌模糊，无可言说，只能默默体

---

① 机又可通几，几者动之微，机心即波动之心，也已经远离了本然的平静恬淡。

会。排除世俗之知，才能与真知接近，与大道相邻。因此，在庄子的工夫论中，讲究的就是"堕枝体，黜聪明，离形去知"（《大宗师》），"徇耳目内通而外于心知"（《人间世》），对于感觉和思虑（包含智巧），要"损之又损之"。

从社会政治领域来讲，智巧更要不得。智巧本是中性的讲法，在社会政治领域，负面的智诈巧伪是更常见的表现形态，也是更准确的形容。庄子认为在德衰落的过程中，智巧也要负担部分责任："上诚好知而无道，则天下大乱矣。何以知其然邪？夫弓弩、毕弋、机变之知多，则鸟乱于上矣；钩饵、罔罟、罾笱之知多，则鱼乱于水矣；削格、罗落、罝罘之知多，则兽乱于泽矣；知诈渐毒、颉滑坚白、解垢同异之变多，则俗惑于辩矣。故天下每每大乱，罪在于好知。故天下皆知求其所不知而莫知求其所已知者，皆知非其所不善而莫知非其所已善者，是以大乱。故上悖日月之明，下烁山川之精，中堕四时之施，喘耎之虫，肖翘之物，莫不失其性。甚矣夫好知之乱天下也！自三代以下者是已。"（《胠箧》）智巧本身固然是中性的，但"上诚好知而无道"，将智巧用到为恶上去，中性的智巧就会沦为"为大盗积"的手段，起到助纣为虐的作用。庄子认为，三代以下的帝王开启了对智巧的追求，同时就开启了乱世的阀门。

基于以上认识，庄子在政治社会问题上主张绝圣弃智，绝仁弃义，废弃礼法，总的来说就是无为。老子曾多次论及无为在政治社会治理中的作用：

> 是以圣人处无为之事，行不言之教；万物作焉而不辞，生而不有，为而不恃，功成而弗居。夫唯弗居，是以不去。（《老子》二章）

> 不尚贤，使民不争；不贵难得之货，使民不为盗；不见可

欲，使民心不乱。是以圣人之治，虚其心，实其腹，弱其志，强其骨。常使民无知无欲。使夫知者不敢为也。为无为，则无不治。（《老子》三章）

道常无为而无不为。侯王若能守之，万物将自化。（《老子》三十七章）

为学日益，为道日损。损之又损，以至于无为。无为而无不为。取天下常以无事，及其有事，不足以取天下。（《老子》四十八章）

以正治国，以奇用兵，以无事取天下。吾何以知其然哉？以此：天下多忌讳，而民弥贫；民多利器，国家滋昏；人多伎巧，奇物滋起；法令滋彰，盗贼多有。故圣人云：我无为，而民自化；我好静，而民自正；我无事，而民自富；我无欲，而民自朴。（《老子》五十七章）

《老子》文中的圣人指理想的帝王，《老子》论无为，多与圣人相关，无为的政治意味甚浓。老子认为，只有依靠无为的方式，减少统治者对国家对百姓的妄为和干扰，天下方能顺其朴素本性自然发展，百姓则可达到"化""正""富""朴"等统治者希求的美好境界。

庄子继承了老子无为的思想，《至乐》篇云："天无为以之清，地无为以之宁，故两无为相合，万物皆化。芒乎芴乎，而无从出乎！芴乎芒乎，而无有象乎！万物职职，皆从无为殖。故曰：天地无为也，而无不为也。"无为的作用就在于它能够保证万物的本性不受干扰、不被侵害，让万物随其本性自生自化。庄子注重维护万物包括人之德，因为德不仅是对个体的规定，它还具有生化功能。德是个体从道所分得的部分，道是万物的总根源，而德与个体的生长直接相关。《老子》云："道生之，德畜之，物形之，势成之。是以万物莫不尊道而贵德。道之尊，德之贵，夫莫之命而常自然。故道生之，德畜之；长之育之，亭之毒之，养之覆之。生而不有，为而不恃，长而不宰，是谓玄德。"（《老子》五十一章）《管子·心术上》亦云："德者，道之舍，物得以生。"①《庄子·天地》则云："泰初有无，无有无名。一之所起，有一而未形，物得以生谓之德。"这几种道家文献表明，德对于万物的自生自化具有不可替代的作用。之所以要无为，最根本的就在于它能保证万物包括人自发的生长性不被破坏。

　　庄子更注重从天人相对的角度来说明无为的必要性。上文所引老子将天之道与人之道对比的章节，已经揭示了天道对于人道的优先性，而且此优先性是建立在现实功利的基础上。庄子则从心性的角度展开论证。天一方面表示天然本性，具有自然的含义，另一方面还表示无为，是天然本性的保护机制。《秋水》篇云："牛马四足，是谓天；落马首，穿牛鼻，是谓人。"与天相对，人及人为均以现实功利为目的，以改变物的本性为手段。虽然庄子主张齐万物以为一，不分贵贱，但天与人之间还是有高下之分的。在道家的思想观念中，道是一切价值的源头，也是最高标准。天自然无为，它能使万物保持道生、德畜的本然状态，显然更合于道，因而它处在价值的高位；而人及人为只会对万物的本然状态起到破坏作用，所以人及人为所具有的是负面价值。从另一方面讲，纯粹的东西具有更高的价值，天的自然性保证事物本性先天的纯粹，而无为则从后天保证其本性仍然纯粹不杂。与之相对，人及人为首先就掺杂了人的私欲，具有目的性，这就偏离了人的本性；其次，人在实现其私欲的过程中，运用各种智谋、机巧，进一步扭曲、侵蚀人的本性，这样人的本性就不再保持其本来的纯粹了。所以，在天人相对时，

---

① （清）黎翔凤《管子校注》，第770页。

庄子主张以人合天，抛弃人为。表现在具体的社会治理上，一切仁义圣知、礼乐刑政等人为措施都在废弃之列。

总的来看，庄子的政治社会思想多针对儒家思想而发，如废弃仁义礼乐，贬损圣人，对孔子大加讽刺，因而使得后世儒家学者愤愤不平，纷纷起而反驳批判庄子。

第二节　制天而用：对庄子因循无为思想的批判

一、蔽于天而不知人

庄子论政治社会，以无为为总纲领，要求君主像浑沌一样无知无识，一旦有为，带来的就是伤害、灾难，所谓"为者败之"[①]，就像凿开七窍，浑沌就无法存活。上文已经指出，庄子的特异之处在于他侧重以天人关系来表达无为之治，但在庄子身后不久，就遭到了大儒荀子的批判。

《荀子·解蔽》云："庄子蔽于天而不知人。……由天谓之道，尽因矣。"[②]杨倞注云："天，谓无为自然之道。庄子但推治乱于天，而不知在人也。"[③]此注点明，荀子对庄子的批判，其着眼点就在于天下之治乱，而非其他。而荀子从天人关系把握庄子的观点，也是十分到位的。实际上，荀子讨论治乱，也以天人不同为框架，这一点继承自庄子[④]。依荀子之意，庄子在治乱问题上，过分推重天，即无为自然之道，一切因任自然，对于人能够发挥的作用，不能正确地认识。

---

① 郭象注浑沌寓言云："为者败之。"出自《老子》二十九章、六十四章。
②③ （清）王先谦《荀子集解》，第393页。
④ 荀子对庄子的了解十分深入，近人已有研究，分别见王叔岷《读庄论丛》，《道家文化研究》第十辑，上海古籍出版社1996年；崔大华《庄学研究》，人民出版社1992年；何志华《庄荀考论》，香港中文中国文化研究所刘殿爵中国古籍研究中心2015年；方勇《庄子学史（增订版）》，人民出版社2017年。

从人世治乱角度看，天的作用微乎其微。荀子认为，天是客观存在，天的运行与人世治乱并无对应关系。《天论》篇云："天行有常，不为尧存，不为桀亡。"天道运转，确实是自然无为的，它有自己独立的运行规律，不会因为君王德性的不同而不同。尧与桀最大的区别不是治理能力，而是道德，更具体的是对待百姓是仁爱还是暴虐。按照《尚书》所载商周以来的说法，君王代表上天的意志，上天对君王也有监察作用，其人道德高尚，天就有感应，降下福祉，假若其人暴虐无道，天就会降下灾难。但荀子认为天无私覆，地无私载，无论君王是善是恶，天道都是独立的，不会为之改变。所谓"不为尧存，不为桀亡"，实际是撇清"天下有道、天下无道"等说法中道（治道）与天道的关系，认为天下治乱之道与天道无关。天与统治者无关，与普通人的好恶也无关。天既然是客观的，也就没有导向性和目的性，因而就不会向着人们理想的好的方向发展，那么放弃人为，任天而行，就不能保证社会朝着对人有利的方向走，要想凭借天道自然运化来使人世社会达到和谐有序的状态是不可能的。是之谓明于天人之分。"天不为人之恶寒也，辍冬，地不为人之恶辽远也，辍广"，无论人对气候、地理的喜好如何，天都一视同仁，这就近乎老子的"天地不仁，以万物为刍狗"（《老子》五章）。

荀子认为，对于人，庄子也同样不够了解。"蔽于天而不知人"，"而"字可以有两解，一是而且，表并列关系，一是所以，表因果，此处应该以后者为是。荀子之意，庄子将天看得过于高大，人完全拜服在天的脚下，显得过于渺小，以至失去了独立价值。正如熊十力所云：

> 若庄子之言天，则视天化为无上之威力，吾人之生，只是天化中偶然之化耳。故曰："阴阳于人，不翅于父母。"则克就人言，只是天之化迹。且甚偶然，不得曰人即天也。吾谓其以

变化之大力为外在者，此也。故《大宗师》篇曰："以生为附赘县疣，以死为决疣溃痈。"据此则人生毫无根柢，亦无甚意义与价值可言。唯委心任运，以度其附赘县疣之生，而待诸溃决已耳。……人能不修，人极不立，是何足为道哉？[1]

庄子之意，天道统辖一切，包括人世社会的运行，无须人有何作为，一切人为都会造成天道的扰乱，从而给人世社会带来灾祸[2]。人犹如天的附庸，无甚价值，如果说有，也都是负面价值。这在荀子看来，是对人的无知。儒家认为，人是天地之灵，可与天地相参，他们高扬人的价值。荀子云："君子者，礼义之始也。……故天地生君子，君子理天地也。君子者，天地之参也，万物之总也，民之父母也。无君子则天地不理，礼义无统，上无君师，下无父子，夫是之谓至乱。"[3]在儒家思想中，君子是具有仁义品质的高尚的人，是道德的凝聚与体现，这是人与禽兽的根本区别，荀子强调，君子是"礼义之始"，突出的是人的另一个维度，即智慧的维度，礼义是治国之道[4]，是人道的极致。《儒效》篇云："先王之道，人之隆也，比中而行之。曷谓中？曰：礼义是也。道者，非天之道，非地之道，人之所以道也，君子之所道也。"[5]荀子撇开天地，将人道抬至最高地位，人的价值不言而喻。单就社会治理中的天人关系来讲，荀子认为："大天而思之，孰与物畜而制之？从天而颂之，孰与制天命而用之？望时而待之，孰与应时而使之！因物而多之，孰与骋能而化之！思物而物之，孰与理物而勿失之也！愿

---

① 熊十力《读经示要》，上海：上海书店出版社 2009 年，第 168 页。
② 此为内篇与外篇《骈拇》《马蹄》《胠箧》《在宥》诸篇之意，《天地》《天道》《天运》诸篇则承认有为、人为的价值，认为有为与无为应当结合起来，君主无为，臣下有为。
③ （清）王先谦《荀子集解·王制》，第 163 页。
④ 《荀子·不苟》云："礼仪之谓治，非礼义之谓乱也。"
⑤ （清）王先谦《荀子集解·儒效》，第 121—122 页。

于物之所以生，孰与有物之所以成！故错人而思天，则失万物之情。"①人的价值就在于人之主体自己，而不是作为天的附庸，天、物都是外在于我者，所以无论天、物，都可以为我所用。另一方面，人也具备利用天、物的能力，具有道德方面的能力、思维方面的能力以及实践方面的能力，这三种能力使人可以掌握主动性，去利用天时地利，减小天灾的损害，创造、维护人与人之间的和谐关系。因此，儒家要贯通天地人，董仲舒说："古之造文者，三画而连其中，谓之王。三画者，天地与人也，而连其中者，通其道也。"②天地人是由人来贯通，这也是人的灵秀处，当然能做到的极少，因而做到者可为王。扬雄则曰："通天地人曰儒，通天地而不通人谓之伎。"③其名称与董仲舒略不同，但他们均推崇人在天地之间的重要地位。准此，像庄子这样"蔽于天而不知人"，尚达不到高等境界，因而其品位就比较低，班固在《古今人表》中就将庄子置于中下品④。

庄子纯任天道，人所能做的就只有"因"⑤。因就是因循世变，随顺外物，以物为法，不对之施以影响，不做任何改变，只被动地应对，因为一旦以己意改变外物，就会触犯、违逆其本性，如此产生的变化将会生伪致乱。从外物的角度来说，以物为法，法即标

---

① （清）王先谦《荀子集解·天论》，第 317 页。"物畜而制之"，"制"，严灵峰、王天海疑为"利"之讹，见王天海《荀子校释》，上海古籍出版社 2005 年，第 696 页。

② （清）苏舆著，钟哲点校《春秋繁露义证·王道通三》，北京：中华书局 1992 年，第 328—329 页。

③ 汪荣宝著，陈仲夫点校《法言义疏·君子》，北京：中华书局 1987 年，第 514 页。下句注云："伎艺偏能。"

④ （汉）班固《汉书》卷二〇，第 947 页。

⑤ 《管子·心术》对道家的"因"有详尽的阐述："无为之道，因也，因也者，无益无损也。……因也者，舍己而以物为法者也。感而后应，非所设也，缘理而动，非所取也。过在自用，罪在变化，自用则不虚，不虚则仵于物矣。变化则为生，为生则乱矣。故道贵因，因者，因其能者，言所用也。君子之处也若无知，言至虚也；其应物也若偶之，言时适也。若影之象形，响之应声也，故物至则应，过则舍矣，舍矣者，言复返于虚也。"（黎翔凤《管子校注》，第 771—776 页。）

准、准则，内含合理之意，因而不需要做出改变。以物为法与《老子》法自然实质是相通的，以物为法即是尊重物本身，亦即尊重物的自然本性。从人的角度来说，人若要改变外物，皆会掺杂一己私意。但在荀子看来，因循的缺点非常明显。天自然客观，没有目的性，可以说是无善无恶，但其运行结果对人来说却是有善有恶。在对人有利的时候，人不作为，只要因循随顺，便可获利；一旦其结果对人有害，比如发生地震、冰雹、虫灾等自然灾害时，如果还是一味因循，就必然深受其害。这时候就应该发挥人的能动性，运用聪明才智，创造条件，躲避、减小伤害，这是就自然界来说。就人世之事而言，人也不可仅仅因循。荀子发现，人类自身的生理条件有限，很多能力比不上一些动物，但人类具有思维能力，借助它，可以扬长避短，改变不利条件，创造有利条件，这是其他动物都无法相比的。比如人类建立社会、国家，形成个人所不具有的群体的力量，来造福人类自己。当国家这部机器出现问题，社会动乱，给人类带来灾祸时，人便不能因循，而要开动脑筋，积极应对，想尽办法使之重新良好地运转。《荀子·天论》云："应之以治则吉，应之以乱则凶。"虽然失于简单、绝对，却认识到了人的力量。

人出于自然界，又与自然界不同，人类自有人类的特点，尤其人类社会的运行与自然界更加不同，它除了客观的社会存在，还有人及社会的意识参与其中。庄子的以人合天，实质是要消除人及社会的意识，让社会存在自行运转，这无疑是行不通的。人的意识必须与社会意识、社会存在融通调节，才有可能真正使社会变得和谐有序。晚唐李磎在《广废庄论》中对庄子的因任思想表达了极大不满，他从人与自然界的不同入手分析道："夫天地、日月、树木、禽兽，不假理者也，人则假理者也。人生必有欲，……欲不能不求，求不能不争，争不能无乱，故圣人立仁以和之，陈义以禁之。"①李碫关于人与自然界不同的观点接近荀子。林明照在分析李碫此段时认为，李碫的批判揭示了庄子对实然与应然的混淆，自然界的天地、日月、树木、禽兽等是实然的，本身就具有一定的秩序，而人类社会则具有人的特性，除了本身的实然性，还具有应然性，涉及价值、实践、规范等层面②。在庄子思想中，天地万物包括人类，其自然状态就是最适宜的状态，具有最高的价值。庄子认为，人类社会之所以扰攘纷乱，原因在于其自然状态被破坏。而在儒家学者看来，人类社会的自然状态（也即实然状态）并非完美，充斥着欲望与争夺，因此需要道德和智慧都达到最高水平的圣人竖立一种标准引领人类。在儒家思想中，这个标准就是仁义礼乐。李碫举《庄子·天地》中的寓言来反驳庄子："厉之人夜半生子，遽然取火而视之，汲汲然恐其似己者，言人皆欲好善而恶恶，故可放之而自理也。夫厉之有是心也，岂非圣人之分别驱动使之然乎？安可放之也?"李碫认为，丑厉之人担心孩子像自己，是因为心中有善恶美丑的标准，而这标准来自圣人的教化。若非圣人竖立美与善的标准，人们不会自觉去追求，言下之意即会自然堕落。可见人世社会是需要发挥人的作用去治理的。

综观荀子对庄子的批判，虽然也是出于儒家的立场，但与一般批判者不同，他确实找到了庄子理论上的偏颇之处，并提出相应的补救措施。庄子思想系统中的天，可谓无所不包，可以指代天地万物，但没有特意强调我们今天说的自然界这部分，而是将自然界与人世不加区分，看作一体，被共同的运行规律支配。荀子则指出天还有客观的自然界的含义，人与自然界虽然同被天覆地载，却存在着很多不同。人具有主体性，面对自然界与人类社会的发展变化，并不是槁木死灰，土块死物，全然由天道决定，而是会趋利避害，

① （唐）李碫《广废庄论》，（清）董诰等《全唐文》卷八〇三，第 8446 页。
② 林明照《诠庄与反庄：李碫〈广废庄论〉中的庄学诠释与批判》，第 47—48 页。

产生各种能动的反应。《荀子·天论》"大天而思之，孰与物畜而制之？……故错人而思天，则失万物之情"数句系针对庄子而言[①]，荀子以为，纯任自然岂如敬修人事？"物畜而制之""制天命而用之"，与庄子的听天由命截然不同，这是以人为主体。有形的外物也好，无形的天命也好，都是外在于人的客体，皆可在人的主观能动作用下为我所用，对人产生价值和意义。如若将人抛置一边，一味寻求天命，就无法获悉万物的实情，即万物对主体之我所能产生的价值和意义。将天的作用无限放大，就相对忽视了人的主体性，此所谓"蔽于天而不知人"。从真理、大道的整全性来看，有蔽就是残缺，从而与真理、大道存在一定距离，荀子所谓"蔽于一曲而暗于大理"。

但庄子之天、庄子之自然无为，而非仅仅停留在外部世界的安宁。荀子及其他各家学者无疑都忽略了这一点。对于个人来说，天、自然也是人的本性规定，是人应当具有的存在状态与存在方式。但到了战国时代，世乱纷纷，外惑于名利，内乱于智诈，又有儒、墨、杨、惠等诸子众口喧腾，人们渐渐迷失其本性。《骈拇》篇对此大声疾呼道：

> 自三代以下者，天下莫不以物易其性矣。小人则以身殉利，士则以身殉名，大夫则以身殉家，圣人则以身殉天下。故此数子者，事业不同，名声异号，其于伤性以身为殉，一也。臧与谷，二人相与牧羊，而俱亡其羊。问臧奚事，则挟筴读书；问谷奚事，则博塞以游。二人者，事业不同，其于亡羊均也。伯夷死名于首阳之下，盗跖死利于东陵之上。二人者，所死不同，其于残生伤性均也，奚必伯夷之是而盗跖之非乎？天下尽殉也。彼其所殉仁义也，则俗谓之君子；其所殉货财也，

---

① 冯友兰《中国哲学史新编》，北京：人民出版社1993年，第694页。

则俗谓之小人。其殉一也，则有君子焉，有小人焉；若其残生损性，则盗跖亦伯夷已，又恶取君子小人于其间哉？

无论道德仁义，抑或名誉货财，甚至家国天下，皆非本性所有。若是为了追逐此数物，而致残生伤性，就是"丧己于物"，《缮性》篇称这种人为"倒置之民"①。对此杨国荣分析道："'己'即以自我的形式表现出来的'人'，'性'则是人的内在规定或本质，在庄子看来，作为人的个体形态，自我具有对于物的优先性；同样，作为人的内在规定，人之性也高于名利等世俗的价值，一旦将自我消解在物之中，或使人的内在规定失落于名利的追求，便意味着颠倒人与物、性与俗的关系。"②其实，庄子倒未必认为人的自我对于物具有优先性，只是万物各自具有自己的本性，在这一意义上，万物包括人在内都是平等的。《齐物论》云：

> 民湿寝则腰疾偏死，鳅然乎哉？木处则惴栗恂惧，猿猴然乎哉？三者孰知正处？民食刍豢，麋鹿食荐，蝍且甘带，鸱鸦嗜鼠，四者孰知正味？猿，猵狙以为雌，麋与鹿交，鳅与鱼游。毛嫱、丽姬，人之所美也，鱼见之深入，鸟见之高飞，麋鹿见之决骤。四者孰知天下之正色哉？

对寝、食、配偶与美的选择，不同的主体有不同的看法，没有统一的标准，所依循的就是各自的本性。庄子并没有以人的本性所衍生的习性、喜好作为万物共同的标准，在他看来，万物所具有的本性都是平等的。只是就人来说，人自身之本性最为宝贵，不能丧失，也不可被它物取代。正是在此理论基础上，再加上《徐无鬼》篇中所谓"钱财不积则贪者忧，权势不尤则夸者悲。势物之徒乐变，遭时有所用，不能无为也。此皆顺比于岁，不物于易者也，驰其形

---

① 《缮性》篇云："故曰：丧己于物，失性于俗者，谓之倒置之民。"
② 杨国荣《庄子的思想世界》，第22页。

性，潜之万物，终身不反"的现实情况，庄子才主张以人合天，复反其本性。庄子高扬天性，是为了把人性从外物中超拔出来，使其免于物化、异化，从而"反其性情而复其初"（《缮性》），这是对人的自然本性的极大肯定，也是对人性的精微透辟的了解。荀子仅从社会治乱角度批判庄子"蔽于天而不知人"，就略显狭隘而失之片面了。

二、天人相合

尽管荀子批评庄子"蔽于天而不知人"，但他在天人相分的维度上还是认同庄子的。后世学者对天人分合的问题却与庄子迥异其趣。陆九渊云："庄子云：'眇乎小哉，以属诸人；謷乎大哉，独游于天。'又曰：'天道之与人道也相远矣。'是分明裂天人而为二也。"[1]熊十力亦云："则克就人言，只是天之化迹。且甚偶然，不得曰人即天也。……彼根本不悟人即天，而又欲以人同天，则其所谓同天者，亦只是委心顺化而已。"[2]但他们仅作了简单判断，认为天人相合一道，而没有作进一步的分析。

荀子从天所具有的自然界这一意涵批判庄子，后世罕有响应者，其他的批评依然在德性论域内。如郭象在注《庄》过程中提出了创造性的意见，他为《秋水》篇"牛马四足，是谓天；落马首，穿牛鼻，是谓人"数句注云：

> 人之生也，可不服牛乘马乎？服牛乘马，可不穿落之乎？牛马不辞穿落者，天命之固当也。苟当乎天命，则虽寄之人事，而本在乎天也，穿落之可也。若乃走作过分，驱步失节，则天理灭矣。[3]

---

① （宋）陆九渊《陆九渊集·语录上》，第 396 页。
② 熊十力《读经示要》，第 168 页。
③ （清）郭庆藩《庄子集释》，第 589—590 页。

《秋水》篇原文以"牛马四足"指称牛马之自在天性,认为牛马本身并不是人类的工具;而人类"落马首,穿牛鼻",改变了牛马的本然形态,使之成为人类的工具,从牛马的角度而言,就已经伤害了它们的天性。"落马首、穿牛鼻"并不是人类随意而为,而是在功利目的引导下所为,"落马首、穿牛鼻"之后,牛力气大、马速度快就不再纯粹是牛马的特性,而是异化为满足与实现人类功利目的的工具。人的这种行为本身就是对天的破坏,所以庄子说要"无以人灭天,无以故灭命,无以得殉名。谨守而勿失,是谓反其真"(《秋水》)。

郭象却认为,人类的生存不能不利用牛马,原因在于,牛力气大、马速度快,在这两方面人都不能与之相比,这种天生的缺陷决定了人要借助外物来弥补。这一说法与荀子接近①。恰巧牛马具备这两种特性,那么人穿落牛马、利用牛马的天性,就并非对其破坏,而是合乎天命的。成玄英则点明了郭象天人相合的阐释意图:"然牛鼻可穿,马首可络,不知其尔,莫辨所由,事虽寄乎人情,理终归乎造物。欲显天人之一道,故托牛马之二兽也。"②言下之意有二:其一,仅仅依靠天性并不足以完全满足人的生存与发展要求,因而需要人为机制的补充,这是对庄子天性自足观点的纠正;其二,天的机制是自然存在的,并非不可经由人为改变,而人为机制与天的机制并非天然对立,天的机制对人为机制具有一定的涵容性,在此范围内,人为并不会侵害天的机制。由此可见,郭象与荀子、庄子都不同,荀子的天人观已经脱离了德性的论域,郭象的天

---

① 《荀子·王制》云:"水火有气而无生,草木有生而无知,禽兽有知而无义,人有气、有生、有知,亦且有义,故最为天下贵也。力不若牛,走不若马,而牛马为用,何也?曰:人能群,彼不能群也。人何以能群?曰:分。分何以能行?曰:义。故义以分则和,和则一,一则多力,多力则强,强则胜物;故宫室可得而居也。故序四时,裁万物,兼利天下,无它故焉,得之分义也。"

② (清)郭庆藩《庄子集释》,第589—590页。

人观仍然在德性的框架下；庄子的天人观虽然在德性论域内，但天人分隔对立，人一旦有为，便会偏离、侵害其天然本性，因而要以人合天，实质是弃人从天。郭象天人观中，天与人的对立明显缓和许多，他将庄子天人的意涵范围变化拉伸，使二者间存在一个中间地带，在这里天人相安无事，甚至相得益彰。

然而，天人并不能永远相合，以人灭天的情况确实存在，合理利用与破灭天性之间存在着一个分寸，失去分寸，人为就会对天性造成破坏。《达生》篇云：

> 东野稷以御见庄公，进退中绳，左右旋中规。庄公以为文弗过也，使之钩百而反。颜阖遇之，入见曰："稷之马将败。"公密而不应。少焉，果败而反。公曰："子何以知之？"曰："其马力竭矣，而犹求焉，故曰败。"

在这则寓言中，人对马的利用有两种不同的情势：其一，"进退中绳，左右旋中规"，马奔跑本来是任意随性、没有程式的，不可能合乎规矩，但良御却能将其训练得服从命令、合乎规矩；其二，"使之钩百而反"，不仅要按照某种规划好的路线走，还要反复地跑上一百遍，这对马的耐力是个极大的考验。这两种情势对马造成的结果却不同，第一种情势下马适应了规矩，完成得很漂亮，第二种情势下马支撑不住，败退下来。究其原因，在于第一种情势中人对马的驾驭并未超过分寸，也可以说是就着马的天性的，至少没有违反；第二种情势下，则超过了分寸，马已经精疲力竭了，御者仍然让马继续奔跑，超出了其天性的承受范围。此段郭象注云："斯明至当之不可过也。"[①]"至当"就是"牛马四足"一段郭注中所说的"分""节"，而所谓"分""节"，实质就是物之本性、天性对物的规定与限制，在人对物的利用过程中是不能忽

---

① （清）郭庆藩《庄子集释》，第 660 页。

视的。

郭象对庄子天人观的解释明显属于曲解，与原文所体现的精神不合，这暗含了郭象对庄子的不满与批判。钟泰发现了郭象的用意，但他认为，庄子并未将天人完全对立，而是有相合的部分，郭象的曲解虽然用心甚佳，却是建立在对庄子的误解之上的。钟泰对这一段的解释是：

> 故"无以人灭天"，非谓人可无也，但不以之灭天耳。"无以故灭命"，非谓故可无也，但不以之灭命耳。郭注曰……推子玄之意，殆以庄子有是天非人之心，而以落马首、穿牛鼻为即灭天灭命，故乃宛转为说，冀以弥缝庄子之失，而杜责难者之言。实则庄子无此心也。若果有是心也，则必不曰"天在内，人在外"矣，亦必不曰"知天人之行"，而以天人相提并论矣。吾尝怪荀子言庄子蔽于天而不知人未能真知庄子之学。庄子特以当时人知日强，而天知日损，故发为"无以人灭天，无以人灭命"之论，以指其过而矫其偏，此其救世不得已之苦心。①

钟泰从文句分析，认为庄子并无废弃人为的思想，而是将天人"相提并论"，似乎天人处在平等的地位，他承认人的价值。之所以扬天抑人，是因为当时人知过盛，导致"天知日损"，庄子欲以此救世。关于人对牛马的利用，钟泰则将其看作"因循"，是完全符合道家思想的，他对《秋水》此段解释道："马则络首，牛则穿鼻，随物而施，是因之道也。"②在钟泰看来，人对牛马的利用虽然包含着人的目的，却也是根据牛马的本然特性来的。他对牛马的特性以及人对牛马的施为特意做了区分，牛马都是四足，但特性并不相

---

① 钟泰《庄子发微》，第380—381页。
② 同上书，第380页。

同，马的特性是跑得快，牛的特性则是力气大，根据二者的特性，给马装上笼头，是为了在奔跑时控制方向，给牛穿上鼻环，是为了在它发脾气时方便控制住它，防止伤人，并没破坏牛马的本性。可见这都是道家因循之术，因循的主体虽然是人，但其本质是遵循事物的天性，是无为，而非人为、有为。"落马首、穿牛鼻"的行为尊重了牛马的天性，意味着人与天是合一的。

其实，钟泰的用心与郭象可谓殊途同归，都是想弥补庄子理论的缺陷，只是所采取的方法不同。钟泰的分析仍然是曲解，而非庄子本意。庄子的以人合天才是无为，是因循，"落马首、穿牛鼻"在庄子眼中已然是有为，钟泰却将之归为因循，无形中将无为的范围扩大，将一部分对物性无伤的有为纳入，从而消解了天人、有为无为的部分对立，进而强调天人相合的这一面，夸大这一面在庄子思想中的比重，为庄子"弥缝"。天人相合的意义也被偷偷改变，在庄子那里是以人合天，完全不含人及人为的因素，人不仅无为，还要无知，抛弃世俗之知，才能与天相合。按照钟泰的理解，"落马首、穿牛鼻"也算天人合一，这就与庄子天人合一的思想不同，因为其中含有人及人为的一席之地。这种人及人为首先就包含人之知，包括对人天性不足的认识，对物性的了解，其中最重要的是对物性界限的了解，使人对外物的利用能够止于合理的范围内，既最大化地使外物对人产生意义，又不对外物造成伤害；人之知还含有人的聪明才智，即如何利用物性的认识，物性不同，采取的办法也不同，因地制宜。其次，在知的指导下，则有人之为，体现了人的实践能力。

人出于自然，是自然万物的一部分，与自然万物具有部分相同的属性；但人又有人的特性，其道德、思维还有实践能力，使之区别于自然万物。庄子强调前者，否定后者，儒家则强调后者，忽视前者，都不免陷于一偏。孟子云："人之所以异于禽兽者几希，庶民去之，君子存之。"①他虽然意在强调四端之珍贵而易于失去，但他对人与动物差别很小的判断却是正确的。现代科学发现，黑猩猩与人基因相似度最高，区别极少。这细微的区别，如果从大的方面看，可以忽略不计，《秋水》篇云："号物之数谓之万，人处一焉；人卒九州，谷食之所生，舟车之所通，人处一焉，此其比万物也，不似豪末之在于马体乎？"连人本身都不算什么，人与动物的这点差别就更不可同日而语了。这就是庄子的视野，从浩瀚的宇宙来观察人。另一方面，人的道德、思维和实践能力独属于人，使人与黑猩猩产生了巨大的差别，人建立了人类文明，而黑猩猩还是黑猩猩，保持着原始状态，其他动物就更不用说了，正是这一点使儒家和大部分人类引以为傲，认为人类是万物之灵，天地之心。所谓天人合一，实际就是要认清人类所处的天这一大环境、大背景与人的独特性，以及二者在人的生命或人类的整体命运中所起到的作用的大致比例，并将这一认识贯穿于实践活动中，既不夸大，也不贬低任何一方的作用。

其实，道德、思维和实践能力虽然独属于人，但人又整个地属于自然万物，所以严格地说，道德、思维和实践能力也属于自然万物。庄子单独讨论，实际也是承认了人的这点特殊之处，其视野也还是人的视野。但他所看到的人的这点特殊之处带来的都是灾祸，因而要予以摈弃，以回到纯粹天然之中。在纯粹天然之中，虽然不无以人的眼光来看是恶的东西，但庄子以为这是无心的，无需谴责。这样看来，庄子并不是纯粹地从天的视角下视人间，他仍然有善恶之念，他虽然宣称"人故无情"，但对于黎民百姓所遭受的灾难不能无动于衷。如果从纯粹的天的角度来看，人类即使再恶千万倍，即使毁掉地球，对于宇宙来说不过是毁掉九牛一毛，天又岂会

———————
① （清）焦循《孟子正义·离娄下》，第 567 页。

在乎呢？在乎的还是生于斯、长于斯的人类自己。对天来说，人与动物的区别也属于天，人类利用其道德、思维和实践能力无论为善还是为恶，亦不出天的范围。人又怎能真正地破坏广大无边的天，所破坏的不过是人自己，或者说人所禀受于天的这一小部分。

相对于庄子出于愤激而欲将人的能力废弃不用，荀子等儒家学者则更为直接、功利，目光狭隘，完全站在人的立场认为人在天地万物中最为独特，以人为中心，因而将人与天相对，并扬言要"制天命而用之"，不免狂妄。在历史发展过程中，正是这种极度自信且以人为中心的思想，人为制造了难以计数的灾难，不仅危及人类自身，还荼毒了自然生灵。

第三节　本末殊途：对庄子绝弃仁义圣智的批判

一、对绝仁弃义的反驳

要批判庄子绝弃仁义的思想，有三条思路：第一，仁义就是人之本性；第二，仁义对社会是有益的，并非如庄子所说仁义是窃国之具；第三，舍弃了仁义，人们也无法回归朴素，社会也不会变得和谐，甚至反而会更糟。第一条几乎是后世儒家学者的信念，不证自明，因此他们并不注重就这一点对庄子展开批判，而是从后两条展开。

老庄思想中存在一种道德下衰的观念，即时代愈是前进，道德愈是败坏，道德败坏以后，就出现了补救、替代道德的仁义礼乐等。《老子》十八章云："大道废，有仁义；慧智出，有大伪；六亲不和，有孝慈；国家昏乱，有忠臣。"因此，若要回到道德淳朴的状态，必须要舍弃等而下之的替代品，《老子》十九章云："绝圣弃智，民利百倍；绝仁弃义，民复孝慈；绝巧弃利，盗贼无有。此三者以为文不足。故令有所属：见素抱朴，少私寡欲。"抛弃了仁义，道德自然会恢复。庄子也持这种观点，但思路略有不同。他一方面认为仁义是对人的朴素本性的破坏，一方面认为以仁义治国落于实处，容易被利用，从而变成对百姓的道德束缚，所以庄子也坚决主张绝仁弃义："削曾、史之行，钳杨、墨之口，攘弃仁义，而天下之德始玄同矣。"（《胠箧》）但事实果真如此吗？孙盛《老子疑问反讯》云：

> 夫有仁圣，必有仁圣之德迹。此而不崇，则陶训焉融，仁义不尚，则孝慈道丧。老氏既云绝圣，而每章辄称圣人；既称圣人，则迹焉能得绝？若所欲绝者，绝尧、舜、周、孔之迹；则所称圣者，为是何圣之迹乎？即如其言，圣人有宜灭其迹者，有宜称其迹者，称灭不同，吾谁适从？"绝仁弃义，民复孝慈"，若如此谈，仁义不绝则不孝不慈矣。复云："居善地，与善仁。"不审"与善仁"之"仁"，是向所云欲绝者非邪？如其是也，则不宜复称述矣。如其非也，则未详二"仁"之义，一"仁"宜绝，一"仁"宜明，此又所未达也。若谓不圣之圣，不仁之仁，则教所诛，不假高唱矣。逮至庄周云："圣人不死，大盗不止。"又曰："田常窃仁义以取齐国。"夫天地陶铸，善恶兼育，各禀自然，理不相关。枭鸩纵毒，不假学于鸾凤；豺虎肆害，不借术于麒麟，此皆天质自然，不须外物者也。何至凶顽之人，独当假仁义以济其奸乎？若乃冒顿杀父，郑伯盗邻，岂复先假孝道，获其终害乎？而庄李掊击杀根，毁驳正训，何异疾盗贼而销铸干戈，睹食噎而绝弃嘉谷乎？后之谈者，虽曲为其义，辩而释之，莫不艰屯于杀圣，困踬于忘亲也。①

---

① （晋）孙盛《老子疑问反讯》，（唐）释道宣《广弘明集》卷五，张元济等辑《四部丛刊初编》，上海：商务印书馆民国八年（1919）影印明汪道昆本。

对于老子，孙盛从其对仁的矛盾态度进行反驳，即老子一边要"绝仁弃义"，一边又要"与善仁"，两处的"仁"是否是同一概念？无论是何种情况，老子都摆脱不了自身的矛盾。对于庄子，孙盛反驳的主要是其关于圣人主张的仁义智巧同时也开启了大盗的仁义智巧，成为祸害天下的手段这一观点，对此孙盛从自然本性上予以反驳。孙盛认为，人的本性均来自自然的赋予，这一点他是认同庄子自然本性论的。然而从世俗眼光来看，自然本性可以分为善恶两种，人的善的行为就从善的本性中来，恶的行为则从恶的本性中来，两者并行而无交叉相关。因而，恶人为恶，并不需要借助于善，这是其恶的本性决定了的。所以认为"圣人生而大盗起"是不对的。大盗成为大盗，根本乃是由于其本性之恶，加上外在环境的作用，与圣人的存在没什么联系。

孙盛的反驳颇为犀利，从根源上来说，人为恶绝不可能是因为善的存在。善与恶是相对而生的，处在同一个位次，只能各自由更深层的东西产生，不会是其中一个产生另一个。不过，庄子的意图本在超越善恶。上古时代，人们本性朴素自然，其中当然含有后来所谓善恶的内容，但并没有对其分辨、命名，这说明朴素是包含且超越善恶的；待到人们将善恶分辨开来，用名称界定好，原先的朴素就荡然无存了。在此过程中，朴素的破坏与善恶的分辨是同时发生的，所以看起来朴素本性像是被善恶的观念拆解而死，七窍成而浑沌死，人们有了聪明知识，便与大道渐行渐远，这些都是同构的。自然浑整要比分裂对立在价值层级上高，因此，庄子需要回到自然浑整的状态，需要逆流而上，将善恶分辨的过程颠倒过来，抹杀善恶之分，便可回归朴素。而仁义固然是属于善的，单独静止地看，它对于治国也是有益的，但所谓"国之利器不可以示人"（《老子》三十六章、《庄子·胠箧》），恶人作恶，从本性来讲自然是其恶的本性决定的，但恶人未必会展现其本性，毕竟在善恶已分的世

界，作恶会受到谴责、惩罚，行善则会受到褒扬、嘉奖，甚至还会
得到他人的辅助。所以，恶人作恶往往以行善为名，世人不明所
以，见其行善，轻则称赞，重则襄助，却不知是被恶人利用。假如
不分善恶，不褒善惩恶，恶人作恶，也不会得到帮助，其影响有
限，但善一旦被褒扬，又被恶人利用，恶人作恶的影响就无比深
远了。

　　孙盛的理论分析固然抓住了庄子的不足，但他显然并没认清庄
子"绝仁弃义"背后的问题意识及其目的所在。真正有效的批评应
该是像李充所问的"岂仁义之道绝，然后孝慈乃生哉"①，即废弃
仁义后，我们真的能够复其本性之初吗？庄子的思路是，既然善恶
是相对而共生的，那么无善也就无恶，没有了仁义，不仁不义自然
也就不存在了。这种思路仅是从概念推演到概念，并不具备现实操
作性。且仁义与不仁不义的对立被消除后，也未必能够回到朴素本
性去。从逻辑上来说，"大道坏有仁义"，并不能反推出无仁义则大
道全，这并非充要条件。从现实来讲，自然本性一旦分裂为善恶，
一旦细化为仁、义、礼、智，就无法回到原初的状态，这个过程是
不可逆的。事实更可能是，削去仁义，还会有其他更繁琐细致的道
德条目来替代，而非重回浑整朴素。世界从浑沌分裂，人性从朴素
走向复杂，这才是自然的过程，像庄子这样一定要恢复如初才是违
反自然的。正如明人张恒所云："若有道，则生天生地，天地生，
人又生，圣人以相天地而安人，于是始不得不为天下，而燧粒、宫
服、嫁娶、书契、棺椁，与兵蚩尤、治洪水之用，皆不可已。此道
之自然而无所强，圣人为之而无所为者也，奈之何欲弃而绝之也？
若曰以明自然，则又惑矣。岷源为江，昆源为河，此自然之势也。

---

① （晋）李充《学箴（并序）》，（清）严可均《全上古三代秦汉三国六朝文・全晋文》
　　卷五三，第1766页。

有人焉，厌江河之滥于委也，以为不若挽而归之昆岷之墟，收众委而源之以明水之自然，有是理乎？"①张恒认为，天地万物的产生与人为治理天下，都是不得不为的自然过程，想要返回天地万物最初浑沌的状态才是逆反自然过程的。

庄子铄绝仁义礼乐，其影响及于申韩，因而造成法家的残酷少恩，这一点由苏轼揭示出来。苏轼认为，摒除仁义礼乐，以"无有"（自然无为）治理天下，显然是不可为的；更关键的是，庄子认为仁义无甚价值的思想为韩非所继承，从而使法家思想走向极端。仁义既无价值，就更不可能作为价值标准来评判世人的行为，因而失去对人心及其行为的约束，一些人便可以为所欲为、无所不为。苏轼认为，圣人治理天下，要恩威并施，依靠正反两个方面的手段，一是仁义之道，促使有权者爱民向善，一是礼法刑政，惩罚作恶之人。这两个方面并不是简单的并行之道，后者对前者是有力的辅助，前者对后者是一种方向性的制约。只有仁义之道、爱民之心，没有礼法刑政，此道、此心就无法落实，只能沦为美好的愿望；而礼法行政一旦失去仁义之道、爱民之心的方向，其自身的强大力量就会化作失去控制的凶猛野兽，给天下百姓带来无穷灾难。庄子在理论上将仁义连根拔起，认为仁义不足道，正好为韩非治国只依靠严刑峻法的思想铺平了道路。苏轼说："今夫不忍杀人而不足以为仁，而仁亦不足以治民；则是杀人不足以为不仁，而不仁亦不足以乱天下。如此，则举天下唯吾之所为，刀锯斧钺，何施而不可？"②苏轼此言在逻辑推理上不够充分，但事实却有时照此逻辑发展，仁义失去约束力量，百姓命如草芥，君主可以凭一己之喜好或者以统治的名义杀人，不用背负任何责任，不会受到谴责，更没有

---

① （明）张恒《明志稿·老庄明自然论》，《四库禁毁丛书》第126册，北京：北京出版社1997年影印明刻本，第77—78页。
② （宋）苏轼《苏轼文集·韩非论》，第102—103页。

强制的约束限制措施。仁义与否，无关紧要，重要的是君主的权威是否得到保证、欲望能否得到满足，国家的秩序是否稳定，这就造成不顾百姓死活，任意压迫剥削，无所不至，天下进入空前的专制黑暗和恐怖当中。当然，最终结果是换来了陈胜、吴广"今亡亦死，举大计亦死，等死，死国可乎"①的觉悟呼喊。由此可见，仁义在天下的治理过程中不可或缺，因而亦可知庄子绝仁弃义思想的危害。这也证明了老庄"绝仁弃义，民复孝慈"的论断是错误的。

对老庄绝弃仁义及其批判能持较为平和态度、并保持同情理解的是东晋的李充，他认为：

> 老子云：绝仁弃义，家复孝慈。岂仁义之道绝，然后孝慈乃生哉！盖患乎情仁义者寡，而利仁义者众也。道德丧而仁义彰，仁义彰而名利作，礼教之弊，直在兹也。先王以道德之不行，故以仁义化之；行仁义不笃，故以礼律检之。检之弥繁，而伪亦愈广。老、庄是乃明无为之益，塞争欲之门。夫极灵智之妙，总会通之和者，莫尚乎圣人。革一代之弘制，垂千载之遗风，则非圣不立。然则圣人之在世，吐言则为训辞，莅事则为物轨，运通则与时隆，理丧则与世弊矣。是以大为之论，以标其旨，物必有宗，事必有主，寄责于圣人，而遗累乎陈迹也。故化之以绝圣弃智，镇之以无名之朴。圣教救其末，老、庄明其本，本末之途殊，而为教一也。人之迷也，其日久矣，见形者众，及道者鲜，不觌千仞之门，而逐适物之迹，逐迹逾笃，离本逾远，遂使华端与薄俗俱兴，妙绪与淳风并绝，所以圣人长潜，而迹未尝灭矣。惧后进惑其如此，将越礼弃学，而希无为之风，见义教之杀，而不观其隆矣。②

---

① （汉）司马迁《史记》，第 1950 页。
② （晋）李充《学箴（并序）》，（清）严可均《全上古三代秦汉三国六朝文·全晋文》卷五三，第 1766 页。

　　李充反驳了老庄绝弃仁义就能让人回归淳朴的说法，但他也能理解老庄，提倡仁义确实存在弊端，即仁义易被人利用，且使社会走向虚伪。历史上，将仁义看作真实德性，发自内心实实在在去修养的很少，以仁义为幌子图谋私利的却是普遍现象。仁义既被设为崇高标准，在世俗世界就与名利相关，这不免招致那些追名逐利之人的利用。而将仁义设为标准，实际却并非人人都能做到，因此人们为了达到标准，不惜弄虚作假，装作仁义，沦为虚伪。当然，那些利用仁义图谋私利的人多半也是假仁假义，这也是一层虚伪。

　　同时，李充吸收借鉴了庄子"迹与履"的思路①，将后世有弊病者归为圣人遗迹，众人迷失，追逐的是圣人的遗迹，因而导致浮华不实。如此一来，庄子批判的就是圣人遗迹，而非圣人本身，这就将庄子对仁义的批判缓和下来，后世儒家也更能包容。李充的另一策略则是借助魏晋盛行的本末思维，调和儒玄，但实质上是对老庄的修正。在本末思维中，仁义并非一无是处，只是它面对的对象是末，老庄所讲的是本，自然不能相比，但无法否认仁义在现实政治中对君主还是能够起到一定约束作用的。老庄倡导无为，所反对的就是仁义诱导社会产生虚伪风气的这一层面。言下之意，无为具有很强的现实针对性，因而并不是普遍适用的。

二、对绝礼弃乐的批判

　　在儒家思想中，仁义为掌管人心的内在品德，礼乐是调整人行为的外在约束，二者配合，方为至道。但庄子认为仁义是对人本性的束缚，礼乐是世俗的虚伪形式，所以庄子在主张绝弃仁义的同时，也要绝弃礼乐。这自然激起儒家后学的批判。

　　礼一方面关涉个人修养，一方面关系国家制度及天下治乱，其

---

① 《庄子·天运》云："夫《六经》，先王之陈迹也，岂其所以迹哉！今子之所言，犹迹也。夫迹，履之所出，而迹岂履哉！"

重要性不言而喻。儒家学者对庄子的批判主要集中在后一方面。孔子论礼，尚且朴素，且重在以仁充实礼，真正将礼发扬光大的是荀子。荀子揭示了礼的根本作用在于对人的区分，即所谓"乐合同，礼别异，礼乐之统，管乎人心矣"①。礼对人的区分具有两个意义：其一，礼是人与动物的根本区别，《荀子·非相》有云："故人之所以为人者，非特以其二足而无毛也，以其有辨也。夫禽兽有父子而无父子之亲，有牝牡而无男女之别，故人道莫不有辨。辨莫大于分，分莫大于礼，礼莫大于圣王。"②所谓"辨"，即区分，其本质是伦理道德和尊卑秩序，也就是说，荀子认为人与动物的根本区别就是人具有道德和秩序，而动物没有，这与孟子的人与动物根本区别在于道德的观点有极大的不同，这两种观点代表着儒学的两个发展方向。在荀子看来，正是这种在道德与秩序上与动物的区分使人能够超越动物，超越个人，组成群体，并且和谐相处，互帮互助，实现各个等级的人对物质利益的欲求。《王制》篇有云："水火有气而无生，草木有生而无知，禽兽有知而无义，人有气、有生、有知，亦且有义，故最为天下贵也。力不若牛，走不若马，而牛马为用，何也？曰：人能群，彼不能群也。人何以能群？曰：分。分何以能行？曰：义。故义以分则和，和则一，一则多力，多力则强，强则胜物；故宫室可得而居也。故序四时，裁万物，兼利天下，无它故焉，得之分义也。故人生不能无群，群而无分则争，争则乱，乱则离，离则弱，弱则不能胜物；故宫室不可得而居也，不可少顷舍礼义之谓也。"而这也是礼的区分的第二个意义，即对人群的等级秩序与利益的区分。荀子还从礼的起源来说明区分的这一意义，《礼论》篇曰："人生而有欲，欲而不得，则不能无求；求而无度量分界，则不能不争；争则乱，乱则穷。先王恶其乱也，故制礼义以

---

① （清）王先谦《荀子集解》，第382页。
② 同上书，第79页。

分之，以养人之欲，给人之求。"荀子按照礼将人分为高低贵贱等不同的地位，士、农、工、商等不同的职业，人们根据其地位、身份、职业等获得利益、满足欲求。由此看来，礼对人的区分实质就是利益的分配秩序，如果人人都承认这个秩序、安于这个秩序，就能达到"礼之用，和为贵"的效果，天下将一片祥和。

基于对礼的认识，儒家学者视庄子绝弃礼乐的思想为异端，纷纷加以指责。司马光云："老庄贵虚无而贼礼法，故王衍、阮籍之徒乘其风而鼓之，饰谈论，恣情欲，以至九州覆没。"①朱熹则除了批评庄子本身"没检束"②，同时也从对人的区分这一层面展开，《朱子语类》载：

> 问："'文犹质也，质犹文也，虎豹之鞟，犹犬羊之鞟。'如何以文观人？"曰："无世间许多礼法，如何辨得君子、小人？如老庄之徒，绝灭礼法，则都打个没理会去。"③

朱熹指出，礼是君子特有的修养，是君子和小人的一个重要区分，若依庄子之见将其消除，就无法分辨君子和小人，人伦为之大乱。人伦秩序关系到天下的治乱，君子在儒家思想中属于治人者，小人属于治于人者，二者在各方面差距都极大，假如君子、小人浑然不分，在儒家学者眼中，世界必将失去秩序，陷入混乱。与此相比，上引司马光的批评稍有不同，他主要集中在礼对个人的约束上，所谓"约之以礼"，礼法破灭，人的约束就没有了，于是纵情恣欲，结果必然是像荀子描述的那样为了满足欲望而互相争夺，这同样会使天下陷入混乱无序的状态。

---

① （汉）司马光《文中子补传》，（宋）吕祖谦编《皇朝文鉴》卷一四九，张元济等辑《四部丛刊初编》，上海：商务印书馆民国八年（1919）影印宋刊本。
② 《朱子语类》卷一二五云："庄周曾做秀才，书都读来，所以他说话都说得也是。但不合没拘检，便凡百了。"（第2988页）
③ （宋）黎靖德编《朱子语类》卷四二，第1085页。

　　孔子曰："安上治民莫善于礼。"①在孔子看来，礼虽然关乎治国，至关重要，但仍然局限于形而下，与形而上的道并没有关系，其地位及重要性是有限的。二程则不同，他们在建构理学体系时，将礼与理联系起来，使礼具有了形而上的本体意味。《二程集》中记载：

> "'礼云礼云，玉帛云乎哉！乐云乐云，钟鼓云乎哉！'此固有礼乐，不在玉帛钟鼓。先儒解者，多引'安上治民莫善于礼，移风易俗莫善于乐'。此固是礼乐之大用也，然推本而言，礼只是一个序，乐只是一个和。只此两字，含畜多少义理。"又问："礼莫是天地之序，乐莫是天地之和？"曰："固是。天下无一物无礼乐。且置两只椅子，才不正便是无序，无序便乖，乖便不和。"又问："如此，则礼乐却只是一事？"曰："不然。如天地阴阳，其势高下甚相背，然必相须而为用也。有阴便有阳，有阳便有阴。"②

二程以为，先儒以礼乐安上治民、移风易俗，但这只是礼之用，并没有触及礼的本体。礼的本质是秩序，天地万物皆有秩序，"天下无一物无礼乐"，由此，礼与理相通。《周易程氏传·履卦》云："夫物之聚，则有大小之别，高下之等，美恶之分，是物畜然后有礼，履所以继畜也。履，礼也。礼，人之所履也。为卦，天而在上，泽而处下，上下之分，尊卑之义，理之当也，礼之本也，常履之道也，故为履。"③礼虽由周公制作，但根本还是来源于天，是对天的秩序的模仿，因而它可以说是分殊之一理。所以二程也经常说礼就是理，如：

> 礼者，理也，文也。理者，实也，本也。文者，华也，末

---

①　（汉）郑玄注、（唐）孔颖达等正义《礼记正义》，《十三经注疏（五）》，台北：艺文印书馆 2007 年影印清嘉庆二十年江西南昌府学刻本，第 846 页。
②　（宋）程颢、程颐《河南程氏遗书》卷一八，《二程集》，第 225 页。
③　（宋）程颐《周易程氏传》卷一，《二程集》，第 749 页。

也。理是一物，文是一物。文过则奢，实过则俭。奢自文所生，俭自实所出。故林放问礼之本，子曰："礼，与其奢也宁俭。"言俭近本也。①

视听言动，非理不为，即是礼，礼即是理也。不是天理，便是私欲。人虽有意于为善，亦是非礼。无人欲即皆天理。②

礼亦理也，有诸己则无不中于理。③

在理学思想体系中，理是最高本体，是一切秩序的根源，礼作为万物流行的秩序，根本上是合于理的，因而也具有本体的地位。所以，二程批评要铄绝礼乐的庄子是"无礼无本"，《河南程氏遗书》卷七云："庄子有大底意思，无礼无本。"④《河南程氏粹言》卷二亦记载："或问：'庄周何如？'子曰：'其学无礼无本，然形容道理之言，则亦有善者。'"⑤只有在此背景下，才能理解二程为什么说庄子无礼就是无本。

然而，庄子对礼的批判并非仅仅局限于绝礼弃乐等章节直接的批判，更重要的是其齐物思想对万物的差别的看法，这种看法与儒家的礼的思想根本上是背道而驰的。庄子认为吹万不同，万物千差万别，但"以道观之，物无贵贱；以物观之，自贵而相贱；以俗观之，贵贱不在己"（《秋水》），从根本上来说，万物是没有高低贵贱的，所谓高低贵贱，都是世俗所为，出于人为。《渔父》篇云："礼者，世俗之所为也；真者，所以受于天也，自然不可易也。故圣人法天贵真，不拘于俗。愚者反此，不能法天而恤于人，不知贵真，禄禄而受变于俗，故不足。"庄子认为，万物包括人之间是存

---

① （宋）程颢、程颐《河南程氏遗书》卷一一，《二程集》，第 125 页。
② （宋）程颢、程颐《河南程氏遗书》卷一五，《二程集》，第 144 页。
③ （宋）程颢、程颐《河南程氏外书》卷三，《二程集》，第 367 页。
④ （宋）程颢、程颐《二程集》，第 97 页。
⑤ 同上书，第 1240 页。

在差别的，这种差别也可以理解为一种秩序，但这秩序是自然的、自在的，其中并不含有人的认知、判断，更没有人的建构。而儒家对万物包括人的差别的认识就是礼，礼所体现的思想与庄子的思想正好相反。《荀子·富国》云："礼者，贵贱有等，长幼有差，贫富轻重皆有称者也。"①《礼记·哀公问》则记载了孔子对礼的看法，虽然未必真是孔子所言，但仍然代表了早期儒家对礼的真实认识，其文云："丘闻之：民之所由生，礼为大。非礼无以节事天地之神也，非礼无以辨君臣上下长幼之位也，非礼无以别男女父子兄弟之亲、昏姻疏数之交也，君子以此之为尊敬然。"②早期儒家对礼的认识仍然局限于人伦，不像理学家把礼扩大到天地万物，但他们都认为礼这种秩序是出于自然③，因而也是合于应然的。礼虽然出于圣人的制作，倒不如说是圣人察知了天地万物的秩序并将之彰显出来而成为礼。矛盾在于，庄子和儒家都认为秩序来自于天，都是合乎自然、合乎天理的，但为何一个是无贵无贱，或者说与贵贱无关、超越了贵贱，另一个却有着高低贵贱、亲疏远近的森严等级？二者必有一是一非。这个问题也可以转换为，庄子与儒家对于天地、自然的秩序的认识哪一个是正确的？

庄子与儒家对天地、自然的认识都来自对天地、自然的观察，他们观察的对象是一致的，是客观的，观察结果应该也一致，比如天在上、地在下，太阳东升西落，春、夏、秋、冬四季变换，不一致的是对观察结果的理解与描述，那么在这理解与描述中必然掺杂了不同的主观因素。庄子的理解与描述是万物自然存在，并不加以分辨、议论，而且他对人的认知有深刻的反思，《齐物论》篇云：

---

① （清）王先谦《荀子集解》，第178页。

② （汉）郑玄注，（唐）孔颖达等正义《礼记正义·哀公问》，第848页。

③ 《汉书》卷二二《礼乐志》云："圣人能为之节而不能绝也，故象天地而制礼乐，所以通神明，立人伦，正情性，节万事也。"卷二三《刑法志》云："圣人因天秩而制五礼。"

"古之人，其知有所至矣。恶乎至？有以为未始有物者，至矣尽矣，不可以加矣。其次以为有物矣，而未始有封也。其次以为有封焉，而未始有是非也。是非之彰也，道之所以亏也。"庄子说吹万不同，就是"有封焉而未始有是非"的境界，即承认世界已经不是浑沦一块，而是由万物组成，物与物之间有分界、有差别，但并没有是非，万物都是自在的。有是非，就涉及价值判断，这就是庄子所批判的儒家和墨家等对世界的认识的共同特点。儒家的描述是礼，是高低贵贱、亲疏远近，其中就混有人的主观价值判断。天在上、地在下，是客观事实，儒家将之描述成天尊地卑，首先将天地从万物中单独拎出①，放在一个系统内进行比较，这里比较的是位置②，然后从位置的高下抽象出尊卑贵贱的概念和意义，称之为礼。在这个过程中，天地、自然的秩序已经经过几道人为的选择、加工，而后成为儒家所认识的礼的秩序，因此，所谓礼的秩序可以说是源自天地、自然的秩序，但并不是天地、自然的本然，所以儒家认为礼的秩序是自然与应然的统一并不准确，只能说礼代表的是儒家思想中应然的秩序。

至此，问题愈加清晰，庄子以自然秩序为最高秩序，认为人世亦应遵循自然秩序，并以此批判儒家塑造的礼的秩序；儒家以为礼的秩序出于自然又超越自然，合于应然，因而具有最高的价值，他们反持此以批判庄子。分析到了这一步，已经触及最为根本的层面，即人与自然万物（天）的关系。秩序层面涉及天人也应遵循普遍的天人关系，亦即人必须建立自己的秩序，否则将陷入丛林社会，弱肉强食，没有正义可言，但同时也要防止这个秩序给人带来

---

① 天地是万物中之最大者，为万物提供生存的空间和养料，地位无可比拟，将其拎出，既是自然又是必然。

② 此外，如天轻而清，地重而浊；天圆地方；天行健，地势坤，等等，这都是古代的"比德"思维。

束缚，或者被部分人利用以谋取私利。总之，人类建构的秩序与自然本身的秩序的关系，直到今天仍然是个有待解决的重大问题，路漫漫其修远兮。

三、对绝圣弃智的批判

与人为制造的礼乐秩序相比，机械更能体现人的智力，礼乐秩序处理的是人与人之间的关系，机械则是对事物存在、运行的道理、规律的认识以及应用，更为客观、纯粹。因此，此处以机械为焦点讨论庄子关于智的批判以及后世对庄子的反批判。

《庄子·天地》记载了汉阴丈人抱瓮灌园的寓言，汉阴丈人担心机械的使用会开启人的机巧智诈之心，从而有损于浑沌朴素的本性，所以纵然知道桔槔的便利与高效也弃而不用，宁愿采用原始朴素的办法。《天地》篇云：

> 为圃者忿然作色而笑曰："吾闻之吾师：'有机械者必有机事，有机事者必有机心。'机心存于胸中，则纯白不备；纯白不备，则神生不定；神生不定者，道之所不载也。吾非不知，羞而不为也。"……（子贡）曰："……功利、机巧，必忘夫人之心。若夫人者，非其志不之，非其心不为。虽以天下誉之，得其所谓，謷然不顾；以天下非之，失其所谓，傥然不受。天下之非誉，无益损焉，是谓全德之人哉！我之谓风波之民。"反于鲁，以告孔子。孔子曰："彼假修浑沌氏之术者也：识其一，不知其二；治其内，而不治其外。夫明白入素，无为复朴，体性抱神，以游世俗之间者，汝将固惊邪？且浑沌氏之术，予与汝何足以识之哉！"

机械，本质上是一种工具，但其中蕴含了人类的聪明才智。它一方面如庄子所说，不是单纯的机械，而与人事相连，人将聪明才智注入其中，发明机械，抱着极大的功利性与目的性，追求高效率，"用力甚寡而见功多"（《天地》），从手段到目的都扭曲了人性，从而使人与道相背离①。与之形成鲜明对比的是《庄子》中诸多身怀高超技艺的人，如庖丁、佝偻承蜩者、轮扁、运斤成风的匠石等等，他们都是有道者，至少是对道有追求的人。在描写这些人时，庄子并未强调他们使用的工具的先进与精巧，即使庖丁的解牛刀使用了十九年屠宰了数千头牛，还仍然像刚在磨石上磨好的一样，这也是对庖丁解牛技艺的陪衬和侧面赞美；庄子所强调的是，他们经过反复不断的练习，达到"得之于手而应于心"（《天道》）的境界，获得一种"数"，即富有经验的技巧，这种技巧属于他们自己，不可言传，通于大道，且不可复制，他人要想获得，也只能通过自己的练习。

机械所体现的智巧则不同，只要按照一定的程式，在一定条件下就可以原样复制，也就是说，近乎客观，而与人的主观关系不大。关键在于，这种客观知识、技巧会侵入甚至改变人的主观。用现代眼光来看，人操作机械，机械会反过来对人产生一种"内在反向效应"，即"机械装置的结构和效用原理对主体内在心灵的塑造，对人的精神世界的俘获和征服。……由于人对机械的使用和依赖、臣服，机械装置的结构和效用原理会产生逆向的反塑作用，并最终被内化为主体心灵的结构特性和效用机制，从而造成心灵和机械的本质同构，即人性的'机械化'。"②仅仅是桔槔这样简单的机械装

① 刘向《说苑·反质》云："卫有五丈夫，俱负缶而入井灌韭，终日一区。邓析过，下车为教之，曰：'为机，重其后，轻其前，命曰桥。终日灌韭，百区不倦。'五丈夫曰：'吾师言曰：有机知之巧，必有机知之败。我非不知也，不欲为也。子其往矣，我一心溉之，不知改已！'邓析去，行数十里，颜色不悦怿，自病。弟子曰：'是何人也？而恨我君，请为君杀之。'邓析曰：'释之，是所谓真人者也。可令守国。'"这个故事与汉阴丈人的寓言异曲同工，"桥"即"桔槔"，这里也以之为例认为机械固有便利，却也存在缺陷，导致失败。只是并未具体说明是何缺陷，《庄子》则点明机械对人心的反塑作用。

② 邓联合《论庄子的机械批判思想——对"圃者拒机"寓言的解读》，《自然辩证法研究》2002 年第 18 卷，第 8 期。

置，就能让庄子产生如此的反思与批判，这表明庄子思想的确是非常深刻的。

但是机械也具有另一面，就是变化与适应，这是庄子不曾注意的，或者说被其刻意忽略的。机械并非天然存在，它的产生、发展有一个具体的过程，由简到繁，由粗到密，显示了人类智慧与文明的发展，它也是人类面对不断膨胀的欲望以及由此而来的争斗的一种解决办法，提高获取的效率，以满足人的需求。这与庄子清净寡欲、去除机心的主张截然相反，那么利用机械者与庄子之间相互的批评就不难理解了。

汉阴丈人抱瓮灌园的寓言存在不少难点，引起了后人争论。对汉阴丈人的评价就是其中之一。子贡认为丈人意志强大，不受外在非誉的左右，可谓全德之人。郭象则敏锐地指出："此宋荣子之徒，未足以为全德。子贡之迷没于此人，即若列子之心醉于季咸也。"①《逍遥游》篇描写宋荣子"举世而誉之而不加劝，举世而非之而不加沮，定乎内外之分，辩乎荣辱之竟"，但这种境界距离最高的无待逍遥之境尚远。以此推断，与宋荣子处在同样境界的汉阴丈人自然也不是全德之人，子贡对其推崇备至，只能表明子贡的境界比丈人还低，不足以看到丈人的局限与缺点，从而止步于此，不能上窥更高的境界。林自更加细致地揭示了原因，其注云："汉阴丈人非其志不之，非其心不为，则未能忘非誉，故有所不顾不受也。"②宋荣子、汉阴丈人虽然不为世俗的非誉所动，但这是仍然有执于非誉的表现，只不过他们论定非誉的标准不在外部、不在世俗，而在自己的内心。这就涉及下一个争论的话题："治其内不治其外。"

治其内不治其外，既意味着对于是非毁誉的评价有着自己确定

①　（清）郭庆藩《庄子集释》，第443页。
②　（宋）褚伯秀《南华真经义海纂微》，《道藏》第15册，第378页。

的标准，不会被世俗之见影响，同时也意味着其行为的目的在于保养心性，外在的功利已不在考虑范围内。汉阴丈人抱瓮灌园，宁愿牺牲效率与功利，也要远离机心，保持内心的纯粹、天真。其理论前提就是，内在高于外在，且内在与外在是互相矛盾、不可调和的，外在的生长、扩展会挤压甚至侵害内在。因此，汉阴丈人才宁愿舍弃一般人认可与接受的效率与功利。问题是，内在真的就高于外在吗？外在一定会侵害内在吗？二者不能和谐共处，甚至相得益彰、相互促进吗？从理论上讲，汉阴丈人执着于内外之分、高下之别，而且认为内外矛盾，显然不能算作是最高境界。孔子作为子贡的老师，见多识广，境界自是不同，他对丈人的思想就能探得门径，知其来龙去脉。"治其内不治其外"就是孔子对汉阴丈人的评价，此外，孔子还有一句总括性的评语，即："彼假修浑沌氏之术者也。""假"有两解，一为虚假不真，一为假借，自郭象以来均以虚假为是，宋末始有解作假托的[1]，如刘辰翁、陆西星、陆树芝等。但"假"作"假托""假借"解，其后多跟名词，此处"假修浑沌氏之术""假"后所跟为动词，不合语法，所以仍当以"虚假"为正解。浑沌氏之术似乎是最高的修养境界，孔子也不能达到，但依照"假修"之说，汉阴丈人并非真正的修习者，其思想与行为也就不那么值得称赞了。

汉阴丈人的思想与行为都体现在他对机械的取舍上，因此，对机械的讨论至关重要。郭象最先将"假"解作"虚假"，其注云：

> 以其背今向古，羞为世事，故知其非真浑沌也。徒识修古抱灌之朴，而不知因时任物之易也。夫真浑沌，都不治也，岂以其外内为异而偏有所治哉！此真浑沌也，故与世同波而不自

---

[1] 钟泰《庄子发微》说罗勉道解作"托"，遍检各本《南华真经循本》，罗勉道均未对"假"做出解释。钟泰认为应当解作"假托"，郭象的"虚假"是错解。

失，则虽游于世俗而泯然无迹，岂必使汝惊哉！①

抱瓮灌园，固然朴素，却并不值得赞扬，这一行为将人保护在内在的狭小空间，与外部世界隔绝，失去对外部世界的发展变化的感知与反应，因而在面对外部世界的发展变化时，显得尤为敏感多疑，脆弱无力，也无法适应，因而只能固守自己，拒绝变化。真修浑沌氏之术的人，内外兼通，不偏不废，面对世俗的变化，包括机械的出现和使用，他内心也不会被改变，也不会做出令世人惊异的行为。这与郭象一贯主张的名教即自然是紧密相连的，真正的得道者（圣人）虽然处在世俗世界，但内外相通，胸次超然，不会受到影响和牵累。

郭象的批判只是略及机械，相比于此，宋人对机械更感兴趣，讨论也更多。王安石《绝句》之八咏道："赐也能言未识真，误将心许汉阴人。桔槔俯仰妨何事，抱瓮区区老此身。"②秦观《抱瓮》诗则云："搰搰抱瓮人，汩乎治其内。仲尼为所轻，子贡无以对。舍器欲还朴，为量固已隘。苟得浑沌真，宁羞事机械？"③在诗歌中，思想不能详细表现，因而都未超出郭象的范围，但短短几十字，都涉及机械的问题，足见重视。王安石倡导新学，主张变革，因此，与古老的抱瓮灌园的方式相比，他更愿意接受桔槔，并对庄

---

① （清）郭庆藩《庄子集释》，第443—444页。
② （宋）王安石《临川先生文集·赐也》，第338页。叶梦得《石林诗话》记载："旧中书南厅壁间，有晏元献题《咏上竿伎》一诗云：'百尺竿头袅袅身，足腾跟挂骹傍人。汉阴有叟君知否？抱瓮区区亦未贫。'当时必有所谓。文潞公在枢府，尝一日过中书，与荆公行至题下，特迟留诵诗久之，亦未能无意也。荆公他日复题一篇于诗后云：'赐也能言未识真，误将心许汉阴人。桔槔俯仰何妨事，抱瓮区区老此身。'"（逯铭昕《石林诗话校注》，北京：人民文学出版社2011年，第120—121页。）明乎此诗本事，尤其与晏殊诗相比，更能体现出王安石求变的思想。注二云："蔡正孙《诗林广记》后集卷九引熊勿轩（禾）语，可释二诗之义：'元献之诗意谓露巧不如守拙。荆公之诗谓经济有术，固不必拘泥也。'"
③ （宋）秦观撰，徐培均笺注《淮海集笺注》，上海：上海古籍出版社1994年，第1374页。

子发出反问、质疑。王安石门生故吏遍布天下，他们大都接受了王安石重新求变的思想，在对机械的看法上均有所体现。陈详道①在注释这一段时云：

> 浑沌之时，民居不知所为，行不知所之，视不以目而以神，听不以耳而以气，则机械何自而生？圣人之于天下，抱一以周万，游内以应外，人之所为不可不为，器存所用不可不用，则机械在物而不在心，机事在时而不在械，旷然与世偃仰，莫知所以然而然。则虽子贡之时，使浑沌复作，其能逆天违人而不为机械乎？机械之作，特通其变，使民不倦而已。……至人之于德，不修而物不能离。修浑沌之术，其德固已浅矣，又况假修者乎！②

陈详道认为，机械本身是中性的，是客观的事物，而非主观的心，言下之意即心未必会受到机械的影响。浑沌之时，万物自足，不需要机械，因而机械没有产生，人们当然不使用机械，也没有机心。后世人们发明、使用机械，乃是出于时势发展的需要，不得不然。在庄子思想系统中，凡是出于不得不、不得已而为，即是因应、无为。也就是说，后世人们发明、使用机械是顺应自然，出于无为。因此，在子贡生存的时代，人们接受机械、使用机械才是自然的，或者说正常的，不使用机械，才是违背自然与人意的。

　　"时"是自然的一个重要内涵，把握不到这一点，就无法真正做到效法自然。在一定意义上，"时"是人的行为的依据，"时"决定了人的行为方式，也是人们行为方式正确与否的标准。浑沌时

---

① 方勇《庄子学史》指出："陈氏在阐释《庄子》时如此尚'变'，当与王安石的庄子思想有一定渊源关系。"（第二册，第48页）陈详道是王安石门人，其学术思想受王安石影响甚深。清四库馆臣说："盖详道与陆佃皆王安石客，安石说经，既创造新义，务异先儒，故详道与陆佃亦皆排斥旧说。"（永瑢等《四库全书总目》北京：中华书局1965年影印版，第178页）
② （宋）褚伯秀《南华真经义海纂微》，《道藏》第15册，第378页。

期，就用浑沌氏之术；浑沌已开，人们必须用与其时代相应的道术，比如机械。浑沌氏之术虽然高深莫测，但并不是在时间上普遍适用的。叶梦得对此很有见地，他说："孔子以为假修混沌之术云者，谓上古之世也。执古之道以御今之有，则混沌之世亦何必然？惟汉阴不能察此事，故一拂其意，遂至于忿然作色，则是非之辩已役于外，而善恶之术已乱于中矣。是以区区以抱瓮为是，终身役而不自知其劳也。"①叶梦得明确指出浑沌氏之术只适用于上古之世，它不能超越时代条件，穿越到后世，而仍保持正确、有效。照此看来，汉阴丈人却是思想受到上古思想的奴役，身体受到相应的抱瓮的劳累。朱得之态度更为激烈，直呼道："且浑沌之世，用浑沌之道。今非其时矣，何用理会其术哉！"②浑沌氏之术一旦脱离适应其生存的上古时代，就不具备任何价值。二人所论彰显的都是"时"的重要性。

　　庄子在内篇之末哀叹浑沌已死，在全书之末哀叹道术将为天下裂，对于道术分裂后的世界应该如何应对，庄子没有回答③，但有一点很明确，在浑沌已开的时代，重新返回过去绝对是痴心妄想。汉阴丈人之所以反对机械，关键在于机械背后蕴含的那套机心。浑沌时期，机械和机心都不存在，在后世又都存在，很容易得出机心生于机械、有机械必有机心的结论。然而事实和逻辑并非如此，有机械未必有机心。叶梦得采用以庄解庄的方式，用《庄子》中另一段谈到桔槔的话来反驳《天地》篇这一段，他说："师金当（尝）语颜子以'子独不见夫桔槔者乎？引之则俯，舍之则仰。彼，人之

---

① （宋）叶梦得《岩下放言》卷下，《景印文渊阁四库全书》第863册，台北：台湾商务印书馆1985年，第746页。
② （明）朱得之《庄子通义》，方勇总编纂《子藏·道家部·庄子卷》第31册，第568页。
③ 陈赟认为这与《周易》以"未济"结尾异曲同工，表示未完成状态。见陈赟《庄子哲学的精神》第204页。

所引，非引人也，故俯仰而不知（得）罪于人'，汉阴而知此，亦何伤夫桔槔哉？"①俯仰随人而不得罪于人，因为桔槔是机械，机械是无心、无为的，事物无心、无为，即使伤害了人，人也不会怪罪于它②。汉阴丈人并不能通达此理，因而对桔槔严加指责、避而远之。由此可见，汉阴丈人绝非达到了最高境界，"假修"浑沌氏之术的评价是正确的。其实，庄子自己也说："浮游乎万物之祖，物物而不物于物，则胡可得而累邪！"（《山木》）所谓物于物，就是被物所物化、异化而失去自己的本性，习惯了机械以后确实有可能被机械物化，产生机心，但显然还有高于此的境界，若能将物当作物，不推崇也不贬低，还归它本然的样子，这样"我"就不会被物化而迷失了。

从机械回到智巧上来说，道理也是一样。《胠箧》篇控诉了智巧导致天下大乱的罪过，但它有一个大前提就是"上诚好知而无道"，根据这个前提，天下大乱的最大罪过应该是无道，而不应该是"好知"，无道之世，即使不"好知"，天下也不会太平。因而绝圣弃智并不会有什么作用。二程说："智出于人之性。人之为智，或入于巧伪，而老、庄之徒遂欲弃智，是岂性之罪也哉？善乎孟子之言：'所恶于智者，为其凿也。'"③人的智力是上天赋予的能力，在使用过程中，有时会导致巧诈虚伪，但是岂能因噎废食，将之否定、弃置？根据庄子的话反推，可知智巧在有道之世将发挥巨大的积极作用。庄子思考的基点就是其生存的战国时代，天下无道，一切都会被利用，从而成为帮凶，包括儒家倡导的仁义礼智。庄子的

---

① （宋）叶梦得《岩下放言》卷下，《景印文渊阁四库全书》第863册，第746页。按，原文"独"误作"夏"，据《庄子·天运》原文改。
② 《庄子·山木》云："方舟而济于河，有虚船来触舟，虽有惼心之人不怒；有一人在其上，则呼张歙之；一呼而不闻，再呼而不闻，于是三呼邪，则必以恶声随之。向也不怒而今也怒，向也虚而今也实。人能虚己以游世，其孰能害之！"
③ （宋）程颢、程颐《河南程氏遗书》卷二一下，《二程集》，第275页。

批判道出了时代的悲哀，以及无道之世所有一切都无法逃脱罪恶的无奈。正如《秋水》篇所云："当尧、舜而天下无穷人，非知得也；当桀、纣而天下无通人，非知失也，时势适然。"人与物都无法摆脱其时代。

冯时可《庄子论》云："庄子者，徒见夫仁义圣智为大盗所攘窃以济其私，因以为圣人罪，不知夫窃者之为罪也，非主者之为罪也，奈之何罪其窃而因罪其主乎？信如其说也，黜其主而能已其窃乎？吾恐窃者之愈肆矣。"①这段话可作为对庄子绝弃仁义礼智的定评。圣人与大盗两个概念在一定意义上是相对的，但并不是相对共生的，圣人与大盗两种人更不是相对共生的关系。大盗的产生不是因为圣人的存在，所以不能为了铲除大盗而要求攘弃圣人；有时大盗会窃取圣人的仁义圣智等主张谋求私利，但真正的犯罪者是大盗，应该消灭的也是大盗，而不是圣人及其仁义圣智。

---

① （明）冯时可《冯元成选集·庄子论》，《原国立北平图书馆甲库善本丛书》第 827 册，北京：北京出版社 2013 年影印明刻本，第 832 页。

第六章
对庄子言意观的批判

第一节　庄子言意观

　　所谓言意观，是指对言意关系的看法，具体说来，就是对语言能否传达以及能够在多大程度上传达意义这一问题的看法。在庄子思想中，言意关系中的意不仅指意义，更多情况下指的是道，如此一来，言意观最主要的问题即成为语言能否传达大道。庄子十分怀疑语言对大道的传达作用，但也并未彻底予以否定。

　　老子最早开始探讨言道关系。老子认为，道不可言说，可言说者非道，《老子》首章云："道可道，非常道；名可名，非常名。"即使道这个名称本身，也只是为了指称的方便而勉强加之，《老子》二十五章云："有物混成，先天地生。寂兮寥兮，独立不改，周行而不殆，可以为天下母。吾不知其名，字之曰道，强为之名曰大。"道本身是独立无对待的，因而不可以名号语言加之，所以老子在论述道时，常常将无言作为道的一个特征，《老子》七十三章云："天之道，不争而善胜，不言而善应。"既然天道如此，得道的圣人也须依循道的特点，以无言作为教化天下的准则，《老子》二章云：
"是以圣人处无为之事，行不言之教。"《老子》四十三章又慨叹：
"不言之教，无为之益，天下希及之。"与此相应，老子对语言和言
说表现出了强烈的怀疑和贬斥的态度。《老子》五章云："多言数
穷，不如守中。"《老子》五十六章云："知者不言，言者不知。"这
里的知，意为知道，并非一般之知，知道方为大知、真知，这种知
与言显然是矛盾的，越是多言，距离道越远。

　　言说不仅偏离大道，也偏离了一般的善的原则。《老子》八十
一章云："信言不美，美言不信。善者不辩，辩者不善。"言本身就
存在信与美无法统一的矛盾，而辩论作为言说的一种特殊形式，更
是不能与善共存。①

　　庄子延续老子的论题与观点，对言展开了质疑与批判。《齐物
论》云："大言炎炎，小言詹詹。"语言并不能通向大道，它是否有
意义就成为一个问题。《齐物论》篇云：

　　　　夫言非吹也。言者有言，其所言者特未定也。果有言邪？
　　其未尝有言邪？其以为异于鷇音，亦有辩乎，其无辩乎？道恶
　　乎隐而有真伪？言恶乎隐而有是非？道恶乎往而不存？言恶乎
　　存而不可？道隐于小成，言隐于荣华。故有儒、墨之是非，以
　　是其所非，而非其所是。

风能发出声音，言借助于声音，二者虽然都有声音，但言又区别于
风。言者有言，言是有含义、有所指的，且以含义、所指为其存在
的本质与目的，这是一般看法。而庄子认为言的含义与所指是不定
的，因此，言是否与初生小鸟无意义的雏音有本质区别是值得怀疑

① 《论语·阳货》："子曰：'予欲无言。'子贡曰：'子如不言，则小子何述焉？'子曰：
　'天何言哉？四时行焉，百物生焉，天何言哉？'"但是不能由此认为孔子也主张大
　道无言。孔子所言之天，实为自然之天，而非天道之天，无法与老庄所论言道关系
　相提并论，所以在讨论先秦言意观时不能将孔子也计入。

的。言通向是非，而是非并不是大道。《天下》篇指出，古人之道是完备整全的，儒墨各派虽然都认为自己得道之全体，实际却仅得道之一偏、一曲，这是由于人具有成心，因而以己为是而以彼为非。无论自家之是，抑或别家之非，都是一场借助于语言的争论。没有语言，就不会有是非争论。至言无言，也就没有是非争论。

庄子将言分为两种：至言是关于道的语言，普通的言则是关于世界万物的语言。道在存在意义上虽然是独立绝待的，但在名言上又是与物相对的，与此相应，至言与普通的言也是相对的。《天地》篇云："是故高言不止于众人之心，至言不出，俗言胜也。"《知北游》又云："至言去言，至为去为。"至言与普通的言相对，且二者是相互隔绝的，所以至言去言、至言无言；道也是无言的，不可用普通的言描述、传达。但正因如此，一般人难以领会关乎大道的至言，而让俗言占据其思想。只有得道之真人、圣人才能体会无言的大道。真人、圣人得道以后，其言行均依循道的准则，无为忘言。《大宗师》篇云："古之真人，……连乎其似好闭也，悗乎忘其言也。"真人的状态就是闷闷的好像忘记了言语一样。庄子继承老子"知者不言，言者不知"的思想，又将其与道结合起来，认为"知道易，勿言难。知而不言，所以之天也；知而言之，所以之人也。古之人，天而不人。朱泙漫学屠龙于支离益，单千金之家，三年技成，而无所用其巧"（《列御寇》）。庄子以朱泙漫学成屠龙之术而无所用作比，以喻"学道之难，而见道能忘为尤难也"[①]，忘言才是符合大道、顺应自然的方式；如若言之，则只是普通人的行为。上古之人，体道纯真，自然选择无言。但是得道的圣人，即使不言也能使人受教，《庄子》全书屡次论及这种教化方式：

> 王骀，兀者也，从之游者，与夫子中分鲁。立不教，坐不

---

① （宋）褚伯秀《南华真经义海纂微》卷一〇〇，《道藏》第十五册，第655页。

议，虚而往，实而归。固有不言之教，无形而心成者邪？（《德充符》）

知谓无为谓曰："予欲有问乎若：何思何虑则知道？何处何服则安道？何从何道则得道？"三问而无为谓不答也，非不答，不知答也。……"彼无为谓真是也，狂屈似之，我与汝终不近也。夫知者不言，言者不知，故圣人行不言之教。"（《知北游》）

故圣人，……其于人也，乐物之通而保己焉。故或不言而饮人以和，与人并立而使人化。（《则阳》）

王骀、无为谓和圣人之所以采取不言的方式，归根到底就在于道是不能用普通的言进行言说的，《知北游》篇云："道不可闻，闻而非也；道不可见，见而非也；道不可言，言而非也。知形形之不形乎？道不当名。……有问道而应之者，不知道也。虽问道者，亦未闻道。道无问，问无应。无问问之，是问穷也；无应应之，是无内也。"庄子在此直揭言道关系，认为"道不可言，言而非也"，人问道而应之，亦非知道者，所以这种回应也无法使问者得闻大道的道理。只有无言才能"饮人以和"，实现类似传道的效果。孔子求见温伯雪子，见了却不发一言，学生问其故，孔子回答说："若夫人者，目击而道存矣，亦不可以容声矣。"（《田子方》）有道之人通过一种近乎神秘的证悟即可传道，不需依赖语言。

庄子认为，普通的言自身存在着极大的限制。首先，普通的言是描述事物的，其中重要的一项是给事物命名，这就带来了一定的问题。万物自在自为，处在一种浑沌的状态之中，不分彼此你我，人类却使用语言将其一一命名，并试图对其进行区分。《齐物论》篇云：

夫道未始有封，言未始有常，为是而有畛也。请言其畛：有左，有右；有伦，有义；有分，有辩；有竞，有争，此之谓

> 八德。六合之外，圣人存而不论；六合之内，圣人论而不议；春秋经世，先王之志，圣人议而不辩。故分也者，有不分也；辩也者，有不辩也。曰：何也？圣人怀之，众人辩之以相示也。故曰：辩也者，有不见也。夫大道不称，大辩不言，大仁不仁，大廉不嗛，大勇不忮。道昭而不道，言辩而不及，仁常而不成，廉清而不信，勇忮而不成。五者园而几向方矣。故知止其所不知，至矣。孰知不言之辩，不道之道？

封、畛，都是分界、界限之意。道涵盖天地万物，无所不在，是浑然的整体，内部并不分裂，因而没有界限。但由于语言的出现以及语言无常的特性，整全的道的世界就被割裂了。人类以语言命名万物、区分彼此，又将其间的区分以各种形式加以强化。庄子此处举出的八德主要是从身份的高低上来将人区分，形成一种社会等级秩序，接近于儒家所主张的等级分明的秩序。庄子显然不能同意这种人为的划分，所以他借助得道的圣人对此加以驳斥。圣人对世界万物的态度如道一般，涵藏包容而不予辨别。表现在语言上，即圣人更趋向沉默无言。庄子并未一味推崇无言，而是将无言置于最高地位，下分三个等级：论、议、辩。这三等均属于语言，但又根据不同的对象而有不同的言说。六合为天地四方，是物的世界，六合之外即物外，超出物的世界而进入道的世界，因而无言；六合之内则为物的世界，而且是自然之物，因而有区分而无是非；春秋经世，先王之志，则是人文历史的世界，对此，圣人议论是非而不辩论是非，此时是非仍然是分明的，而非诸子时代自是而非彼、是非混乱的状态。①

---

① 钟泰对此数句的注释值得参考，其注云："'六合之外，圣人存而不论'，'存'有察义，非曰漫置之也。不论者，不稽其类。本自混成，无得而稽也。'六合之内，圣人论而不议'，稽其类而不议其宜，各有其宜，无得而议也。'《春秋》经世，先王之志，圣人议而不辩'，举其义而不辩于辞也，所谓据事直书，其义自见，无取于辩也。"（《庄子发微》，第49页）

这里的圣人不是超然物外、远离尘世之人，而是比儒家治国平天下的圣人更高一层，对天下之外或者说天下之上仍存关怀，在天下之中圣人也以语言的形式参与，即论、议，但并不辩。在庄子看来，辩论是有胜负之分的，却不能决出真正的是非。是非、语言与人的认知相关。"古之人，其知有所至矣。恶乎至？有以为未始有物者，至矣尽矣，不可以加矣。其次以为有物矣，而未始有封也。其次以为有封焉，而未始有是非也。是非之彰也，道之所以亏也。"（《齐物论》）在庄子的观念里，对世界的认知层次越高，越是远离是非、远离语言。古人对世界认知的几个层次约略可与圣人对世界的言说相应：有物对应存而不论；有封对应有论；有是非对应有议；最等而下之的就是无法分清是非的辩。

以上是就物的全体、物的关系而言，单就个体的物而言，庄子也有不同的认识。《秋水》篇云：

> 夫精粗者，期于有形者也；无形者，数之所不能分也；不可围者，数之所不能穷也。可以言论者，物之粗也；可以意致者，物之精也；言之所不能论，意之所不能察致者，不期精粗焉。

不论是精是粗，都在有形之物的范围内，是可以用语言言说，用心去思想的。但无形且至大无外的道，已经超出了物的范围，不以精粗论，也不可以用语言言说，不可以用心思想。

书籍是语言文字的物质载体，是传达思想的重要媒介，庄子在讨论言意关系时也谈及了书籍。尤其历代传承的经典，据说为圣人所作，体现了圣人之道，这就是经典之所以能成为经典的根本原因。但是庄子认为并非如此：

> 世之所贵道者，书也，书不过语，语有贵也。语之所贵者，意也，意有所随。意之所随者，不可以言传也，而世因贵

> 言传书。世虽贵之哉，犹不足贵也，为其贵非其贵也。故视而
> 可见者，形与色也；听而可闻者，名与声也。悲夫！世人以形
> 色名声为足以得彼之情！夫形色名声果不足以得彼之情，则知
> 者不言，言者不知，而世岂识之哉！（《天道》）

在庄子看来，世人看重书籍经典，缘于经典中保存的文字内容，但
文字内容并不是最初的源头，文字内容出于道，然而道又是不可用
语言描述与传达的，在道的对比之下，书籍、经典以及语言就毫不
足贵了。《老子》经常强调，道是无形无声的，人无法从形与声上
去把握道。庄子也是如此认为，此处他就将书籍和语言归为形与
声，并重申形与声不能够通达大道。在《天运》篇，庄子也论及经
典："夫《六经》，先王之陈迹也，岂其所以迹哉！今子之所言，犹
迹也。夫迹，履之所出，而迹岂履哉！"书籍中的言与意源出大道，
不能说书籍与大道毫无关系，但书籍本身并不值得过于推重，庄子
提醒人们注意脚印不是制造脚印的步履，即使是圣人制作的经典，
也并非圣人之道本身，二者不能混为一谈。脚印固然不是步履，但
我们仍然可以通过脚印获得步履的一些残存信息，只是这些信息永
远不会是完整的。如果圣人之道与书籍是步履与脚印的关系，书籍
也同样不能传达大道的完整消息。

　　庄子对书籍的分析和态度不止于此，在轮扁斫轮的寓言中，他
批评书籍是古人的糟粕，并以实例说明，即使是圣人之言也无法传
达圣人之道。道不可以言传，即使圣人已经体道得道，仍然无法形
诸语言，传授给他人。因而，经典书籍虽然由圣人制作、出自圣人
之口，但这仅为圣人能够用语言表达的部分，最精微深邃的大道依
然隐于其身，随着圣人的去世而消失。如果将大道视为精华，那么
如此处所言将典籍视为糟粕也无不可。寓言中虽然并未出现道字，
但庄子旨在说明道不可言，这是显而易见的。不能将寓言中轮扁所
说的无法言传的道，或者更准确地说是"数"，坐实为一种高超的

技巧，从而认为这种技巧中蕴含的分寸感只能由丰富的实践获得，无法用语言表述出来。这种看法将眼光局限在寓言的文字本身，而忽视了庄子所寄寓的真言。

《庄子》全书另有不少以技喻道的寓言，可为参照。在这些寓言中，技巧的拥有者面对疑问，都用语言传达了他们达到这种境界的实践方法。《达生》篇佝偻承蜩的寓言中，承蜩老人说："我有道也。五六月累丸，二而不坠，则失者锱铢；累三而不坠，则失者十一；累五而不坠，犹掇之也。吾处身也若厥株拘，吾执臂也若槁木之枝，虽天地之大，万物之多，而唯蜩翼之知。吾不反不侧，不以万物易蜩之翼，何为而不得！""累丸"数句是其练习的过程，其后数句则是其所谓承蜩之道。固然，承蜩之道与轮扁所说的斫轮的具体的分寸不同，但也是一种技巧，既然庄子可以用轮扁斫轮的寓言来说明道不可言，同样我们也可以用佝偻承蜩的寓言来证明道在某种程度上其实是可以传达的①。《达生》篇的另外几则寓言还描述了津人操舟之道、吕梁丈夫蹈水之道、梓庆削鐻之道等技巧性之道，这表明道并非绝对不能由语言表达。

庄子根据语言与道的关系将其分为至言和普通之言，所谓道不可言，指的是普通之言，至言则是可以传达道的。《则阳》篇云：

> 此物之所有，言之所尽，知之所至，极物而已。睹道之人，不随其所废，不原其所起，此议之所止。……有名有实，是物之居；无名无实，在物之虚。可言可意，言而愈疏。……言而足，则终日言而尽道；言而不足，则终日言而尽物。道、物之极，言、默不足以载；非言非默，议其有极。

---

① 值得注意的是，轮扁斫轮与佝偻承蜩两则寓言对言道关系态度截然相反，却均是通过一种技巧来比喻道，通过技巧的拥有者来言说，而技巧的拥有者本身的言说能力是有差别的，这也会影响道是否能够言说的判断。不过庄子并未将这一因素考虑进去，其基本假设是这些技巧的拥有者言说能力是均等且足够的。

此处给语言划定了一个作用范围，就是物，语言到达其能力尽头，也只是以物为对象。这种语言显然是普通之言，普通之言是"不足"的。"足"的语言则能够尽道之妙。结合前文所说，这种语言就是至言。然而至言到底是什么样的语言，庄子并未明说，或许也是和道一样是难以言说的。只是庄子也无法回避此中悖论：如果道真的不可言说，那么《庄子》书中又屡屡论道，岂不是自相矛盾？庄子又为何如此勉强言道？所以答案只能是道可以言说，不过只能由至言来言说。

庄子自述其语言策略有三：寓言、重言与卮言。寓言强调的是他者的话语，重言强调的是重要人物的话语，二者只是侧重不同，其实重言也是他者的话语，属于寓言，寓言终究是普通语言；卮言则是合乎大道的语言。《寓言》篇云：

> 卮言日出，和以天倪，因以曼衍，所以穷年。不言则齐，齐与言不齐，言与齐不齐也，故曰无言。言无言，终身言，未尝（不）言；终身不言，未尝不言。有自也而可，有自也而不可；有自也而然，有自也而不然。恶乎然？然于然。恶乎不然？不然于不然。恶乎可？可于可。恶乎不可？不可于不可。物固有所然，物固有所可，无物不然，无物不可。非卮言日出，和以天倪，孰得其久！万物皆种也，以不同形相禅，始卒若环，莫得其伦，是谓天均。天均者，天倪也。

卮是酒器，卮言一般认为与酒有关，后世的解释也都是围绕着酒或者酒器的相关特征来展开①。郭象取卮的"满则倾，空则仰，非持故也"的特点，将卮言解释为"因物随变，唯彼之从，故曰日出。

---

① 具体请参看崔大华《庄子歧解》，第735—736页；云运《〈庄子〉"卮言"释义研究综述》，《世纪桥》2010（09）。

日出，谓日新也，日新则尽其自然之分，自然之分尽则和"①。后世不少学者纷纷提出新解，但都把卮言和卮的关系看得过于紧密，按照这种思路，就必须先破解卮究为何物才能揭晓卮言之谜。但此时我们应当谨记庄子所言："荃者所以在鱼，得鱼而忘荃；蹄者所以在兔，得兔而忘蹄；言者所以在意，得意而忘言。"（《外物》）与表面的语言文字相比，更为重要的是意义。郭象在《逍遥游》注中说到其注释的原则："鲲鹏之实，吾所未详也。夫庄子之大意，在乎逍遥游放，无为而自得，故极小大之致以明性分之适。达观之士，宜要其会归而遗其所寄，不足事事曲与生说。自不害其弘旨，皆可略之耳。"②对卮言的解释，采取得意忘言的策略反而更容易明白庄子之意。不论后世学者如何解释卮，他们对卮言的解释均不能摆脱庄子这段文字的含义，主要还是强调卮言的日日常新，圆转无穷，合乎自然，两行无碍。从这一意义看，郭象的注解其实是十分精到的。卮言与超脱是非的齐物精神是一致的，在庄子思想中，这正是道的境界，因而可以说卮言就是庄子所说的至言③。

庄子通过卮言完成对道的言说，同时又否定普通语言与道的连接，然而后世学者多认为庄子主张得意忘言、道不可言，因而对其言意观展开批判与补充，同时也促成了言意观的发展演变。

第二节 言意之辨：魏晋玄学对
庄子言意观的批判与发展

《周易》为六经之一，传说伏羲创八卦，文王演《周易》，孔

---

① （清）郭庆藩《庄子集释》，第 939 页。
② 同上书，第 3 页。
③ 卮言是与道相通的语言，详参杨儒宾《儒门内的庄子》第四章《庄子的卮言论》，台北：联经出版事业股份有限公司 2016 年。

子作《易传》，因而成为儒家经典。宋代欧阳修等开始怀疑《易传》并非孔子所作，近代学者尤其古史辨派学者将这一观点发扬光大，全面考证《易传》晚于孔子，非孔子所作。近年来，陈鼓应致力于发掘《易传》与道家思想的联系，创建道家易学①。他认为《易传》非儒家典籍，而是道家系统的著作。究竟能否这样说尚待研究，但是《易传》与老庄的联系是切实存在的，尤其《老子》与《易传》联系更为紧密，古来许多学者在治学时都是二书并治的，最著名的如王弼、王夫之等。《周易·系辞传》与《庄子》均论及言意关系，《系辞传》云："子曰：'书不尽言，言不尽意。'然则圣人之意其不可见乎？子曰：'圣人立象以尽意，设卦以尽情伪，系辞焉以尽其言。'"②陈鼓应认为此处的讨论直接继承自《庄子》，"书不尽言，言不尽意"两个命题就是对《天道》篇末的论点所作的总结③。这一观点虽然旨在论证《易传》乃道家系统著作，但并未失于激进。书不尽言，表明书籍、文字总是有局限的，无法完全记录作者的言语；言不尽意表明语言也是有局限的，不能透彻地传达作者所要表达的意义。不能穷尽，其言下之意是能够传达一部分，只是不能全部传达。而根据《系辞传》上下文，不能传达的部分就是圣人之意，即圣人所体之道，所以《系辞传》中的言不尽意与《庄子》中的道不可言，内涵是相同的。

但《系辞传》与《庄子》又有不同。《庄子》在指出了书籍、语言的局限之后就结束了论题，并未讨论该如何认识道，《系辞传》却随即设法补救，取法天地，建立诸多卦象，将象置于言与意之间，起到中介辅助的作用，从而将圣人之意完完全全地传达出来。

---

① 具体请参见陈鼓应《易传与道家思想》（北京：商务印书馆 2010 年）及《道家易学建构》（北京：中华书局 2015 年）二书相关论述。
② （三国魏）王弼、（晋）韩康伯注，（唐）孔颖达等正义《周易正义·系辞上》，台北：艺文印书馆 2007 年影印嘉庆江西府学刻本，第 157—158 页。
③ 陈鼓应《道家易学建构》，第 148—149 页。

《系辞传》的这一思想为王弼的言意观作了扎实的铺垫。

王弼的言意观融会贯通了《老子》《庄子》《周易》三玄的思想，并在此基础上综合创新出自己的言意观。前人研究王弼言意观，多依据《周易略例·明象》，从而得出结论，认为王弼言意观仅受《庄子》和《周易·系辞传》的影响，而与《老子》无关。然则王弼注《老子》，在言意观上自然受其影响。不过，与注《老子》《周易》一样，王弼不只是受到经典本身的影响，也反过来从其独特的本体论对言意观进行了观照。王弼《老子指略》有云：

> 故可道之盛，未足以官天地；有形之极，未足以府万物。是故叹之者不能尽乎斯美，咏之者不能畅乎斯弘。名之不能当，称之不能既。名必有所分，称必有所由。有分则有不兼，有由则有不尽；不兼则大殊其真，不尽则不可以名，此可演而明也。夫"道"也者，取乎万物之所由也；"玄"也者，取乎幽冥之所出也；"深"也者，取乎探赜而不可究也；"大"也者，取乎弥纶而不可极也；"远"也者，取乎绵邈而不可及也；"微"也者，取乎幽微而不可睹也。然则"道""玄""深""大""微""远"之言，各有其义，未尽其极者也。然弥纶无极，不可名细；微妙无形，不可名大。是以篇云："字之曰道"，"谓之曰玄"，而不名也。然则言之者失其常，名之者离其真，为之者则败其性，执之者则失其原矣。是以圣人不以言为主，则不违其常；不以名为常，则不离其真；不以为为事，则不败其性；不以执为制，则不失其原矣。然则，《老子》之文，欲辩而诘者，则失其旨也；欲名而责者，则违其义也。[①]

王弼认为，可以言说之物，即使非常盛大，也不足以达到掌管天地、府藏万物的本体境界，因而反过来可以推导出道是不可名言

---

① （三国魏）王弼著，楼宇烈校释《王弼集校释》，第196—197页。

的。尽管后世用"道""玄""深""大""微""远"等词来形容道，这些词均表示达到相当程度甚至极致，仍然不足以形容道，因为道同时具有在一般事物之上看起来互相矛盾的特征，既弥纶无极又微妙无形。描述性的语言与规定性的名称一旦加诸其上，便失去其常性与本真。然而王弼并未全盘否定名言，"圣人不以言为主""不以名为常"，就为名言保留了余地，其意以为只要不夸大名言的作用，通过名言可以把握道，认识道。这是王弼与《老子》言意观不同之处。至于名言如何与道沟通连接，王弼在这里并未确切说明，而是在《周易略例》中加以揭晓。《周易略例·明象》云：

> 夫象者，出意者也。言者，明象者也。尽意莫若象，尽象莫若言。言生于象，故可寻言以观象。象生于意，故可寻象以观意。意以象尽，象以言著。故言者所以明象，得象而忘言；象者，所以存意，得意而忘象。犹蹄者所以在兔，得兔而忘蹄；筌者所以在鱼，得鱼而忘筌也。然则，言者，象之蹄也；象者，意之筌也。是故，存言者，非得象者也；存象者，非得意者也。象生于意而存象焉，则所存者乃非其象也；言生于象而存言焉，则所存者乃非其言也。然则，忘象者，乃得意者也；忘言者，乃得象者也。得意在忘象，得象在忘言。故立象以尽意，而象可忘也；重画以尽情，而画可忘也。是故触类可为其象，合义可为其征。义苟在健，何必马乎？类苟在顺，何必牛乎？爻苟合顺，何必坤乃为牛？义苟应健，何必乾乃为马？①

从这段文字看，王弼的言意观结合了《庄子》与《系辞传》的相关思想，再加上自己的天才创发，从而对庄子的言意观有所补充发

---

① （三国魏）王弼著，楼宇烈校释《王弼集校释》，第609页。

展。王弼继承了《系辞传》在言与意之间加入《周易》的象这一基本元素，并深入阐发了言、象、意之间的辩证关系。在庄子思想中，普通语言与圣人之意、圣人之道无法直接沟通，因而言无以表意。而《系辞传》的言意观受到《庄子·天道》的影响，那么它解决问题的思路就在言与意沟通的直接性与间接性上。庄子所谓言无以表意达道，指的是语言与意义、语言与道没有直接的联系，无法直接沟通，但庄子并没否认它们存在间接沟通的可能性，《系辞传》正是在言意的间接沟通上作出了文章。《周易·乾卦文言传》注："易者，象也。象之所生，生于义也。有斯义，然后明之以其物，故以龙叙乾，以马明坤，随其事义而取象焉。"①王弼或鉴于此，认为象由意产生，也能表达意，是意显豁的一个通道。相比起来，言就与意没有直接的关系，而是与象有直接联系，言生于象，因而能够明象。也由此，言与意之间存在着间接的联系，言能够间接地与意沟通，从而表达意。综合而言，即象与意存在着生与被生的直接关系，言与意则没有这种直接关系，故而象可以明意，言却无法表达意，能否表达取决于是否具有生与被生这种直接的关系。而且，由于言与象、象与意的联系是直接的，前者对后者的表达也是彻底的、完全的、明晰的。

通过象所建立的言与意的间接联系，使言有了达到意的可能。而对于如何真正实现由言而得意，王弼认为：唯有忘言才能得象，忘象才能得意。在老庄思想中，语言不能传达道，因而可以说道是无言的。王弼虽然在言与道之间增加了象这一环，使之能够间接沟通，但他仍然不能违背道是无言的这一根本原则。为了调和这种矛盾，王弼借鉴庄子"荃者所以在鱼，得鱼而忘荃；蹄者所以在兔，得兔而忘蹄；言者所以在意，得意而忘言"（《外物》）的意象与思

①　楼宇烈校释《王弼集校释·周易注》，第215页。

路，认为从言到象、从象到意，言与象只是用以达到目的的工具、媒介，而且这种工具、媒介与目的是不相容的，在达到目的的那一刻，必须将其抛弃，才能真正达到目的，如若执持不放，就仍然不能达到目的，所以说："存言者，非得象者也；存象者，非得意者也。"[1]言与象、象与意，既是统一的，又存在着相互矛盾的地方，其关系是非常辩证的。然而，其背后的原理究竟如何，王弼却未曾点明。韩康伯《系辞注》云："夫非忘象者，则无以制象。"《周易正义》解释说："凡自有形象者，不可以制他物之形象，犹若海不能制山之形象，山不能制海之形象。遗忘己象者，乃能制众物之形象也。"[2]在庄子思想中，意作为最终目的，具有绝对的优先性，王弼也持此观点，韩康伯将这种优先性解释为"制"，其思路仍然是无形制有形，有形不能制有形，因为它们是同级的，无形高于有形，因而能制有形。言意之间的象就涉及有形、无形的问题。象与形相近，有时可以通用无别。老子云："大象无形。"（《老子》四十一章）又论道云："无状之状，无物之象，是谓惚恍。"（《老子》十四章）又云："道之为物，唯恍唯惚。惚兮恍兮，其中有象；恍兮惚兮，其中有物。"（《老子》二十一章）此处形与象均指物，或者用《系辞传》的说法，其区别仅在"在天成象，在地成形"，所在位置有所不同。从道家思想中宇宙生成的顺序看，道在天地万物之先，其次有物，其次有分别、有语言，象与形代表的是中间阶段，将言、象、意的结构、关系与宇宙生成的过程对照，不难发现，二者惊人地相似，可见《系辞传》及王弼关于言、象、意的思想虽然有所创新，仍然是受到了庄子的启发。

王弼虽然借用了庄子之言，但又对其作了不少修正。首先，

---

① 楼宇烈校释《王弼集校释·周易略例》，第 609 页。
② （三国魏）王弼，（晋）韩康伯注，（唐）孔颖达等正义《周易正义·系辞上》，第 155 页。

《庄子》文中的"意"指的是普通的意义，而非特指圣人之意，所以《庄子》的言意并非言与道的关系，言能表意而不能达道。关于"意"的含义，王弼取的是《周易·系辞传》，特指圣人之意，而非取自《庄子》。其次，庄子着重表达的是意对言的优先性，并未突出忘言对得意的必要性，而王弼却将忘言作为得象的必要条件，将忘象作为得意的必要条件，得意的机制与庄子不同。在庄子的叙述中，言是通向意的普通工具，在实现言的功用时，对言没有特殊的要求，只要发挥它的正常功能即可；而在王弼的叙述中，如前所述，工具在将要实现目的的那一刻必须放弃自身才能最后达到目的，仅仅要求它发挥其正常作用是不够的。如此一来，言虽然能够借助象而达到道，但最终道是忘象忘言的，王弼以忘言取代无言，既不违背老庄关于道是无言的这一准则，也仍然给从言向道保留了通道。如果要用比喻来说明言、象、道的关系，岸与筏最为恰当，虽然筏能通向岸，但只有舍筏才能上岸。①

　　王弼虽然对庄子的思想有所修正，认为忘言可得象，忘象可得意，但他并非直接主张言尽意论。而在魏晋玄学有关言意的争论中，欧阳建曾撰《言尽意论》，其文云：

　　　　有雷同君子问于违众先生曰："世之论者，以为言不尽意，由来尚矣。至乎通才达识，咸以为然。若夫蒋公之论眸子，钟傅之言才性，莫不引此为谈证。而先生以为不然，何哉？"先

---

① 王弼继承《系辞传》的做法，借助象来充当言意之间的媒介，以沟通二者，在理论上颇为巧妙，也产生了极大影响，但并不是没有问题。朱立元在《言意之间的"不尽之尽"——略论〈周易〉的言意观》一文中提出批评："《易传》作者实际上在此犯了一个逻辑错误，即把两种不同的语符系统混为一谈。《易经》固然可以囊举宇宙天下之理，但它在人们生活中主要是用来判断吉凶、预测未来、指导行动的，并不能代替人们日常用作交流的一般语言。……然而，《易传》作者却将两种语符系统混而为一，以《易经》语符统一一般语言，认为一般语言的局限性《易经》通过立象、设卦、系辞就可以克服，从而把一般语言提高到言可尽意的水平上去。"（《学术月刊》1994年第10期）

生曰："夫天不言，而四时行焉；圣人不言，而鉴识存焉。形不待名，而方圆已著；色不俟称，而黑白以彰。然则名之于物，无施者也；言之于理，无为者也。而古今务于正名，圣贤不能去言，其故何也？诚以理得于心，非言不畅；物定于彼，非名不辨。言不畅志，则无以相接；名不辨物，则鉴识不显。鉴识显而名品殊，言称接而情志畅。原其所以，木（本）其所由，非物有自然之名，理有必定之称也。欲辨其实，则殊其名；欲宣其志，则立其称。名逐物而迁，言因理而变。此犹声发响应，形存影附，不得相与为二。苟其不二，则言无不尽。吾故以为尽矣。"①

楼宇烈认为，欧阳建此文批评的矛头正是针对庄子的言不尽意说，"特别是那种认为语言在传达事物根本道理时毫无作用，因而主张不用语言的观点"②。汤用彤和楼宇烈都认为，欧阳建的反驳从"而古今务于正名"开始③，即从历史、现实实践层面着手，既然名言一直存在，未被圣贤抛弃，就必定蕴含着一定的道理，这说明名言具有一定价值。在《言尽意论》中，欧阳建指出，名称对于辨别事物具有极大意义，物与物本非同一，如果没有名称施于其身，一则事物的区别不显，二则人对于事物的区别也无法了解。语言则是畅达心中之理与情志所必需依赖的工具。欧阳建也认识到，语言并非自然之物，而是人为了言说事物与心中之理而创造设置的，事理是名言的基础，名言随事理的变化而变化，如响应声，如影随形。王弼认为象生于意，言生于象，在这种直接的关系下，前者能

① （唐）欧阳询著，汪绍楹校《艺文类聚》卷一九，上海：上海古籍出版社1982年新1版，第348页。
② 楼宇烈《温故知新——中国哲学研究论文集·欧阳建〈言尽意论〉正读》，北京：商务印书馆2004年，第592页。
③ 同上书，第594页。

够表达后者；欧阳建亦遵从这一思想原则，但他认为言与理亦是生与被生的关系，因而言能够完全表达心中之理。

　　然而，欧阳建的反驳并不能够将庄子的言不尽意论驳倒。"理得于心，非言不畅"（《言尽意论》），仅仅表明心中之理需要用语言表达，其前提是语言能够表达心中之理，但这仍然没有正面证明言何以能够畅达心中之理，遑论完全地表达心中之理。而且，欧阳建文中之"意"是指心中之理，与庄子、《系辞传》、王弼等所说的圣人之意、道存在不小的差距，所以即使心中之理能够言说，也仍然不足以反驳庄子言不尽意的观点。

　　言意之辨不仅是魏晋玄学的重要论题，也深入影响到佛学中。《高僧传》竺道生传记载："生既潜思日久，彻悟言外，乃喟然叹曰：'夫象以尽意，得意则象忘；言以诠理，入理则言息。自经典东流，译人重阻，多守滞文，鲜见圆义。若忘筌取鱼，始可与言道矣。'于是校阅真俗，研思因果，乃立善不受报，顿悟成佛。"[1]言、象、意等玄学话语自身影响甚大，佛学初传入中国，为便于理解与传播，引入言、象、意等话语，但佛学所使用的言、象、意内涵与玄学中的言、象、意已有所不同。竺道生所论中心乃意象言理四句，这四句仍然宣称意理对象言的优先性，象言不过是达到意理的工具，实现后即可抛弃，但后面数句也表明象言作为达到意理的工具，同时也有可能造成阻碍，必须忘言忘象，才能获得意理，这是自王弼而来的思想。但竺道生所论与王弼有所不同，在竺道生看来，言并非由象所生，二者处在同一层面，是并列关系，意义相近，由言到理就如由象尽意一样，是直接的，而不需经由象为中介。这是对庄子、王弼等言意观的重大修正。究其原因，则如韩国良所分析，依照佛家的理论，无论言还是象，均是空无自

---

[1] （梁）慧皎著，汤用彤校注，汤一玄整理《高僧传》，北京：中华书局1992年，第256页。

性的法，因而象与言是平等的，即使言生于象，象对于言也并无优先性。①

《刘子·崇学》云："至道无言，非立言无以明其理；大象无形，非立形无以测其奥。道象之妙，非言不津；传言之妙，非学不精。未有不因学而鉴道，不假学以光身者也。"②魏晋玄学中的言意观发展到刘昼生活的年代已经完备，楼宇烈甚至认为，刘昼的观点可以看作"魏晋玄学言意之辨的一个终结，他比较正确地阐明了言意之间的关系"③。刘昼首先肯定道是无言的，但他随即指出只有通过语言才能阐明大道，并不觉得两种观点有何矛盾之处。他虽然提到象，却只是出于骈偶手法的需要，以象作为道的陪衬，言与道之间并不需要象作为中介。刘昼的言意观无疑是对庄子和王弼等人的批判与修正，且更加纯熟圆融。

第三节　文以载道：古文家及
理学家对庄子言意观的批评

言意之辨主要是从理论上对言意关系进行探讨，言的存在必有依托，一为口头的说话，一为书面的文章，在录音设备出现之前，口头语言只能在说话当时形成又消失，除非言说者再次说话，或者他人复述流传，这难以达到准确复现；书面文章则能够通过传抄反复传播，当然也会产生误差，但与口头的传播相比，几乎可以忽略不及，除非传抄者出于某种目的有意更改，才会出现较大偏差。所以，言意之辨从历史现实上讲，主要是讨论文章、书籍能否传达大

---

① 韩国良《竺道生对玄学"言意观"的解构与重建》，《云南民族大学学报（哲学社会科学版）》2009年第1期。
② （北齐）刘昼著，傅亚庶校释《刘子校释》，北京：中华书局1998年，第36页。
③ 楼宇烈《温故知新——中国哲学研究论文集·欧阳建〈言尽意论〉正读》，第598页。

道、圣人之道。对此，《庄子·天道》已有所涉及。唐宋古文运动和理学家对文道关系的探讨接续的正是这一进路。

庄子着力探讨言意关系，其源头在于当时的无道之世，虽然诸子争鸣，均自以为有道、得正道，但是非无法确定；反观上古之时，天下有道，圣人体道，以不言为上。庄子认为，"道隐于小成，言隐于荣华"（《齐物论》），诸子各得道之一偏以为全，沾沾自喜，喋喋不休，反而使真正的大道被淆乱遮蔽。但不可否认，先秦诸子仍然致力于求道明道，并以文章、著作的形式传道。然而，文的概念在先秦时期内涵甚广，包含所有的人文学术，其后，人文学术的分支越来越多，每一支也越来越小，在本根上相通的每一支也由于分化而渐行渐远，直至相互隔绝。魏晋六朝文的概念已经非常具体、细小，与先秦时的浑厚包容完全不同，逐渐接近今日的文学概念①。从魏晋六朝的文学创作与风尚也可以看出，文学已经变成抒情性、描写性的作品，辞藻华丽，典故繁多，形式上讲究声韵骈偶，但内容上却失去了先秦诸子对道的追求。唐宋古文运动所针对的正是这一点。

古文运动是从文学方面进行概括形成的命名，但古文运动同时也是一场思想运动和政治运动，三者是一体的。朱刚在《唐宋"古文运动"与士大夫文学》中指出："如果能够突破近代学制所划分的学科疆域，则也不难看到：从中唐到北宋，呼吁和建设君主独裁政治、建立'新儒学'以及'古文运动'，基本上是同一批人所从事的同一个文化'运动'。至少从韩愈、柳宗元到欧阳修、王安石，都曾身处这一文化'运动'的核心位置，所以无论谈政治史、思想史还是文学史，他们都是所处时期的代表人物。在他们的主观意识上，或者也可以说这个'运动'的旗帜，乃是'复古'：行古制、

---

① 详参郭绍虞《照隅室古典文学论集·文学观念与其含义之变迁》，上海：上海古籍出版社 1983 年。

兴古道、写古文。无论这是不是真正的'古',当事人是把古制、古道、古文看作一体的,所以不必从文体学上去比较古文如何优于骈文,只要说'志在古道,又甚好其言辞',便为推行古文提供了充足的理由。就此而言,我以为对于唐宋'古文运动'的比较完整的概括是:以古文文体,表达'新儒家'思想,以指导君主独裁国家。"①古文运动的核心就是恢复古道,古文只是古道的外在表达方式,二者是合一的。魏晋六朝直到隋唐,思想上儒释道三家并列,魏晋玄风劲扇,隋唐禅宗大盛,儒家思想则较为黯淡,理论的深度无法与佛道二家匹敌,汉朝儒家独尊的局面不复存在,佛教、道家均受到李唐王朝的推崇。然而,佛道均主张超脱出世,不事无为,太平之世尚无大碍,安史之乱后,内忧外患,百废待兴,此时只有积极有为的儒家思想才能重振局面。韩愈等士大夫在思想上重新竖立儒家权威,排斥佛道,并创建儒家道统说,相应地,在文学上倡导古文,以阐发古道。六朝以降,文学上骈文成为主流,但骈文偏重文学性,不以明道为鹄的,此时文与道是分离的。不过,在古文家看来,毋宁说骈文是与道分离的,秦汉古文却是与道合一的,因此,古文家欲以古文的形式通向古道。韩愈《题哀辞后》一文有云:"愈之为古文,岂独取其句读不类于今者邪?思古人而不得见,学古道则欲兼通其辞;通其辞者,本志乎道者也。"②此即古文运动的深层背景。

　　韩愈、柳宗元等意图通过古文来复兴古道,其逻辑前提是古文是可以表达古道的。柳宗元《报崔黯秀才论为文书》云:"圣人之言,期以明道。学者务求诸道而遗其辞。辞之传于世者,必由于书。道假辞而明,辞假书而传,要之,之道而已耳。"③柳宗元认

---

① 朱刚《唐宋"古文运动"与士大夫文学》,上海:复旦大学出版社2013年,第25页。
② (唐)韩愈著,马其昶校注《韩昌黎文集校注》,第340页。
③ (唐)柳宗元《柳河东集》,上海:上海古籍出版社2008年,第550页。

为，道必须借助文章来阐明，这与庄子所说书籍是古人糟粕、不能传达大道的思想正相反。韩、柳不仅认为古文可明古道，而且认为古文的目的就是阐明古道，他们屡屡提出文以明道的主张。如韩愈《争臣论》云："君子居其位，则思死其官；未得位，则思修其辞以明其道。我将以明道也。"①（卷十四）柳宗元《答韦中立论师道书》云："始吾幼且少，为文章以辞为工。及长，乃知文者以明道。是固不苟为炳炳烺烺、务采色、夸声音而以为能也，凡吾所陈，皆自谓近道。"②然而韩愈等古文家所主张的道与老庄所说的道并不相同，而是儒家之道。韩愈《原道》云："斯吾所谓道也，非向所谓老与佛之道也。"③中唐以后，儒家之道在形而上方面尚未开拓，文道关系虽然表示的是语言与道的关系，但儒家之道并不具有形而上的特性，并非道家所说的无形、无声、无名的道体，而是治国平天下之道术。韩愈云："夫所谓先王之教者，何也？博爱之谓仁；行而宜之之谓义；由是而之焉之谓道。"④此所谓道，自然是载于儒家五经之中，为秦汉时期儒家学者所继承，此时道与五经与儒家学者的文字是合二为一的，文道不分，从这个意义上讲，道可以言说。但是降至魏晋六朝，"绮丽不足珍"（李白《古风·大雅久不作》），文字与道分离，语言并不通达儒家之道。古文家所追求的乃是古文这种文道合一的境界。

时至北宋，理学逐渐兴起，儒家学说形而上的部分逐渐丰富完善，堪与佛道匹敌。然而，由于理学的这部分内容实际是由佛道借鉴而来，却又严判正邪，因而力诋佛道为异端邪道，只以儒家之道为正道。同时，道的地位更其尊贵，受到理学家的无比推崇，因

① （唐）韩愈著，马其昶校注《韩昌黎文集校注》，第112—113页。
② （唐）柳宗元《柳河东集》，第542页。
③ （唐）韩愈著，马其昶校注《韩昌黎文集校注》，第20页。
④ 同上书，第19页。

此，理学虽然发轫于韩愈、柳宗元的复古运动，但由于韩愈、柳宗元对道的认识相对粗浅，二人以及古文运动是受到理学家的批评的。韩愈自认为承继儒家孟子之后的道统，理学家却认为韩愈远不足以担当此任，因而当以二程上接孟子。对于韩愈、柳宗元提倡的古文，理学家也认为文相对于道属于末事，孙复有言："文者，道之用也；道者，教之本也。"①古文家从事于文，就有舍本逐末之嫌，理学家针对古文家之弊而有"作文害道"之说。《二程集》记载：

> 向之云无多为文与诗者，非止为伤心气也，直以不当轻作耳。圣贤之言，不得已也。盖有是言，则是理明；无是言，则天下之理有阙焉。……圣人之言，虽欲已，得乎？然其包涵尽天下之理，亦甚约也。后之人，始执卷，则以文章为先，平生所为，动多于圣人。然有之无所补，无之靡所阙，乃无用之赘言也。不止赘而已，既不得其要，则离真失正，反害于道必矣。②

> 问："作文害道否？"曰："害也。凡为文，不专意则不工，若专意则志局于此，又安能与天地同其大也？《书》曰'玩物丧志'，为文亦玩物也。……今为文者，专务章句，悦人耳目。既务悦人，非俳优而何？"曰："古者学为文否？"曰："人见《六经》，便以谓圣人亦作文，不知圣人亦摅发胸中所蕴，自成文耳。所谓'有德者必有言'也。"③

在程颐看来，语言、文章可以分为两种，其一为圣贤之言、《六经》

---

① （宋）孙复《孙明复小集·答张洞书》，《景印文渊阁四库全书》第 1090 册，台北：台湾商务印书馆 1985 年，第 173 页。
② （宋）程颐《答朱长文书》，《二程集》，第 600—601 页。
③ （宋）程颐《伊川先生语录》，《二程集》，第 239 页。

之文，其二为普通人之言、普通人之辞章。程颐并不否认圣人之言、《六经》之文与道是合二为一的，而且至关重要，这些语言、文章留存，道（理）才能借以留存，否则道也会有缺失；但是普通人的语言与文章却并不能有与道合一的殊荣，因而等同于赘言。所以，专事于辞章的古文家在程颐眼中只是徒费精力，并不能体会大道。其次，《六经》的产生与普通文章的产生是不同的。程颐认为，《六经》虽然属于文章，但并不同于一般的文章，普通文章乃有意创作，无论文章的主旨抑或结构词句，均是作者精心结撰而成；《六经》之文则不同，其过程自然得多，乃圣人"撼发胸中所蕴，自成文耳"，即体悟到大道天理，自然流出，并非有意为文。普通文章不仅内容上与经典相比有较大落差，形式上的刻意雕琢，显然也比出自自然的经典落入下乘。

不得不说，程颐对文章的标准极其严苛。其师周敦颐提出"文以载道"说，并以"言之无文，行之不远"来论证道不离文，《通书·文辞》云："文所以载道也。轮辕饰而人弗庸，徒饰也，况虚车乎！文辞，艺也；道德，实也。笃其实，而艺者书之，美则爱，爱则传焉。贤者得以学而至之，是为教。"①道并不能徒行，"修道之谓教"，要以道教化百姓，必须辅以吸引人的形式，就要借助文辞。周敦颐也批评了"不知务道德而第以文辞为能者"，认为这只是"艺焉而已"，不足道也，但并未批评古文家只务文辞。周敦颐之前的理学家孙复也认为，《六经》是圣人之文，不可企及，普通人却也不是丝毫不可作为："或则列圣人之微旨，或则摛诸子之异端，或则发千古之未寤，或则正一时之所失，或则陈仁政之大经，或则斥功利之末术，或则扬圣人之声烈，或则写下民之愤叹，或则陈大人之去就，或则述国家之安危，必皆临事撼实，有感而作，为

① （宋）周敦颐著，陈克明点校《周敦颐集·通书》，北京：中华书局1990年，第34页。

论为议，为书疏歌诗赞颂箴辞铭说之类，虽其目甚多，同归于道，皆谓之文也。"①这些文章并非只追求文辞，也并不是以科举为目标，而是有着"左右名教，夹辅圣人"②之功，不能一笔抹杀。相比起来，程颐对古文家及其古文的观点确实趋于极端了。

在古文家看来，他们的文章与骈文是有着本质区别的；而在程颐等理学家看来，古文家对于文的追求却与骈文雕章琢句并无区别。但理学家终究不能否认道由文字表达，因为《五经》的至高地位是不容其置疑的。古文家并非理学家所批评的那样，只注重文章，他们同样以学道明道为最终目的。韩愈《答李秀才书》云："然愈之所志于古者，不惟其辞之好，好其道焉尔。"③柳宗元《报崔黯秀才论为文书》云："仆尝学圣人之道，身虽穷，志求之不已，庶几可以语于古。"④柳宗元将文章分为文辞与道两个层面，并批评了只注重外在文辞的做法，重申自己对于道的追求。由于韩愈、柳宗元等实际处于新儒学的初始阶段，理论水平不可能像后来的理学家那样精深，因而从历史实际来看，相对于思想方面的成就，他们文学成就更大，更多被视作文学家，而非思想家。但并不能因此就忽视韩柳等古文家的本意，贬低他们的努力，将他们与纯粹的辞赋家或者仅以科举为目标者相提并论。以今日的眼光看，《五经》并非圣人所作，虽然也是极其重要的典籍，却也不是独霸着道，神圣不可侵犯。如果《五经》真的是道的体现，那么后人学习它、模仿它就不会是无关痛痒的，更不可能是有害于道的。

韩愈、柳宗元固然有对文章技巧的探索，但这探索却并非仅仅出于对辞章审美的要求，而是同包含着对《五经》的追求。韩愈

---

①② （宋）孙复《孙明复小集·答张洞书》，《景印文渊阁四库全书》第 1090 册，第 173—174 页。
③ （唐）韩愈著，马其昶校注《韩昌黎文集校注》，第 196 页。
④ （唐）柳宗元《柳河东集》，第 551 页。

《进学解》云："上规姚姒，浑浑无涯。周诰、殷盘，佶屈聱牙。《春秋》谨严，《左氏》浮夸。《易》奇而法，《诗》正而葩。下逮《庄》《骚》，太史所录。子云、相如，同工异曲。"①柳宗元《答韦中立论师道书》云："本之《书》以求其质，本之《诗》以求其恒，本之《礼》以求其宜，本之《春秋》以求其断，本之《易》以求其动，此吾所以取道之源也。"②在韩愈、柳宗元看来，《五经》是他们恢复古文写作、从事古文写作的合法性来源，对技巧的追求一方面提高了文章的美感，另一方面也是效法《五经》且为了文章内容服务。

《庄子》的文学性不仅在先秦诸子中独占鳌头，在整个中国文学史上也占据着重要地位。但在一些宋明儒家学者看来，庄子也是异端，因而《庄子》文学的价值就被抹杀，也在批判之列。譬如司马光《上神宗论近岁士人习高奇之论诵老庄之言》曰："将来程试若有僻经妄说、其言涉老庄者，虽复文辞高妙，亦行黜落，庶几不至疑误后学，败乱风俗。"③曾慥《类说·斥庄》云："或曰：'庄子之文，人不能为也。'迂夫曰：'君子之学为道乎？为文乎？文胜而道不至者，君子恶诸。'"④方孝孺《逊志斋集·送平（牟）元亮赵士贤归省序》亦云："文所以明道也，文不足明道，犹不文也。……庄周、荀卿之著书，其辞浩浩乎若无穷，于道邈乎未有闻，非工于言而拙于道也？求道而不得，从而以言穷之，虽欲简而不可致耳。"⑤司马光等虽然承认《庄子》文辞高妙，但由于庄子并未得道之一

---

① （唐）韩愈著，马其昶校注《韩昌黎文集校注》，第51页。
② （唐）柳宗元《柳河东集》，第543页。
③ （宋）司马光《上神宗论近岁士人习高奇之论诵老庄之言》，《景印文渊阁四库全书》第432册，第36页。
④ （宋）曾慥《类说·斥庄》，《景印文渊阁四库全书》第873册，台北：台湾商务印书馆1985年，第615页。
⑤ （明）方孝孺《逊志斋集·送平（牟）元亮赵士贤归省序》，《四部丛刊初编》影印明嘉靖辛酉王可大台州刊本。

间，所以《庄子》也是不值得赞扬提倡的。科举考试选拔人才，更要以儒家之道为准，连涉及《庄子》也不允许，举子考试文章一旦涉及《庄子》，便要落入被黜之列。司马光等贬斥《庄子》背后的逻辑是文可载道，文以明道，文章并不具有相对独立性，其目的是阐明大道，即使在文学、审美方面达到了极高的成就，一旦文章没有遵从此目的，其文学、审美的成就便不足论了。

　　古文家与理学家从文以载道的角度反驳与批判庄子的言意观，实际上存在着一定程度的错位。在古文家与理学家看来，言可传道是不言自明的前提，他们更在意的是所传之道是否为儒家之道、圣人之道，而他们视庄子之道为异端，认为其与儒家之道、圣人之道相龃龉，因而大加挞伐，庄子道不可言的论点、庄子的文学成就，也因此而被有意无意地误读与忽略。

余　论

　　庄子思想批判是庄子接受史不可分割的一部分。庄子生前，好友惠施就以"子言无用"开启了对其思想的批判，此后，历代学者对庄子思想的批判不绝如缕。战国晚期，荀子、韩非、墨家后学等诸子分别从天人关系、治国理政、明辨是非等方面展开对庄子思想的分析批评。魏晋南北朝是庄子接受史的重要阶段，同时也达到了庄子思想批判的高峰，学者们大量吸收庄子思想，在阐释庄子思想的同时又对其进行了不同程度的改造：郭象以适性逍遥、内圣外王诠释逍遥，指责庄子不够圆融；裴頠以崇有论反驳老庄思想中的贵无论；王弼、欧阳建等融合《周易·系辞传》的思想批判庄子的言意观；嵇康、葛洪信仰长生修仙，反对庄子的自然生命观等。唐代进入庄子思想批判的低谷期，却引出了宋代批判庄子的热潮。唐代古文家提出文以明道，力辨道为儒家圣人之道，而非老庄之道，宋代理学家更进一步视庄子之道为异端；唐代古文家以文可明道为前提，宋代学者则提出"作文害道"，进而谴责《庄子》之文。随着《孟子》在唐宋渐受推崇，学者多借孟子"物之不齐，物之情也"的论断批判庄子的"齐物论"。明清时期，庄学著作虽然数量较之前大幅增长，但对庄子思想的批判多不能跳出前人藩篱。晚清以来，西学涌入中国，学者借以重新审视《庄子》：胡适从进化论出发认为庄子是"极端的守旧主义"①"破坏的怀疑主义"②；郭沫若以唯物思想为准批判庄子是"厌世的思想家"③"滑头主义"④；侯外庐等则以唯物辩证法论定庄子的宇宙观是主观唯心主义，知识论是绝对的相对主义⑤；关锋在侯外庐等的基础上极端地认为庄子哲学"在历史上起的社会作用基本上是反动的"⑥。

综观历代学者对庄子思想的批判，多是采取"六经"注我的态度，以其自身的理论为标准，来直接衡量庄子思想，稍有不合即大加批判，其出发点并非客观地探究庄子思想本身，而是借批判庄子表明自己的思想立场，或是借庄子之名批判某种思想。后世诸论，多诟病庄子逍遥无待之思无益于世，又有齐物论混淆是非，不分善恶，或更有害于世。且由于庄子文章宏大深辟，恣纵不傥，"为诸子之冠"（郭象《庄子序》），历代文人多闻其风而悦之，因而庄子思想的影响也随之成倍放大，对世道人心的惑乱也愈大。

然而，庄子在书中多次反驳了惠施对他的无用之讥，并提出无用之用的观点，似乎预见到了后世将会对自己有此批评。历代学者囿于学派、识见及相应的时代思潮所构筑的有限思维空间，"多得一察焉以自好"（《天下》），且往往从现实功用角度考量批判庄子思想。殊不知天地广大，吹万不同，恢恑憰怪，道通为一。庄子屡言大物，从空间之大（北冥南冥、大鲲大鹏）与时间之久（冥灵、大椿）言说小大之辩，以期脱卸小的限制，破除斥鴳、蜩、鸠等小

---

① 胡适《中国哲学史大纲》，第 221 页。
② 同上书，第 216 页。
③ 郭沫若《十批判书》，北京：东方出版社 1996 年，第 197 页。
④ 同上书，第 208 页。
⑤ 侯外庐、赵纪彬、杜国庠《中国思想通史》第一卷，北京：人民出版社 1957 年，第 333 页。
⑥ 关锋《庄子内篇译解和批判》，北京：中华书局 1961 年，第 25 页。

物"在近而笑远，有矜伐于心内"①的心理。大仍然是物的空间属性，并非道本身，但经由大对小的层层破斥，可以打开人们受困于常识、经验、世俗之知的心灵，最终通向莫知其始终的大道。庄子云："有有也者，有无也者，有未始有无也者，有未始有夫未始有无也者。"（《齐物论》）由有以通无，则可进入广阔无际、融通无碍的道境。以道观之，亦可破除产生是非的"成心"，不固执于单一的立场，超越是非对立。

无论战国诸子，还是后世学者，呶呶不休的争辩与批判均无法摆脱其既有的立场，而庄子早已撇却成心，消弭彼我，深察变迁，融通万有，由是逍遥齐物，养生处世，得其环中之道。至庄子后学作《天下》篇，亦能沿袭其思想脉络，不立畛域之别，不肆意捧斥尊贬，平视诸子，论断公允，皆有所取。惜知其解者，千载相逢犹旦暮，或以为孟浪之言，或以为妙道之行。意在超越是非的庄子，也只能任由自己的思想与文字不停纠缠于樊然淆乱的议论分辩之中，万世不竭。

---

① （晋）支遁《逍遥论》，《世说新语·文学》刘孝标注引，余嘉锡《世说新语笺疏》，第260页。

参考文献

一、《庄子》注疏

1.（战国）庄周《南华真经》，宋高宗时鄂州刻本。

2.（宋）林希逸《庄子鬳斋口义》，方勇编纂《子藏·道家部·庄子卷》第 20 册，北京：国家图书馆出版社 2011 年据南宋刻本影印。

3.（宋）刘辰翁《庄子南华真经点校》，方勇编纂《子藏·道家部·庄子卷》第 28 册，北京：国家图书馆出版社 2011 年据明万历刻本影印。

4.（宋）褚伯秀《南华真经义海纂微》，《道藏》第 15 册，北京、上海、天津：文物出版社、上海书店、天津古籍出版社 1988 年影印。

5.（明）朱得之《庄子通义》，方勇编纂《子藏·道家部·庄子卷》第 31 册，北京：国家图书馆出版社 2011 年据明嘉靖三十九年浩然斋刊本影印。

6.（明）陆西星《南华真经副墨》，方勇编纂《子藏·道家部·庄子卷》第 34 册，北京：国家图书馆出版社 2011 年据明万历六年李齐芳刊本影印。

7.（明）沈一贯《庄子通》，方勇总编纂《子藏·道家部·庄子卷》第41册，北京：国家图书馆出版社2011年据明万历十五年至十六年蔡贵易刊、二十七年重修《老庄通》本影印。

8.（明）释性涵《南华发覆》，方勇编纂《子藏·道家部·庄子卷》第50册，北京：国家图书馆出版社2011年据清乾隆十四年云林怀德堂刊本影印。

9.（明）释德清《庄子内篇注》卷二，方勇编纂《子藏·道家部·庄子卷》第52册，北京：国家图书馆出版社2011年据清光绪十四年金陵刻经处刊本影印。

10.（明）吴伯与《庄子因然》，方勇编纂《子藏·道家部·庄子卷》第70册，北京：国家图书馆出版社2011年据明刊本影印。

11.（明）陈治安《南华真经本义》，方勇编纂《子藏·道家部·庄子卷》第82册，北京：国家图书馆出版社2011年据明崇祯五年刊本影印。

12.（明）王夫之《庄子解》，《老子衍·庄子通·庄子解（合刊本）》，北京：中华书局2009年。

13.（明）方以智著，章永义、邢益海校点《药地炮庄》，北京：华夏出版社2011年。

14.（清）高秋月《庄子释意》，方勇编纂《子藏·道家部·庄子卷》第98册，北京：国家图书馆出版社2011年据清康熙二十九年文粹堂刊本影印。

15.（清）胡方《庄子辩正》，方勇编纂《子藏·道家部·庄子卷》第101册，北京：国家图书馆出版社2011年据清嘉庆十九年鸿桷堂刊本影印。

16.（清）林仲懿《南华本义》，方勇编纂《子藏·道家部·庄子卷》第105册，北京：国家图书馆出版社2011年据清乾隆十六年刊本影印。

17.（清）孙嘉淦《南华通》，方勇编纂《子藏·道家部·庄子卷》第 105 册，北京：国家图书馆出版社 2011 年据清刊本影印。

18.（清）胡文英《庄子独见》，方勇编纂《子藏·道家部·庄子卷》第 107 册，北京：国家图书馆出版社 2011 年据清乾隆十七年同德堂刊本影印。

19.（清）朱敦毅《庄子南华真经心印》，方勇编纂《子藏·道家部·庄子卷》第 111 册，北京：国家图书馆出版社 2011 年据手稿本影印。

20.（清）刘凤苞《南华雪心编》，方勇编纂《子藏·道家部·庄子卷》第 120 册，北京：国家图书馆出版社 2011 年据清光绪二十三年晚香堂刻本影印。

21.（清）刘鸿典《庄子约解》，方勇编纂《子藏·道家部·庄子卷》第 122 册，北京：国家图书馆出版社 2011 年据清同治五年威邑吕仙岩玉成堂刊本影印。

22.（清）郭庆藩撰，王孝鱼点校《庄子集释》，北京：中华书局 2012 年第 3 版。

23. 章太炎《齐物论释定本》，《章太炎全集》，上海：上海人民出版社 2014 年。

24. 胡朴安《庄子章义》，民国三十二年安吴胡氏朴学斋刊《朴学斋丛书》本。

25. 钟泰著，骆驼标点《庄子发微》，上海：上海古籍出版社 2002 年。

26. 刘咸炘著，黄曙辉编校《庄子释滞》，《刘咸炘学术论集·子学编》，桂林：广西师范大学出版社 2007 年。

27. 高亨《庄子新笺》，《高亨著作集林》第六卷，北京：清华大学出版社 2004 年。

二、其他古典文献

1.（三国魏）王弼、（晋）韩康伯注，（唐）孔颖达等正义《周易正义》，《十三经注疏》一，台北：艺文印书馆 2007 年影印嘉庆二十年江西南昌府学刻本。

2.（汉）郑玄笺，（唐）孔颖达疏《毛诗正义》，《十三经注疏》二，台北：艺文书馆 2007 年影印嘉庆二十年江西南昌府学刻本。

3.（周）左丘明传，（晋）杜预注，（唐）孔颖达疏《左传正义》，《十三经注疏》六，台北：艺文印书馆 2007 年影印嘉庆二十年江西南昌府学刻本。

4.（三国魏）何晏注，（宋）邢昺疏《论语注疏》，《十三经注疏》八，台北：艺文印书馆 2007 年影印嘉庆二十年江西南昌府学刻本。

5.（汉）郑玄注，（唐）孔颖达等正义《礼记正义》，《十三经注疏》五，台北：艺文印书馆 2007 年影印清嘉庆二十年江西南昌府学刻本。

6.（清）黎翔凤撰，梁运华整理《管子校注》，北京：中华书局 2004 年。

7.（清）孙诒让撰，孙启治点校《墨子间诂》，北京：中华书局 2001 年。

8. 杨伯峻集释《列子集释》，北京：中华书局 1979 年。

9.（战国）孟轲著，（清）焦循正义著，沈文倬点校《孟子正义》，北京：中华书局 1987 年。

10.（战国）荀子著，（清）王先谦集解，沈啸寰、王星贤点校《荀子集解》，北京：中华书局 1988 年。

11.（战国）韩非著，（清）王先谦集解，钟哲点校《韩非子集解》，北京：中华书局 1998 年。

12.（战国）吕不韦著，许维遹集释，梁运华整理《吕氏春秋集释》，北京：中华书局 2009 年。

13.（汉）韩婴著，许维遹集释《韩诗外传集释》，北京：中华书局 1980 年。

14.（汉）刘安著，刘文典集解，冯逸、乔华点校《淮南鸿烈集解》，北京：中华书局 1989 年。

15.（汉）司马迁《史记》，北京：中华书局 1959 年。

16.（汉）刘向著，向宗鲁校证《说苑校证》，北京：中华书局 1987 年。

17.（汉）扬雄著，汪荣宝义疏《法言义疏》，北京：中华书局 1987 年。

18.（汉）班固《汉书》，北京：中华书局 1962 年。

19.（汉）刘熙《释名》，王云五主编《丛书集成初编》，北京：中华书局 1985 年。

20.王明编《太平经合校》，北京：中华书局 1960 年。

21.（三国魏）王弼著，楼宇烈校释《王弼集校释》，北京：中华书局 1980 年。

22.（三国魏）阮籍著，陈伯君校注《阮籍集校注》，北京：中华书局 2012 年。

23.（三国魏）嵇康著，戴明扬校注《嵇康集校注》，北京：中华书局 2014 年。

24.（晋）陈寿《三国志》，北京：中华书局 1959 年。

25.（晋）葛洪著，王明校释《抱朴子内篇校释（增订本）》，北京：中华书局 1985 年第 2 版。

26.（晋）葛洪著，杨明照校笺《抱朴子外篇校笺》，北京：中华书局 1997 年。

27.（晋）陶渊明《形影神·神释》，袁行霈《陶渊明集笺注》，北京：中华书局 2003 年。

28.（晋）僧肇著，张春波校释《肇论校释》，北京：中华书局2010年。

29.（南朝宋）刘义庆著，余嘉锡笺疏《世说新语笺疏》，北京：中华书局2007年。

30.（南朝梁）萧统编，（唐）李善注《文选》，北京：中华书局1977年影印清嘉庆十四年胡克家刻本。

31.（南朝梁）僧佑撰，李小荣校笺《弘明集校笺》，上海：上海古籍出版社2013年。

32.（南朝梁）释慧皎著，汤用彤校注，汤一玄整理《高僧传》，北京：中华书局1992年。

33.（北朝）魏收《魏书》，北京：中华书局1974年。

34.（北齐）刘昼著，傅亚庶校释《刘子校释》，北京：中华书局1998年。

35.（隋）王通著，张沛校注《中说校注》，北京：中华书局2013年。

36.（唐）陆德明《经典释文》，北京：中华书局1983年。

37.（唐）欧阳询撰，汪绍楹校《艺文类聚》，上海：上海古籍出版社1982年新1版。

38.（唐）姚思廉《陈书》，北京：中华书局1972年。

39.（唐）房玄龄等《晋书》，北京：中华书局1974年。

40.（唐）释道宣《广弘明集》，张元济等辑《四部丛刊初编》，上海：商务印书馆民国八年影印明汪道昆本。

41.（唐）韩愈著，马其昶校注，马茂元整理《韩昌黎文集校注》，上海：上海古籍出版社2014年第2版。

42.（唐）柳宗元《柳河东集》，上海：上海古籍出版社2008年。

43.（宋）李昉等编《文苑英华》，北京：中华书局1966年影印本。

44.（宋）晁迥《法藏碎金录》，《景印文渊阁四库全书》第1052 册，台北：台湾商务印书馆 1985 年。

45.（宋）石介《徂徕集》，《景印文渊阁四库全书》第 1090 册，台北：台湾商务印书馆 1985 年。

46.（宋）孙复《孙明复小集》，《景印文渊阁四库全书》第1090 册，台北：台湾商务印书馆 1985 年。

47.（宋）周敦颐著，陈克明点校《周敦颐集》，北京：中华书局 1990 年。

48.（宋）欧阳修著，李逸安点校《欧阳修全集》，北京：中华书局 2001 年。

49.（宋）邵雍《伊川击壤集》，张元济等辑《四部丛刊初编》影印明成化乙未毕亨刊本。

50.（宋）邵雍著，（清）黄畿注释《皇极经世绪言》，清光绪三十二年二仙庵刻本。

51.（宋）张载著，章锡琛点校《张载集》，北京：中华书局1978 年。

52.（宋）王安石《临川先生文集》，北京：中华书局 1959 年。

53.（宋）程颢、程颐著，王孝鱼点校《二程集》，北京：中华书局 2004 年。

54.（宋）王得臣《麈史》，《景印文渊阁四库全书》第 862 册，台北：台湾商务印书馆 1985 年。

55.（宋）苏轼著，孔凡礼点校《苏轼文集》，北京：中华书局1986 年。

56.（宋）黄庭坚《山谷全书》，《宋集珍本丛刊》，北京：线装书局 2004 年影印乾隆宋调元缉香堂本。

57.（宋）秦观撰，徐培均笺注《淮海集笺注》，上海：上海古籍出版社 1994 年。

58.（宋）晁补之《鸡肋集》，张元济等辑《四部丛刊初编》，上海：商务印书馆民国八年（1919）影印明诗瘦阁仿宋刊本。

59.（宋）张耒《柯山集》，王云五主编《丛书集成初编》本，上海：商务印书馆民国二十四年（1935）。

60.（宋）叶梦得《岩下放言》，《景印文渊阁四库全书》第863册，台北：台湾商务印书馆1985年。

61.（宋）陈渊《陈默堂先生文集》，张元济等辑《四部丛刊三编》，上海：商务印书馆民国二十五年（1936）据景宋抄本影印本。

62.（宋）朱松《韦斋集》，《原国立北平图书馆甲库善本丛书》第670册，北京：国家图书馆出版社2003年影印明弘治十六年（1503）邝璠刻本。

63.（宋）曾慥《类说》，《景印文渊阁四库全书》第873册，台北：台湾商务印书馆1985年。

64.（宋）胡宏著，吴仁华点校《胡宏集》，北京：中华书局1987年。

65.（宋）程大昌《考古编》，王云五主编《丛书集成初编》，上海：商务印书馆民国二十八年（1939）。

66.（宋）朱熹《四书章句集注》，北京：中华书局1983年。

67.（宋）朱熹《朱子全书》第32册，上海、合肥：上海古籍出版社、安徽教育出版社2002年。

68.（宋）张栻《癸巳孟子说》，《景印文渊阁四库全书》第199册，台北：台湾商务印书馆1986年。

69.（宋）吕祖谦编《皇朝文鉴》，张元济等辑《四部丛刊初编》，上海：商务印书馆民国八年（1919）影印宋刊本。

70.（宋）陆九渊著，钟哲点校《陆九渊集》，北京：中华书局1980年。

71.（宋）范祖禹《范太史集》，《景印文渊阁四库全书》第

1100 册，台北：台湾商务印书馆 1985 年。

72.（宋）赵汝愚编《宋名臣奏议》，《景印文渊阁四库全书》第 432 册，台北：台湾商务印书馆 1984 年。

73.（宋）陈淳著，熊国祯、高流水点校《北溪字义》，北京：中华书局 1983 年。

74.（宋）陈澔《礼记集说》，上海：世界书局 1936 年。

75.（宋）赵汝楳《易雅》，《景印文渊阁四库全书》第 19 册，台北：台湾商务印书馆 1985 年。

76.（宋）魏了翁《鹤山集》，《景印文渊阁四库全书》第 1173 册，台北：台湾商务印书馆 1985 年。

77.（宋）方闻一《大易粹言》，《景印文渊阁四库全书》第 15 册，台北：台湾商务印书馆 1983 年。

78.（宋）真德秀《西山先生真文忠公文集》，张元济等辑《四部丛刊初编》影印明正德刊本。

79.（宋）黄震《黄氏日抄》，《景印文渊阁四库全书》第 708 册，台北：台湾商务印书馆 1985 年。

80.（宋）王应麟著，（清）翁元圻等注，栾保群、田松青、吕宗力校点《困学纪闻》，上海：上海古籍出版社 2008 年。

81.（宋）黎靖德编《朱子语类》，北京：中华书局 1986 年。

82.（元）刘因《静修先生文集》，张元济等辑《四部丛刊初编》，上海：商务印书馆民国八年（1919）影印元宗文堂刊本。

83.（元）脱脱等《宋史》，北京：中华书局 1977 年。

84.（明）方孝孺《逊志斋集》，张元济等辑《四部丛刊初编》，上海：商务印书馆民国八年（1919）影印明嘉靖辛酉王可大台州刊本。

85.（明）薛瑄《读书录》，《景印文渊阁四库全书》第 711 册，台北：台湾商务印书馆 1985 年。

86.（明）王慎中《遵岩集》，《景印文渊阁四库全书》第 1274 册，台北：台湾商务印书馆 1985 年。

87.（明）徐师曾《湖上集》，顾廷龙主编《续修四库全书》第 1351 册，上海：上海古籍出版社 2002 年影印明万历刻本。

88.（明）焦竑著，李剑雄点校《焦氏笔乘》，上海：上海古籍出版社 1986 年。

89.（明）冯时可《冯元成选集》，《原国立北平图书馆甲库善本丛书》第 827 册，北京：北京出版社 2013 年影印明刻本。

90.（明）张恒《明志稿》，《四库禁毁丛书》第 126 册，北京：北京出版社 1997 年影印明刻本。

91.（明）张萱《疑耀》，《景印文渊阁四库全书》第 856 册，台北：台湾商务印书馆 1985 年。

92.（明）元贤《瘗言》，石峻、楼宇烈、方立天、许抗生、乐寿明编《中国佛教思想资料选编》第三卷第二册，北京：中华书局 1987 年。

93.（明）袁宏道著，钱伯城笺校《袁宏道集笺校》，上海：上海古籍出版社 1981 年。

94.（清）钱大昕著，杨勇军整理《十驾斋养新录》，上海：上海书店出版社 2011 年。

95.（清）段玉裁《说文解字注》，上海：上海古籍出版社 1988 年影印第 2 版。

96.（清）董诰等《全唐文》，北京：中华书局 1983 年影印本。

97.（清）永瑢等《四库全书总目》北京：中华书局 1965 年影印版。

98.（清）严可均《全上古三代秦汉三国六朝文》，北京：中华书局 1958 年。

99.（清）魏源《魏源集》，北京：中华书局 1976 年。

三、近代以来论著

1. 严复《严复集》第 4 册，北京：中华书局 1986 年。

2. 陈黻宸《诸子哲学·庄子》，陈德溥编《陈黻宸集》，北京：中华书局 1995 年。

3. 梁启超《饮冰室合集》（文集七），北京：中华书局 1989 年。

4. 熊十力《读经示要》，上海：上海书店出版社 2009 年。

5. 陈寅恪《金明馆丛稿初编》，北京：生活·读书·新知三联书店 2009 年第 2 版。

6. 胡适《中国哲学史大纲》，北京：商务印书馆 2011 年。

7. 欧阳哲生编《胡适文集》卷六《中国古代哲学史》，北京：北京大学出版社 1998 年。

8. 耿云志《胡适遗稿及秘藏书信》第 7 册，合肥：黄山书社 1997 年。

9. 郭绍虞《照隅室古典文学论集》，上海：上海古籍出版社 1983 年。

10. 蒙文通《蒙文通全集·诸子甄微》，成都：巴蜀书社 2015 年。

11. 汤用彤《汉魏两晋南北朝佛教史》，北京：中华书局 2016 年第 2 版。

12. 汤用彤《魏晋玄学论稿及其他》，北京：北京大学出版社 2010 年。

13. 冯友兰《中国哲学史新编试稿》，北京：中华书局 2017 年。

14. 冯友兰《中国哲学史新编》，北京：人民出版社 1993 年。

15. 冯友兰《三松堂自序》，哈尔滨：北方文艺出版社 2014 年。

16. 钱穆《墨子　惠施公孙龙》，北京：九州出版社 2011 年。

17. 吕澂《中国佛学源流略讲》，北京：中华书局 1979 年。

18. 闻一多《闻一多全集》（2），武汉：湖北人民出版社 1993 年。

19. 侯外庐、赵纪彬、杜国庠、邱汉生《中国思想通史》第三卷，北京：人民出版社 1957 年。

20. 任继愈《中国哲学史论》，北京：人民出版社 1981 年。

21. 冯契《中国古代哲学的逻辑发展（上）》，上海：东方出版中心 2009 年。

22. 王叔岷《庄子校诠》，北京：中华书局 2007 年。

23. 王叔岷《庄学管窥》，北京：中华书局 2007 年。

24. 关锋《庄子内篇译解和批判》，北京：中华书局 1961 年。

25. 汤一介《郭象与魏晋玄学》（第 3 版），北京：北京大学出版社 2009 年。

26. 劳思光《新编中国哲学史（一）》，北京：生活·读书·新知三联书店 2015 年。

27. 陈鼓应《老子注译及评介》，北京：中华书局 1984 年。

28. 陈鼓应《易传与道家思想》，北京：商务印书馆 2010 年。

29. 陈鼓应《道家易学建构》，北京：中华书局 2015 年。

30. 崔大华《庄学研究》，北京：人民出版社 1992 年。

31. 崔大华《庄子歧解》，北京：中华书局 2012 年。

32. 余敦康《魏晋玄学史》，北京：北京大学出版社 2016 年第 2 版。

33. 蒙培元《理学范畴系统》，北京：人民出版社 1989 年。

34. ［日］蜂屋邦夫著，隽雪艳、陈捷等译《道家思想与佛教·老庄思想与空》，沈阳：辽宁教育出版社 2000 年。

35. 陈来《宋明理学》，北京：生活·读书·新知三联书店 2011 年。

36. 方勇《厄言录》，北京：中国社会科学出版社 2004 年。

37. 方勇《庄子学史》，北京：人民出版社 2011 年。

38. 方勇《庄子纂要》，北京：学苑出版社 2012 年。

39. 杨国荣《庄子的思想世界》，北京：北京大学出版社 2006 年。

40. 杨儒宾《儒门内的庄子》，台北：联经出版事业股份有限公司 2016 年。

41. 王晓毅《郭象评传》，南京：南京大学出版社 2006 年。

42. 王晓毅《王弼评传》，南京：南京大学出版社 1996 年。

43. 何志华《庄荀考论》，香港中文大学中国文化研究所刘殿爵中国古籍研究中心 2015 年。

44. 王中江《道家学说的观念史研究》，北京：中华书局 2015 年。

45. 陈少明《〈齐物论〉及其影响》，北京：北京大学出版社 2004 年。

46. 郑开《庄子哲学讲记》，南宁：广西人民出版社 2016 年。

47. 郑开《道家形而上学研究（增订版）》，北京：中国人民大学出版社 2018 年。

48. 朱刚《唐宋"古文运动"与士大夫文学》，上海：复旦大学出版社 2013 年。

49. 邓联合《"逍遥游"释论》，北京：北京大学出版社 2010 年。

50. 陈赟《庄子哲学的精神》，上海：上海人民出版社 2016 年。

51. 杨立华《庄子哲学研究》，北京：北京大学出版社 2020 年。

52. 叶蓓卿《庄子逍遥义演变研究》，北京：学苑出版社 2011 年。

四、论文

1. ［日］狩野直喜《论语之研究方法》，［日］内藤虎次郎等著、江侠庵编译《先秦经籍考（中册）》，上海：商务印书馆 1931 年。

2. 冯友兰《再论庄子》，原载《哲学研究》1961 年第 3 期，收入哲学研究编辑部编《庄子哲学讨论集》，中华书局 1962 年。

3. ［日］蜂屋邦夫著，隽雪艳、陈捷等译《王坦之的思想：东晋中期的庄子批判》，东京大学《东洋文化研究所纪要》第 75 册

1978 年 3 月，收入《道家思想与佛教》，沈阳：辽宁教育出版社 2000 年。

4. 刘述先《道佛"两行之理"的阐释》，汤一介《国故新知：中国传统文化的再诠释》，北京：北京大学出版社 1993 年。

5. 朱立元《言意之间的"不尽之尽"——略论〈周易〉的言意观》，《学术月刊》1994 年第 10 期。

6. 王叔岷《读庄论丛》，《道家文化研究》第 10 辑，上海：上海古籍出版社 1996 年。

7. 周大兴《王坦之〈废庄论〉的反庄思想：从玄学与反玄学、庄学与反庄学谈起》，《中国文哲研究集刊》第 18 期，"台湾中研院"中国文哲研究所 2001 年。

8. 邓联合《论庄子的机械批判思想——对"圃者拒机"寓言的解读》，《自然辩证法研究》，2002 年第一八卷，第 8 期。

9. 李延仓《非庄思想论述——从荀子到葛洪》，《中华文化论坛》2004（03）。

10. 余英时《反智论与中国政治传统——论儒、道、法三家政治思想的分野与汇流》，《中国思想传统的现代诠释》，南京：江苏人民出版社 2006 年。

11. 韩国良《竺道生对玄学"言意观"的解构与重建》，《云南民族大学学报（哲学社会科学版）》2009 年第 1 期。

12. 朱靖伟《近代学者眼中的乾嘉学派形象》，山东大学 2009 年硕士学位论文。

13. 邓联合《中国思想史上的"难庄论"与"废庄论"》，《哲学动态》2009（07）。

14. 云运《〈庄子〉"卮言"释义研究综述》，《世纪桥》2010（09）。

15. 林明照《诠庄与反庄：李磎〈广废庄论〉中的庄学诠释与

批判》，《中国学术年刊》2011 年 9 月总第 33 期。

16. 袁朗《严遵、向秀、郭象"独化"思想之演进》，《诸子学刊》第八辑，上海：上海古籍出版社 2013 年。

17. 林光华《庄子真的反对儒家仁义吗？——兼驳李磵〈广废庄论〉》，《人文杂志》2012 年第 5 期。

18. 叶蓓卿《先秦诸子"齐物论"思想比较》，《诸子学刊》第十四辑，上海：上海古籍出版社 2017 年。

19. 叶蓓卿《论〈庄子〉阐释史上的经传说》，《人文杂志》2019 年第 4 期。

图书在版编目(CIP)数据

古代庄子思想批判研究/刘涛著.--上海:上海
古籍出版社,2022.12
（中华典籍与国家文明研究丛书）
ISBN 978-7-5732-0561-2

Ⅰ.①古… Ⅱ.①刘… Ⅲ.①庄周(约前369-前
286)-哲学思想-研究 Ⅳ.①B223.55

中国版本图书馆CIP数据核字(2022)第233477号

中华典籍与国家文明研究丛书
古代庄子思想批判研究
刘 涛 著

上海古籍出版社出版发行
（上海瑞金二路272号 邮政编码200020）
（1）网址：www.guji.com.cn
（2）E-mail：guji1@guji.com.cn
（3）易文网网址：www.ewen.co
上海展强印刷有限公司印刷
开本890×1240 1/32 印张9.5 插页5 字数234,000
2022年12月第1版 2022年12月第1次印刷
印数:1—1,500
ISBN 978-7-5732-0561-2
B·1299 定价：52.00元
如有质量问题,请与承印公司联系
电话：021-66366565